HOJE, SER PEQUENO É SER GRANDE

TAMBÉM DE SETH GODIN

LIVROS
O Grande Muu (editor)
Permission Marketing
Unleashing the Ideavirus
The Big Red Fez
Sobreviver Não É Suficiente
A Vaca Roxa
Free Prize Inside!
All Marketers Are Liars

e-books
Really Bad Powerpoint
What Should Google Do?
Knock Knock*
Who's There*
Everyone's an Expert
Flipping the Funnel*

BLOG
www.sethgodin.com (click on my head [clique no título])*

WEB SITES
Changethis.com (fundador)
Squidoo.com (original squid)

*incluído ou extraído deste livro

SETH GODIN

HOJE, SER PEQUENO É SER GRANDE

184 frases, histórias e ideias incríveis de negócios

ALTA BOOKS
GRUPO EDITORIAL
Rio de Janeiro, 2023

Hoje, Ser Pequeno é Ser Grande

Dados Internacionais de Catalogação na Publicação (CIP) de acordo com ISBD

G585h   Godin, Seth

Hoje Ser Pequeno é Ser Grande: 184 outras frases, histórias e ideias incríveis de negócios / Seth Godin ; traduzido por Edite Siegert. - Rio de Janeiro : Alta Books, 2023.
352 p. ; 15,7cm x 23cm.

Tradução de: Small Is The New Big
Inclui índice.
ISBN: 978-85-508-1926-6

1. Administração. 2. Negócios. 3. Marketing. 4. Internet. 5. Ensaios. I. Siegert, Edite. II. Título.

CDD 658.4012
CDU 65.011.4

2023-1461

Elaborado por Vagner Rodolfo da Silva - CRB-8/9410

Índice para catálogo sistemático:
1. Administração : Negócios 658.4012
2. Administração : Negócios 65.011.4

Produção Editorial
Grupo Editorial Alta Books

Diretor Editorial
Anderson Vieira
anderson.vieira@altabooks.com.br

Editor
José Ruggeri
j.ruggeri@altabooks.com.br

Gerência Comercial
Claudio Lima
claudio@altabooks.com.br

Gerência Marketing
Andréa Guatiello
andrea@altabooks.com.br

Coordenação Comercial
Thiago Biaggi

Coordenação de Eventos
Viviane Paiva
comercial@altabooks.com.br

Coordenação ADM/Finc.
Solange Souza

Coordenação Logística
Waldir Rodrigues

Gestão de Pessoas
Jairo Araújo

Direitos Autorais
Raquel Porto
rights@altabooks.com.br

Assistente da Obra
Patricia Silvestre

Produtores Editoriais
Illysabelle Trajano
Maria de Lourdes Borges
Paulo Gomes
Thales Silva
Thiê Alves

Equipe Comercial
Adenir Gomes
Ana Claudia Lima
Andrea Riccelli
Daiana Costa
Everson Sete
Kaique Luiz
Luana Santos
Maira Conceição
Nathasha Sales
Pablo Frazão

Equipe Editorial
Ana Clara Tambasco
Andreza Moraes
Beatriz de Assis
Beatriz Frohe
Betânia Santos
Brenda Rodrigues

Caroline David
Erick Brandão
Elton Manhães
Gabriela Paiva
Gabriela Nataly
Henrique Waldez
Isabella Gibara
Karolayne Alves
Kelry Oliveira
Lorrahn Candido
Luana Maura
Marcelli Ferreira
Mariana Portugal
Marlon Souza
Matheus Mello
Milena Soares
Viviane Corrêa
Yasmin Sayonara

Marketing Editorial
Amanda Mucci
Ana Paula Ferreira
Beatriz Martins
Ellen Nascimento
Livia Carvalho
Guilherme Nunes
Thiago Brito

Atuaram na edição desta obra:

Tradução
Edite Siegert

Copidesque
Gabriela Nascimento

Revisão Gramatical
Luíza Thomas
Denise Hímpel

Diagramação
Joyce Matos

Capa
Paulo Gomes

Editora afiliada à:

Rua Viúva Cláudio, 291 — Bairro Industrial do Jacaré
CEP: 20.970-031 — Rio de Janeiro (RJ)
Tels.: (21) 3278-8069 / 3278-8419

www.altabooks.com.br — altabooks@altabooks.com.br
Ouvidoria: ouvidoria@altabooks.com.br

AGRADECIMENTOS

Este livro é resultado de seis anos de escrita quase diária. Devo agradecer a todos que leram meu *blog*, leram uma coluna na *Fast Company*, escreveram uma carta ao editor ou incluíram uma postagem no próprio *blog*. É necessário agradecer a todos os revisores, editores de linha, agentes e *bzzagents*. Preciso agradecer também às pessoas que criaram o *software* que permite que eu faça disso meu modo de vida e ao pessoal que gasta seu tempo me ouvindo. Mas, é claro, não posso, porque este livro já é muito longo. Vocês sabem quem vocês são.

Há dois tipos de pessoas que devo mencionar no exíguo espaço concedido a mim aqui. O primeiro, são as pessoas que dizem não. É delas que nasce a criatividade, a minha, pelo menos. Quando as pessoas dizem que nunca vai funcionar ou que não podem ou não querem ajudar, isso torna a coisa mais desafiadora e interessante. Sou obrigado a encontrar outro modo de apresentar ideias. Familiares, agentes, editores, sócios, investidores, grandes anunciantes, empregados, patrões, editoras, proprietários, funcionários de hotel, agências de palestrantes e o segurança do aeroporto de LaGuardia me disseram "não". Antes de gastar muito tempo xingando as pessoas que não aceitam sua nova grande ideia, agradeça a elas primeiro. Sem essas pessoas, você seria comum.

Mas não se pode descrever Alan Webber e Bill Taylor como "comuns". Os cofundadores da revista *Fast Company* são meus heróis. Eles não só fundaram e formalizaram um movimento que mudou o mundo, mas também mudaram o *meu*. Bill o fez com um único artigo e Alan, editando cada uma de minhas colunas enquanto trabalhava na revista. Quando partiram, deixaram um grande vazio para todos. Obrigado, amigos, por minha grande oportunidade. Sinto falta de trabalhar com vocês mais do que imaginam.

Este livro é dedicado a Alex e Mo.

AVISO

Não leia este livro de uma vez.

Levei oito anos para escrevê-lo, e se você o ler de uma só tacada, ficará com dor de cabeça.

Diffusion of Innovations [*Difusão de Inovações* (5a edição), em tradução livre] de Everett M. Rogers, tem mais de 450 páginas. Eu o estou lendo agora e ele é bom. Como a maioria dos livros de negócios, foi planejado para alguém que busca dominar determinado assunto. Ele começa no começo e vai até o fim. Apresenta um argumento e o apoia com muita pesquisa e muitos detalhes para provar, acima de qualquer dúvida, que o autor está correto.

Hoje, Ser Pequeno é Ser Grande não é esse tipo de livro.

Se você busca relatos e muitas pesquisas, está no lugar errado. Deixe este livro de lado, depressa, e compre outro.

Mas aposto que você não precisa de outro livro denso, tampouco de mais comprovações. Precisa de um leve estímulo ou de um forte cutucão. Se você é como a maioria de pessoas que lê meu blog ou assiste às minhas palestras, está à procura de uma faísca, algo que desperte sua energia e o faça pôr em prática o que já sabe que funcionará.

Derek Sivers leu um de meus livros e escreveu: "Este livro é inspirador, do tipo que 'provoca ação imediata', e não só 'causa uma sensação morna'." Se você quer algo morno, tome um banho. Estou tentando encorajá-lo a fazer algo, hoje.

Faça o seguinte: leia algumas páginas. Encontre o que precisa. Faça cópias para seus colegas de trabalho. Repita isso depois de alguns dias. Em seguida, dê o livro para seus filhos, que não são tão travados como nós e podem realmente levá-lo adiante.

Se você está aqui em busca de uma pequena ideia que poderia mudar tudo, a encontrará. Divirta-se.

Seth Godin seth@sethgodin.com

NOVAS REGRAS, NOVOS VENCEDORES

Hoje, ser pequeno é ser grande. Mudanças recentes em como as coisas são feitas e discutidas significam que *grande não é mais uma vantagem*. Na verdade, é o oposto. Se quiser ser grande, aja pequeno.

Consumidores são mais poderosos do que nunca.
Tratá-los como se não importassem não funciona.

Múltiplos canais de informação significam que
é quase impossível viver uma mentira.
Histórias autênticas se espalham e duram.

A capacidade de mudar depressa
é o único e melhor recurso
em um mundo que muda rapidamente.

Blogs importam. Se você quer crescer, precisará atingir
as pessoas, sedentas de informações
e que partilham ideias, que os leem (e escrevem).

Não há *efeitos colaterais*. Apenas efeitos.

Permita-se ter um *breve* limiar de atenção.

Aretha estava certa. *Respeito é o segredo do sucesso ao lidar com pessoas.*

ııı

Faça algo que importe.

ııı

COMO VOCÊ OUSA?

Como você pode desperdiçar até mesmo mais um dia sem aproveitar as maiores mudanças de nossa geração? Como ousa se contentar com menos quando o mundo facilitou tanto a tarefa de torná-lo notável?

EU O DESAFIO

Eu o desafio a ler dez desses artigos e ainda contentar-se com o que tem. Você não precisa se resignar com o status quo, com ser bom o suficiente, com sobreviver, com trabalhar a noite toda.

SUMÁRIO

INTRODUÇÃO: VOCÊ É MAIS ESPERTO DO QUE ELES PENSAM   1

AAA PEÇAS PARA AUTOMÓVEIS   5

A AGULHA, O TORNO... E O CHOCALHO DO BEBÊ   6

ABOTOADURAS   8

ACAMPAMENTO, MICKEY ROONEY E SEU PROBLEMA DE MARKETING   9

AGENTE DE IMPRENSA OU RELAÇÕES PÚBLICAS   10

AGULHA PONTIAGUDA, GRANDE MONTE DE FENO   11

A MARCA DO MEU CARRO, A MINHA MARCA   12

APEGADO AO SEU CARGO?   14

ARTISTAS SE IMPORTAM COM A ARTE   17

ASSINATURAS   19

ATALHOS   20

ATENDIMENTO AO CLIENTE, UMA MODESTA PROPOSTA   21

ATKINS   22

AVESTRUZ	23
AVIÃO, HÁ DOIS JEITOS DE EMBARCAR EM UM	24
A WEB É FEIA	26
BENCHMARKS = MEDIOCRIDADE	27
BLUEGRASS E O VIOLONCELISTA	29
BOLO MÁRMORE COM BISCOITO FAMOUS	31
BOLOTAS, INFESTAÇÃO	32
BON JOVI E OS PIRATAS	34
BRECHAS	35
BURGERVILLE	40
CÂMARA DE ECO	41
CAMINHÕES DE BOMBEIROS LIMPOS	41
CAPA, JULGANDO O LIVRO PELA	42
CARLY NUNCA TEVE UMA CHANCE	43
CARREGANDO A TOCHA	43
CEOs, BLOGS DE	46
CHINA (TODO AQUELE CHÁ!)	47
CHOCOLATE DA FOG CITY	49
CINQUENTA ESTADOS, LANÇA-CHAMAS E TRADIÇÕES QUE DURAM PARA SEMPRE	50
CLASSE TRABALHADORA	51
CLIFFSNOTES (GUIAS DE ESTUDO)	52
CMO, O DRAMA DO	52
COMEÇAR GRANDE	53
COMECE AGORA — RÁPIDO!	54

COMISSÕES (COMO INVESTI-LAS) 59

COMPETÊNCIA 61

CONFIANÇA E RESPEITO, CORAGEM E LIDERANÇA 66

COOKIES E A IGNORÂNCIA TÉCNICA DE JOE SURFER 68

COOKIES (OUTRO TIPO DE COOKIE) 69

CORREIO, O CHEQUE ESTÁ NO 70

CRÍTICAS 70

CRÍTICAS (MAIS) 72

DESRESPEITO 77

DIGITAL, A NOVA DESIGUALDADE 78

DING 81

DOLOROSAMENTE SIMPLES 81

DONUTS 84

E ENTÃO? 84

EGOMANÍACO 85

ELES NÃO SE IMPORTAM, ELES NÃO PRECISAM 85

EMBALAGENS 87

EMPREGOS PARA VACAS ROXAS 92

ENGRENAGENS 93

ENTÃO, UM RABINO, UM PADRE E UM COELHO FALANTE... 94

ENTUSIASTAS 95

ERVA (NÃO, NÃO ESSE TIPO) 97

ESCALANDO PENHASCOS (POR FAVOR, NÃO CAIA) 98

ESPECTRO — É O NOSSO OU O DELES? 100

ESTAGNAÇÃO 101

FAÇA MENOS	103
FAZENDO A COISA CERTA	105
FEEDBACK, COMO CONSEGUIR	106
FEEDBACK, COMO DAR	107
FLUFFERNUTTER	109
FUNCIONALIDADE	109
GMAIL	110
GUILHOTINA OU GRELHA?	110
HÁ INSUFICIÊNCIA DE ESCASSEZ	113
HEINLEIN	115
HERSHEY (SEM BEIJOS)	115
HOJE, ATÉ AS AVÓS ENTENDEM A INTERNET	119
HOJE, SER PEQUENO É A GRANDE NOVIDADE	121
HOJE, SER PEQUENO É SER GRANDE!	123
HORÁRIO DE VERÃO	125
HOTÉIS E O BISCOITO DA SORTE BARATO	128
INVERTENDO O FUNIL	129
JETBLUE	142
JORNALISTAS	143
JUSTIN E ASHLEY	144
LETRA CURSIVA VERSUS DIGITAÇÃO	144
LETREIROS QUE MUDAM	145
MAIS TARDE NÃO É UMA OPÇÃO	145
MARQUE ESTA OPÇÃO	146
MÁXIMO LOCAL, COMO EVITÁ-LO	147

MÁXIMO LOCAL, COMO O NOVO MARKETING O MUDA 150

"MCJOB" 151

MEDIOCRIDADE 152

MEDO DA PERDA, DESEJO DE GANHO 152

MEIAS 154

MENSURAÇÃO AUMENTA A VELOCIDADE 154

MINNESOTA NÃO É AKRON 157

MISSÃO 158

MITOS 158

MONOPÓLIOS E A MORTE DA ESCASSEZ 159

MUROS, PENHASCOS E TIJOLOS 161

NADA DE EFEITOS COLATERAIS 162

NÃO! 162

NÃO CURSE ADMINISTRAÇÃO DE EMPRESAS 163

NÃO IMPORTA QUEM VOCÊ CONHECE 168

NOMES 169

NOMES, AS NOVAS REGRAS PARA ESCOLHER 171

NUNCA, FAÇA O 174

O *BRANDING* ESTÁ MORTO; VIDA LONGA AO BRANDING 175

O CLUBE SOY LUCK 176

O COQUETEL DO MCDONALD'S 176

O FUTURO NÃO É MAIS O QUE COSTUMAVA SER 178

ONIPRESENÇA 182

ONTEM, MUDEI DE IDEIA 184

OPRAH? QUANTO VOCÊ PAGARIA PARA ESTAR NO PROGRAMA DELA? 189

OPT-IN 190

O QUE VOCÊ FEZ DURANTE OS ANOS 2000? 191

OS DOIS SEGREDOS ÓBVIOS DE CADA EMPRESA DE SERVIÇOS 193

OTIMISMO 194

OXIMOROS, UMA PALAVRA SOBRE 194

PALAVRAS 195

PALAVRAS CURTAS E OS COMPRADORES DO KMART 195

PALHAÇO, VOCÊ É UM? 196

PENSANDO GRANDE 199

PERGUNTA ERRADA 199

PERMISSÃO 201

PEZ E DISCOS DE LITUANO 201

PLACEBO, O EFEITO 202

PODCAST, POR QUE NÃO TENHO UM 204

POILÂNE, LEMBRANDO DE 205

POLCA 206

POMBOS SUPERSTICIOSOS 207

POR FAVOR, NÃO FAÇA EU ME SENTIR TÃO IDIOTA 209

POR QUÊ (PERGUNTAR POR QUÊ?) 210

PRÊMIO GRATUITO 211

PROGRESSO? 212

PROMOÇÕES 213

PROSTITUIÇÃO 214

PROVINCETOWN, UM INSIGHT SOBRE CAPACETES	215
PROXIMIDADE, O EFEITO	217
QUALIDADE	218
QUEM É QUEM?	218
RECEITA?, VOCÊ ESQUECEU A	221
REFORÇO	221
REFRIGERANTE (ELES ATÉ TÊM SABOR DE PURÊ DE BATATAS)	224
REGRAS, JOGANDO CONFORME AS	224
RELAXE... QUER DIZER, AJA SOBRE O DIFÍCIL	225
RESPEITO E O VENDEDOR DA FULLER BRUSH	230
RESPONSABILIDADE	232
RINGTONES	236
ROXO	236
RSS	239
SABOR CAMUNDONGO	240
SALINGER TINHA RAZÃO	241
SALSINHA	242
SEGREDOS DO SUCESSO	243
SEGURO É ARRISCADO	245
SEMANA DO COMPROMISSO	246
SEM NOÇÃO, SOMOS TODOS	247
SPAM DO CARTÃO DE NATAL	249
SUA PRÓPRIA IMPRESSORA	250
SUVENIR — REAL COMPARADO A QUÊ?	251
"TALVEZ", FAZENDO AS PESSOAS NÃO DIZEREM	253

TALVEZ, UMA ORGANIZAÇÃO À PROVA DO 257

TECHNORATI 258

TELEVISÃO É O NOVO NORMAL 259

TRADIÇÃO! 260

UMA BREVE HISTÓRIA DE TRABALHO DURO,
AJUSTADA AO RISCO 262

UMA CHAMADA A DESPERTAR SOBRE CHAMADAS
DE DESPERTAR 264

UMA ESTRATÉGIA DE EMPREGO QUE O
TORNA UM PERDEDOR 265

ÚNICO 266

USPS E SUA CAMISA AMARELA 267

VENDAS 268

VERBOS (GERÚNDIOS, NA VERDADE) 269

VICIADOS EM MUDANÇA 269

VIRAL?, O QUE TORNA UMA IDEIA 274

VISUALIZANDO O TRAVESSEIRO DE CETIM 275

VOCÊ AGE DIFERENTE QUANDO ESTÁ EM VÍDEO? 276

VOCÊ É SUAS REFERÊNCIAS 277

WAFFLES SEMPRE ESTÃO NO CARDÁPIO 280

WEB DESIGNERS 282

WI-FI EGOÍSTA, LÂMINAS DE BARBEAR E HALLOWEEN 283

WOOT.COM E O LIMITE 285

YAK SHAVING 285

BÔNUS ESPECIAL! 287

ÍNDICE 323

Se você quer saber...

Como agir pequeno o ajuda a ser grande, vá até a página — 123

O segredo para conseguir um ótimo emprego, tente a página — 129

Por que está imobilizado e o que fazer a respeito,
procure a página — 147

O insight de Aretha Franklin, veja a página — 230

Quais são as novas ferramentas de comunicação
online mais importantes, leia a página — 303

INTRODUÇÃO: VOCÊ É MAIS ESPERTO DO QUE ELES PENSAM

Você é mais esperto do que seu chefe, seus amigos ou sua empresa pensam. E é mais esperto do que os comerciantes que lhe vendem coisas todos os dias acreditam, pode crer.

Venho apostando na inteligência dos meus leitores por quase uma década, e essa aposta continua a mostrar resultados.

Eles simplesmente não entendem. Você não, você entende. São os outros caras que não conseguem. As pessoas que enganam, pegam atalhos ou se recusam a mudar diante das imensas oportunidades e evidências.

Às vezes, acho difícil descobrir exatamente o que faço para viver. Ao olhar alguns de meus slides de PowerPoint, vi uma imagem que esclareceu minhas dúvidas. Ela me ajudou a entender o que eu faço o dia inteiro.

A fotografia é de um posto de abastecimento de gás propano no Canadá, com um grande tanque de propano de 6 metros de altura na frente. Acontece que esse posto também vende fogos de artifício.

É isso que faço. Eu vendo fogos de artifício.

As pessoas que compram meus livros, leem meu blog ou me contratam para palestrar em suas organizações *já sabem* o que fazer em seguida. Elas são inteligentes, até brilhantes, quando se trata de desenvolver uma organização, criar uma empresa ou disseminar uma ideia. Já sabem como desenhar um ótimo site ou compor uma postagem bem-sucedida para um blog. Mas estão imobilizadas.

Estão imobilizadas porque a sociedade, seus chefes, seus cônjuges ou seus colegas de trabalho não deixam que façam o que já sabem que devem fazer. É como se suas pastas estivessem cheias de propano comprimido, mas nada conseguem fazer.

É aí que eu entro. Levo os fogos de artifício comigo. Não exatamente os mais barulhentos ou potentes, mas aqueles capazes de atrair a atenção — e, mais importante, atear fogo ao gás propano que você já tem.

Descobri que pessoas diferentes reagem de formas diversas a mensagens variadas.

Alguns de meus e-mails me dizem que as vidas das pessoas foram modificadas e as organizações foram superenergizadas como resultado direto de um seminário de seis horas que apresentei — e que me deixou exausto por dias. Outras parecem despertar com postagens de duas linhas em meu blog, enquanto outras ainda precisam da garantia tranquilizadora de um livro impresso para liberar seu gênio interior.

Depois de publicar o milésimo post no blog, dei-me conta de que muitos desses fogos de artifício que eu acendia não estavam atingindo o público que queria (e talvez precisasse) lê-los. Meus leitores do blog estavam aproveitando (de verdade), mas alguns, que queriam estímulo em um formato diferente, estavam perdendo toda a diversão.

Assim, aqui estão elas, em um formato prático, portátil, quase à prova d'água, naturalmente 100% reciclável, claro. As ideias mais explosivas, virais, intuitivas, óbvias, disseminavéis e tangíveis de quase uma década escrevendo livros, depois uma coluna e, agora, um blog. Garanto que encontrará algumas que não funcionarão para você, mas tenho certeza de que é inteligente o bastante para reconhecer as coisas que sempre quis fazer enterradas no fundo de uma dessas frases. E aposto que assim que se sentir inspirado, fará algo acontecer.

AAA PEÇAS PARA AUTOMÓVEIS

Ao contrário do que você pensa, a AAA Peças para Automóveis não tem esse nome por causa de Alfred A. Archos. Não, o dono usou exatamente a mesma estratégia de Jeff Bezos para nomear seu negócio quando escolheu o nome Amazon. *Ser o primeiro na lista telefônica.*

Ser o primeiro e o maior. Quem pode argumentar contra uma estratégia dessas?

Quem, exatamente, inventou a ordem alfabética? Por que o *M* vem antes do *P*?

Não sei se importa, mas também não sei se a ordem alfabética ainda é tão importante. As buscas na web, o crescimento do boca a boca digital, as barreiras de entrada baixas e a rapidez na velocidade para comercializar conspiram para tornar o "primeiro e maior" uma estratégia bastante desatualizada.

A maior parte deste livro trata de *não* ser o maior e não se desconectar de seus clientes, funcionários e ambiente. Contudo, este primeiro capítulo fala sobre não se preocupar demais em ser o primeiro. Primeiro na lista telefônica ou no mercado. Se suas ideias são ótimas, as pessoas o encontrarão.

Em homenagem a Alfred A. Archos, os capítulos seguintes são uma coleção em ordem alfabética de fogos de artifício que poderão ajudar a liberar aquela grande ideia que você pretende pôr em ação há muito tempo. Estão em ordem alfabética sem nenhum motivo em especial para isso, o que, por sua vez, também é o modo como o mundo funciona.

A AGULHA, O TORNO... E O CHOCALHO DO BEBÊ

A maioria dos empreendimentos que quer crescer faz algum tipo de marketing, que pode ser dividido em dois aspectos que funcionam. E um terceiro que não.

A agulha usa a física simples para funcionar. Aplique pressão a uma área pequena e cuidadosamente escolhida e ela penetrará.

É por isso que uma enfermeira de 42 quilos pode aplicar uma vacina contra gripe em você — a superfície da minúscula área da ponta da agulha não tem problemas em atravessar sua pele.

O marketing de permissão tem a ver com a agulha. A pessoa certa, a mensagem certa, o momento certo. Mensagens esperadas, pessoais e relevantes que chegam à pessoa que precisam atingir.

A agulha não age de repente. É preciso ter a combinação ideal de reputação, produto e comprador em potencial.

O torno usa um princípio diferente da física para funcionar, mas também obtém bom desempenho. O torno trata de aplicar quantidades crescentes de pressão a uma área inteira. E por causa da natureza giratória da alavanca, é possível criar grandes quantidades de pressão ao longo do tempo sem esforço. Se a sua mão ficar presa em uma prensa, você entenderá o que quero dizer.

O método do torno funciona, por exemplo, com a Starbucks, o consultório do médico local ou a política participativa. Apareça um número de vezes suficiente, esteja em vários lugares, conquiste apoio suficiente de um indivíduo após outro e, cedo ou tarde, seu investimento de divulgação mostrará resultados.

O que não funciona? O que não funciona é o irritante chocalho de bebê.

De vez em quando, bebês ficam cheios de energia ao usar o chocalho para chamar atenção. Mas então eles se aborrecem e passam a usar outras técnicas. Cedo ou tarde, voltam ao chocalho, frustrados porque nada parece funcionar.

A maioria dos marqueteiros, e praticamente todos dentre eles que estão em dificuldades, usam o chocalho. Tentam uma engenhoca, técnica ou produto, concentram-se nisso por algum tempo e logo perdem o interesse e partem para outra coisa. Depois de um tempo, devido à frustração, voltam e tentam de novo, só para provar a si mesmos que estão fazendo tudo que podem para divulgar o que querem vender.

"Ei!" diz o blogueiro, "Criei um blog como aquele livro Para Leigos ensina, mas não está valendo a pena. Em vez disso, vamos fazer um podcast." E depois seguem para ideia seguinte.

Naturalmente, os melhores marqueteiros usam a agulha e o torno ao mesmo tempo. Eles não atacam, não exigem, mas chamam atenção. Aplicam a pressão de marketing de forma tão consistente, mensurada e implacável que cedo ou tarde lucram com ela.

Um site comercial que conheço está gastando milhões apertando seu torno. Infelizmente, a sua oferta e o seu design são tão confusos (e desinteressantes) que é improvável que façam o sistema se pagar. Se eles tivessem descoberto onde aplicar pressão, que oferta seria atraente, como atingir a pessoa certa da forma correta, sua alavancagem triplicaria.

O fato irônico é que agências de publicidade têm sido encurraladas e geralmente usam o chocalho. Essa é a parte cara, importante e de alto risco do marketing, e o tipo que raramente funciona. É uma pena que algumas das pessoas mais inteligentes de nosso ramo não tenham permissão (dos clientes e da estrutura de seu segmento) de ir até os bastidores e mudar o produto, a estratégia e a abordagem em vez de apenas aborrecer mais pessoas com um ruído ainda maior.

ABOTOADURAS

Se não existissem abotoaduras e você as inventasse, seria bem-sucedido?

Tenho uma camisa no armário com punhos franceses. Quando a olhei, certo dia, pendurada ali sozinha, comecei a pensar em abotoaduras.

Abotoaduras são um meio seguro para homens usarem joias e, sem dúvida, elas eram funcionais naquela época. Mas é difícil argumentar muito sobre seu uso utilitário hoje em dia.

No entanto, elas perduram.

Elas perduram porque fazê-las desaparecer totalmente é quase impossível. São um anacronismo, parte de um sistema que talvez nunca seja extinto. Só poderemos nos livrar delas quando todas as camisas desaparecerem, mas enquanto houver camisas com punhos franceses, haverá abotoaduras, que somente estimularão as pessoas a comprar mais punhos franceses! As lojas podem vender várias abotoaduras reversíveis com motivos náuticos ("O quê?! Você me deu abotoaduras que não são reversíveis?!") porque os fabricantes de camisas as apoiam vendendo camisas com casas. Se não houvesse esses buracos nos punhos, não haveria abotoaduras. Enquanto houver casas, haverá demanda para elas.

Assim, se você está tentando inventar um produto ou serviço que exija que o resto da indústria crie um buraco em algum lugar para você preencher, boa sorte. Começar um novo padrão na indústria é realmente difícil. Alavancar um já existente é fácil.

Se puder descobrir um meio de lucrar com uma "casa" existente, terá uma vantagem enorme.

A Audible.com, por exemplo, precisou que o mundo fizesse um MP3 *player* a fim de ser bem-sucedida. Que aposta maluca! Felizmente, no momento certo, isso aconteceu. Mas agora que o MP3 está aqui, aposto que alguns caras inteligentes descobrirão outra coisa para colocar em um reprodutor de áudio… Que tal excursões pela cidade a pé, com anúncios locais?

ACAMPAMENTO, MICKEY ROONEY E SEU PROBLEMA DE MARKETING

Meu amigo Tim mandou-me um bilhete pedindo algumas dicas sobre como melhorar sua habilidade de oratória. Fiquei lisonjeado e então pensei durante alguns minutos onde aprendi a falar em público.

A resposta? Acampamento Arowhon.

Espere. Tem mais. Ali eu também aprendi sobre marketing.

Meu acampamento de verão era um mercado (barulhento). Todos tinham que fazer algo, mas a escolha dependia de você. Assim, o instrutor de canoagem (que era eu) estava sempre competindo com o instrutor de vela (que era Mike) e os outros para reunir pessoas em seu ancoradouro. Se não aparecesse ninguém, você era um fracasso e não seria convidado a voltar.

Descobri que:

1. Ninguém se importava comigo. Eles não se importavam com meu treinamento duro, com minhas poucas horas de sono ou com quanto esforço eu dedicava à minha tarefa.
2. As pessoas raramente se dispunham a tentar algo novo. Se nunca o tinham feito, não queriam começar tão cedo.
3. O boca a boca era estimulante.
4. Você não tinha muitas chances de fazer bobagem.
5. Se não se arriscasse a fazer bobagem, certamente falharia.

A maior e melhor descoberta, porém, foi como as pessoas se dispõem (até adolescentes mal-humorados — e se você acha que vender para pessoal de compras rabugento é difícil...) a mudar de ideia. Certa semana, convenci trezentas pessoas de que Paul McCartney visitaria o acampamento para avaliar o local para a filha. Somente no último minuto, quando um amigo, imitando Sir Paul, caiu do barco que se aproximava e foi (supostamente) esmagado pelo motor em movimento que as pessoas descobriram que não era realmente ele.

Meu argumento, e eu tenho um, é que o marketing é um show, uma forma de entretenimento do tipo Judy Garland/Mickey Rooney, destinado a satisfazer desejos, não necessidades. Devemos levá-lo muito menos a sério (não importa se estivermos fazendo marketing para soluções de segurança social ou uma religião mundial) mesmo se assumirmos mais riscos. Se você não está crescendo agora, agir com cuidado não o ajudará a crescer amanhã.

Meu conselho a Tim é o mesmo para você, quer esteja falando em público ou postando anúncios. Seja audacioso, mas use um colete salva-vidas.

AGENTE DE IMPRENSA OU RELAÇÕES PÚBLICAS

Ponha esse texto na pasta "Eles simplesmente não entendem".

É muito fácil encontrar minhas informações de contato em meu site e, como resultado, recebo cada vez mais material do pessoal de RP. Note que estou sendo muito generoso ao chamá-lo de "material", em vez de "spam inútil, entediante e que toma tempo".

O pessoal de RP está acostumado a empurrar montes e montes de material para conseguir um ou dois resultados. É assim que funciona na mídia tradicional.

Mas me diga, por favor, que blogueiro entre 10 milhões postará uma história com esta manchete (não estou inventando):

REFLETINDO SOBRE O ALCANCE E A VARIEDADE DE
SUAS REDES DE MÍDIA, O GRUPO VENDARE MUDA O
NOME PARA VENDARE MÍDIA

Uau! Eis algo interessante e relevante para as pessoas que podem escolher o que ler. Se o seu comunicado de imprensa é algo diferente e todos os blogs por aí são todos iguais, isso não significa que você deva mandá-lo mesmo assim.

Muitos na comunidade de assessoria de imprensa tentam transformar blogs em apenas outra publicação de mídia. Não conseguem. Em vez disso, crie algo que valha a pena de ser lido. *Depois* fale sobre isso.

AGULHA PONTIAGUDA, GRANDE MONTE DE FENO

No mês passado, postei vários anúncios na busca por estagiários de verão. Os anúncios pediam que os candidatos enviassem três páginas em PDF com a descrição de seus antecedentes e objetivos, e os encorajava a se destacar e defender sua história.

Isso, é claro, deveria ser a oportunidade dos sonhos para qualquer candidato a um emprego. Em vez de serem tratados como um pedaço de papel, uma lista de fatos em um currículo impessoal, ali estava a chance de realmente me contarem algo sobre quem eram.

Metade das pessoas enviou um currículo. *Só* um currículo.

"Aqui está o meu currículo" foi o conteúdo total de pelo menos 20% das notas explicativas que recebi.

Parte disso é o resultado de seres massacrados. Quase todo o sistema trata de obedecer às regras, encaixar-se e não se destacar. Mas me parece que grande parte das pessoas age sob uma impressão equivocada do que funciona — na vida, na busca de um emprego e no marketing, em geral.

Parece que a maioria das pessoas acredita que se afiarem sua agulha o suficiente, ela será magneticamente atraída para fora do monte de feno e cairá no lugar a que pertence. Se elas não conseguem um bom emprego, não fecham uma grande venda nem têm um encontro fabuloso, certamente é porque não o merecem. Assim, passamos muito tempo afiando nossas agulhas.

Conheci algumas pessoas bem-sucedidas e posso garantir que elas não chegaram lá por merecerem.

Qual é a chance de que seu currículo totalmente comum, que descreve uma vida acadêmica e profissional totalmente comum, lhe conseguirá muitos empregos? "Ei, Bill! Dê uma olhada nesse cara comum com antecedentes acadêmicos comuns e experiência profissional excepcionalmente comum! Talvez ele seja barato!"

Você contrata pessoas dessa forma? Escolhe produtos desse jeito? Se você dirige um Chevy Cavalier e trabalha para a Administração de Seguro Social, talvez, mas isso é passado.

No fim das contas, as pessoas julgam só um aspecto sobre você: o modo como o processo (contratá-lo, trabalhar com você, usar seu produto ou serviço, aprender com você) faz com que elas se sintam.

Então, como você faz as pessoas se sentirem?

Você poderia fazer com que se sentissem melhor? Mais? Poderia criar as emoções que buscam?

Enquanto focarmos a commodity, a agulha mais pontiaguda, estaremos perdidos. Por quê? Porque a maioria dos clientes não carrega um ímã. Porque a agulha mais pontiaguda raramente é a que sai do monte de feno. Em vez disso, os compradores buscam o Prêmio Gratuito, o atributo excepcional sobre o qual vale a pena falar. Acabo de entrevistar os quatro estagiários sentados aqui comigo. Juntos, falam doze idiomas. Não, não foi por isso que os contratei. Não, não precisamos de Tagalog em nosso trabalho diário, mas esse é um Prêmio Gratuito. É uma das muitas coisas que os tornam interessantes e me fizeram sentir-me bem em contratá-los.

Qual é seu Prêmio Gratuito?

A MARCA DO MEU CARRO, A MINHA MARCA

Vi um adesivo em um para-choque de que gostei muito. Ele dizia: É UM MEIO DE TRANSPORTE OU UM ESTILO DE VIDA? Claro, você nunca viu um adesivo como esse em uma Mercedes. Naturalmente, ele estava em um velho Subaru.

Então notei que o *Wall Street Journal* começou a publicar uma seção sobre que celebridades e pessoas de destaque na indústria estão comprando que carro em que cidade.

Se você pensar a respeito, é um pouco estranho. Aqui está uma das maiores compras que a pessoa comum faz e estamos interessados em que pessoas famosas estão endossando nossas escolhas.

Mas então a verdadeira questão me veio à mente. O carro domina nossa cultura. Ele exerce um grande impacto nas cidades, em nossa balança comercial, em nosso ambiente e na política mundial. Se todos desistissem de SUVs e dirigissem híbridos, essencialmente estaríamos livres do petróleo estrangeiro, e uma importante ameaça à atmosfera praticamente desapareceria (assim como a asma, a fumaça etc). Mas quase ninguém sugere que essa é uma solução em potencial para alguns dos problemas de nosso país.

Por quê? Porque, de algum modo, venderam essa ideia para nós: carro = autoestima.

Quer dizer, adoro o meu Miata. Eu o conduzo com um sorriso no rosto e gosto de acreditar que realmente o dirijo do jeito que foi projetado para ser dirigido. Claro, outros usuários de SUVs gostam de justificar sua compra do mesmo jeito que eu. Por que nos importamos tanto com o que dirigimos? Eu certamente não penso tanto sobre meus sapatos ou o tipo de caneta que uso. O que aconteceria se não houvesse opções de carros (exceto, talvez, a cor)?

Imagine por um segundo que precisamos gastar todo o tempo, dinheiro e instinto competitivo que colocamos em comprar, limpar, melhorar, aperfeiçoar e ajustar nossos carros de um outro jeito.

E se houvesse apenas duas opções? Você poderia comprar um carro grande (uma van lenta e feia) ou um carro pequeno (um sedã um pouco menos lento) e pronto? Em nossa era pós-industrial, essa mudança radical levaria à estagnação do capitalismo?

Em nome da segurança nacional, da paz mundial e da longevidade ambiental, esse é um exercício de pensamento interessante, não é mesmo?

Do ponto de vista do marketing, a discussão é ainda mais interessante. Quando você retira uma opção cara para expressar sua autoestima (carros, por exemplo), os seres humanos rapidamente acham substitutos. Podem ser botas Timberland no centro da cidade, ou bolsas Prada na parte nobre da cidade. Ambos têm preços absurdamente elevados pela utilidade que proporcionam, mas é a história que contamos a nós mesmos, a etiqueta, a imagem, a paz de espírito que valem.

Como alguns comerciantes criam essa aura de autoestima, enquanto outros falham?

Acho que quando comerciantes tradicionais falam sobre "marca", estão se referindo ao valor da autoestima. Uma verdadeira marca é algo em que o valor da autoestima excede em muito a utilidade. Pode ser um ketchup Heinz, um relógio Rolex ou um cigarro Marlboro, mas em cada caso há uma verdadeira ligação emocional entre marca e usuário.

Infelizmente, quase todos os comerciantes falham em criar uma marca. Felizmente, a atração de uma marca poderosa (como a Disney) parece manter os não vencedores (como o Six Flags) tentando.

Eu me afastei muito do tema de automóveis, mas nem tanto. Agora estou preocupado com os efeitos colaterais — consequências involuntárias de um *branding* excelente. Não sou favorável à interferência do governo nesse assunto, mas certamente gostaria de descobrir como comercializar sem esse problema. Em minha humilde opinião, essa é uma das grandes tragédias de nossa profissão.

APEGADO AO SEU CARGO?

Algo muito assustador aconteceu comigo. Fui para a Inglaterra para proferir uma palestra. No caminho, ainda no avião, tive um ataque de pânico.

Não que eu tenha medo de voar. Não, tive o ataque porque tenho medo de passar pela alfândega. Bem, eu nunca tentei contrabandear nada na vida e meu passaporte está em perfeita ordem. Mas sempre tive essa fobia sobre ser injustamente encarcerado por um burocrata indiferente em um país estrangeiro. Esse é o principal motivo pelo qual nunca arranquei a etiqueta de um colchão ou travesseiro. Mas desta vez, meu medo foi resultado de algo um pouco mais racional: um formulário. Não era um formulário comum; era um documento oficial do governo.

O formulário não era muito grande — talvez uns 10 cm por 15 cm. Ele pedia uma série de informações rudimentares, como meu nome e endereço. Mas, no verso, em letras minúsculas, próximo ao final da página, havia uma pergunta que despertou terror em mim: a alfândega queria saber minha ocupação.

De repente, fui dominado por dúvidas e temores, incertezas e perguntas sem resposta. Senti uma crise da nova economia se aproximando. O que sou? O governo do Reino Unido queria saber. Ele insistia em saber. E se eu desse a resposta errada, se eu mentisse no formulário, quem sabe o que aconteceria? Eu poderia passar anos apodrecendo nos porões de uma prisão, comendo mingau no café da manhã e salsichas e purê no jantar.

Sou um escritor? Um empresário? Um impressor? Um vendedor viajante? Um palestrante? Um contador (apesar de admitir que não um muito bom)? Um comerciante? Eu poderia continuar infinitamente. Em um dia qualquer, provavelmente tenho quinze ou vinte "ocupações".

Foi então que me ocorreu: o mundo está mudando. Os dias do "leiteiro", do "carteiro" e do "soldado" se foram há muito. A maioria das pessoas que conheço e com quem trabalho teria tanta dificuldade com a questão da ocupação quanto eu (embora eu ache que nenhuma teria um ataque de pânico).

O que você é?

Ser apegado a uma ocupação faz com que a realize melhor? Isso facilita a identificação das pessoas com quem você gostaria de trabalhar, aquelas que podem ajudá-lo a fazer o seu trabalho — ou apenas ofusca os fatos e o arrasta para reuniões das quais não deveria participar? Isso lhe proporciona um manto de proteção, uma zona de conforto da velha economia que pode carregar consigo para lhe dar uma sensação

— genuína ou não — de estabilidade? Ou, ainda pior, você usa seu cargo como um escudo para que, quando as pessoas lhe pedirem ajuda, você possa dizer, "Desculpe, esse não é meu trabalho"?

A propósito, qual é sua descrição de cargo? É um documento animador, otimista e poderoso que lhe dá permissão de explorar novas oportunidades e fazer algo? Ou é uma defesa que facilita que identifique o que não é sua responsabilidade? As empresas que não têm empregados cuja descrição de cargo tenha a frase "aumentar nossa presença internacional" raramente usam tempo e assumem os riscos necessários para desenvolver uma presença internacional. Organizações que oferecem descrições de cargo cuidadosamente redigidas estão lhe dando permissão para ignorar as excelentes oportunidades de negócios e, dessa forma, estão perdendo todos os dias.

Já que estamos falando do tema de burocracias falhas, organizações inertes e "corpocracias" pouco inteligentes, porque as grandes empresas não publicam seus organogramas e lista de telefones? Ponha-as na internet, eu aconselho. Uma vice-presidente da IBM certa vez passou uma hora inteira elaborando um organograma para mim na tentativa de tornar sua empresa mais acessível, porque se deu conta de que uma mentalidade de fortaleza não era boa para a IBM. Claro, assim que ela terminou de desenhar o gráfico de duas páginas, a IBM anunciou uma reorganização. Lá se foi a facilidade em fazer negócios com a IBM.

Outro dia, sem ter o que fazer, dediquei-me a um de meus hobbies favoritos: liguei para a Microsoft no (425) 882-8080. "Alô," eu disse. "Você poderia me passar o nome e ramal da pessoa a cargo do marketing do Windows 2000?" (Nota: o nome dessa pessoa não é um grande segredo. Uma rápida busca na web lhe dará o que procura.)

"Sinto muito, senhor. Não posso divulgar essa informação", respondeu uma recepcionista educada, mas impassível, como se eu fosse a primeira pessoa a ter a ousadia de pedir tal informação confidencial. Foi como se eu pedisse o código fonte do Windows e não o nome e ramal de um funcionário.

Aqui está a Pergunta do Mês no Novo Formulário da Alfândega: que tipos de coisas ruins aconteceriam se cada vendedor, analista, cliente e, sim, até *headhunter* soubesse exatamente quem faz o quê, por que e como — na Microsoft ou em sua empresa? Qual seria o problema se sua verdadeira ocupação fosse anunciada em alto e bom som?

Como pode uma empresa ser rápida se toda a equipe não sabe quem é encarregado do quê? Como pode uma empresa ser permeável ao mundo exterior se o mundo exterior não sabe com quem falar? É realmente possível criar um sistema de comunicação rápida e informal que mantenha todas as partes da organização em sincronia? Quando chega uma fatura, ela é enviada para o sujeito de contas a pagar, porque essa é sua ocupação. Mas de quem é a tarefa de decidir se usar tecnologia MP3 para melhorar a satisfação do cliente é uma boa ideia?

O que nos leva para o começo. É improvável que você tenha só uma ocupação. E em vez de fingir que todos temos uma só ocupação — como o governo britânico parece querer mostrar — talvez devêssemos adotar a natureza "multipacional" de nossos cargos. ("Multipacional" é uma palavra nova que inventei. Ela significa "ter mais de uma ocupação ao mesmo tempo"; é o equivalente a "multinacional" no local de trabalho.). Poderíamos escolher um cargo novo de múltiplos fins para que os outros saibam o que realmente focamos — títulos como "especialista de alegria do cliente", ou "agente de mudança", ou talvez até "garota que assumirá a reunião e depois trabalhará a organização".

Não é tolice. É comunicar — para seus pares, para o mundo exterior e para si mesmo — o que você realmente faz o dia todo.

ARTISTAS SE IMPORTAM COM A ARTE

Há quinze anos, nas ruas do SoHo (bairro das artes de Manhattan), minha esposa e eu estávamos olhando as peças de arte que não tínhamos condições de comprar. Fora de uma das galerias, literalmente na rua, vimos um artista vendendo quadros no porta-malas do carro. Compramos um quadro por cerca de US$100 e nos parabenizamos por "comprar arte no SoHo" por um preço baixo. O artista era simpático e lhe desejamos sorte.

Knut Masco, o artista, especializou-se em pintar em janelas velhas. Ele decorava as molduras de madeira e pintava no vidro. O rapaz ficou conhecido quando se uniu a outros artistas para processar Rudolph Giuliani por proibir a venda de sua arte (um incrível número de pessoas não se lembra da versão original e intimidadora do prefeito Giuliani). Eles venceram e essa foi a última vez em que ouvimos falar de Knut.

Há dois meses, o Masco de nossa casa caiu da parede e se partiu em milhões de pedaços. Ficamos devastados. "Essa é uma tarefa para o Google!", disparei, e lá fomos à procura de Knut. Nada. Ele tinha desaparecido. Horas de buscas não revelaram nada além do processo.

Ninguém vira ou ouvira falar de Knut em uma década.

Fui até o surpreendente link de respostas do Google (answers.Google.com), postei uma pergunta, disse que pagaria US\$75 para encontrá-lo e, um dia depois, o buscador encontrou Knut... morando em Israel... sob outro nome... sem pintar mais!

Enviei um e-mail ao artista, descobri que seu nome era Boaz e falei sobre a necessidade de uma nova pintura. Ele concordou depressa — embora não pudesse encontrar janelas velhas e tivesse que construir uma do zero, mesmo não tendo pintado há algum tempo e sem saber onde estávamos. Ofereci pagar-lhe adiantado, mas ele não aceitou.

Dois meses depois, recebi uma mensagem avisando que a pintura estava pronta e que tinha sido enviada. Mandei-lhe um cheque em seu novo nome, em confiança. Um dia depois, o quadro chegou de Israel pela Federal Express com uma fatura escrita à mão.

O quadro é fantástico — até melhor que o original. Mas o mais importante é a história. Não sei o que você fará com ela, mas imaginei que gostaria de ouvi-la.

ASSINATURAS

▪▮▮

É difícil imaginar estar em um coquetel e responder à pergunta "Então, o que você faz para ganhar a vida?" com "Bem, eu engano as pessoas para me darem dinheiro".

Eu só troquei alguns nomes de domínio do register.com para outro serviço de registro de domínio. Os caras do Register tornaram a sutil duplicidade em uma tarefa de arte sofisticada. Depois de você notificá-los de que quer mudar de empresa, eles lhe enviam uma nota confirmando a troca. Isso, claro, é um ótimo movimento de segurança.

A nota começa com vários parágrafos sobre a excelência de seus serviços e então mostra um link. Parece ser o link que autoriza a mudança, mas não é. Na verdade, é para *recusar* a mudança! Leia mais alguns parágrafos e então verá o link para a autorização. Clique nele em alguns dias ou perderá a validade.

Depois de clicar, parece que você terminou. Mas se parar agora, a mudança não será autorizada. Depois você deve marcar uma opção na nova tela. E *então* clicar em "confirmar". É fácil imaginar que o processo está finalizado e você fechará a janela. Mas se o fizer, eles ainda recusarão a mudança.

É preciso ir a outra tela e novamente confirmar a mudança (são quatro cliques e três telas quando um clique teria sido suficiente).

Quando modelos de negócio como as assinaturas, os "enviamos--até-você-nos-mandar-parar" e outros entram na arena online (onde a margem de lucro pode ser de 100%), veremos mais situações como esta. Há quase quinze anos, quando fiz meu primeiro projeto online para a Prodigy, me disseram que o melhor cliente da empresa era alguém que pagava a taxa mensal de US$10, mas nunca usava o serviço. Se alguém esquecia que tinha assinado o serviço da Prodigy com o cartão de crédito, poderia levar anos até notar a cobrança. Embora essa pareça ter sido a estratégia certa na época, está claro que não deveria ter longa duração.

Sou o maior fã do mundo para a volta do leiteiro. A ideia de assinaturas que poupam tempo e dinheiro para ambas as partes é um modo simples de gerir um negócio. As pessoas adoram entregas em domicílio. Mas se tiver de enganá-las para fazerem negócios com você, não é uma estratégia muito boa, é?

ATALHOS

Ontem dei uma entrevista para uma revista especializada em marketing. Eles têm milhares de leitores, a maioria no negócio de mala direta.

"Como se cria uma lista de e-mail de marketing?", a repórter perguntou. Ela não gostou da resposta. Eu lhe disse que o primeiro passo é oferecer algo em seu boletim informativo que as pessoas realmente *querem* ler. O segundo passo é prometer às pessoas exatamente o que pretende lhes dar. E o terceiro é criar conteúdo tão notável que as pessoas queiram compartilhá-lo. Expliquei que se você ficar tranquilo e cumprir suas promessas, terá o resultado que merece obter.

Ela quis saber sobre atalhos.

Perguntou-me quais eram os atalhos pelo menos três vezes. Como agir quando se está com pressa. Mais importante, como fazer se sua mensagem não é muito interessante.

Parece que os marqueteiros norte-americanos ainda têm bastante tempo para fazer tudo de novo, mas não para fazer o certo.

Se houvesse atalhos, as pessoas mais espertas que você e eu já os teriam encontrado. Mas eles não existem. Sinto muito.

ATENDIMENTO AO CLIENTE, UMA MODESTA PROPOSTA

▪▮▪

A tendência é muito clara: mude as operações de apoio ao cliente para o estrangeiro a fim de reduzir custos. Afinal, considerando que esse atendimento gera um custo e não é um centro de lucros, você ganhará se puder cortá-lo. Dizem que a redução de custos aparece direto no lucro da empresa.

Eu posso fazer ainda melhor.

Acabo de passar os últimos dias ao telefone (como cliente) com três grandes empresas, envolvido em conversas exasperantes com pessoas superestressadas. Não foram só conversas maçantes, mas demoradas, também. Em dois casos, eu "venci" a discussão, mas é claro que ambos perdemos. No outro caso, eles "venceram", eu desisti e não pretendo falar com eles novamente tão cedo.

Eis o meu plano:

Alguém começa um serviço projetado para cortar os custos do atendimento ao cliente para zero. Você paga US$0,02 comparado ao que está pagando agora. Como funciona: é uma operação computadorizada pronta para uso imediato, localizada em alguma ilha remota sem pessoas, apenas computadores. Qualquer firma com um "problema de custo" com o atendimento ao cliente pode contratá-la — essa empresa pode lidar com dezenas de clientes ao mesmo tempo. As vozes muito educadas do computador respondem com o nome da empresa e usam um banco de dados para rastrear todas as informações que recebem. Elas mantêm as pessoas em espera o máximo possível (mas nem um momento a mais) e então as transferem para uma caixa de correio automatizada diferente.

O objetivo é fazer o cliente se sentir como se os operadores (computadorizados) estivessem fazendo o seu melhor, mas naturalmente eles nunca fazem *nada*. Monitorar as conversas e os números de registro. Transferir pessoas. Prometer retornar a ligação, o que nunca acontece. Cedo ou tarde, o cliente desiste e vai embora. (Se a firma fizer seu trabalho direito, o cliente culpa a si mesmo, pelo menos um pouco, por não ser mais paciente.)

Resultado final? Não só os custos dos operadores foram poupados, mas você nem mesmo tem que consertar nenhum de seus produtos!

Sim, é uma ideia tola. Mas é barata. Se barato é o que você quer, eis a solução. Se *atendimento* ao cliente é o que você quer, talvez não seja uma ideia tão boa ficar obcecado com custo baixo. O atendimento ao cliente, já vimos repetidas vezes, é um centro de lucros; é a forma de marketing mais barata.

ATKINS

Hoje, no supermercado, uma mulher me pediu para pegar um pacote de salgadinhos da Atkins no alto da prateleira. Provavelmente custando US$2 cada, o que daria US$64 o quilo.

Depois de ler a inscrição no pacote que dizia "Só cinco carboidratos", pediu-me para colocá-lo de volta.

Ela se desculpou e me contou que seu limite eram quatro.

Uau.

Aqui está uma pessoa que nem sabia o que era um carboidrato seis meses atrás e ficou tão influenciada pela ideia da Atkins que se recusa a consumir os seus produtos.

Isso não ocorreu devido à publicidade, mas sim pelo poder da ideia.

AVESTRUZ

Você já comeu carne de avestruz?

Eu perdi a oportunidade quando desisti de comer aves como o último animal terrestre em minha alimentação.

Acho que você também não comeu carne de avestruz.

Acontece que houve uma grande bolha na criação de avestruzes (sim, também há bolhas fora da internet). Quando alguns criadores espertos perceberam que o mundo iria enlouquecer com a carne de avestruz (e não esqueça os ovos), havia dinheiro a ser ganho criando essas aves.

Então, você comprou dois avestruzes, um bom pedaço de terra e logo teria alguns bebês avestruzes. Você os vendeu a US$20 mil ou mais cada — para outras pessoas que queriam criá-los. Faça isso durante algumas gerações e logo haverá bastante carne de avestruz disponível (e os criadores no topo da pirâmide já estariam ricos).

Você pode adivinhar a moral da história. Os criadores venderam suas aves para outros criadores e logo havia muitas delas, mas, no final, os restaurantes não queriam vender essa carne porque as pessoas não queriam realmente comê-la.

Uma pesquisa da Blogads diz que mais que 20% de leitores de blog também escrevem em blogs. Imagine um mundo em que 20% das pessoas que *leem* romances também os *escrevessem*. Tomara que não estejamos criando avestruzes. Estamos tão ocupados *escrevendo* que talvez, apenas talvez, ninguém que apareça realmente perderá seu tempo lendo! Como despedida sarcástica, aqui está o resumo breve de um site sobre avestruzes:

"O segmento de criação de avestruzes é o agronegócio de crescimento mais rápido do mundo. Com a ampla variedade e oferta quase ilimitada de produtos e serviços que disponibilizamos, suas oportunidades para revendê-los nunca foram melhores."

AVIÃO, HÁ DOIS JEITOS DE EMBARCAR EM UM

O primeiro método de tomar um avião, que é mais comum, é sair em tempo, fazer o melhor para estacionar perto, olhar o relógio repetidas vezes e então começar a andar cada vez mais rápido. Ao chegar à segurança, você se dá conta de que está muito atrasado, então fura a fila ("Meu avião sai em dez minutos!", você grita). Anda depressa. Ao se aproximar do portão de embarque, percebe que andar depressa não resolverá, então começa a correr. A três portões, você dispara e, se tiver sorte, mal conseguirá embarcar.

A segunda forma é sair para o aeroporto dez minutos mais cedo.

O jeito mais fácil de lidar com a mudança e com toda a ansiedade que a envolve é não lidar com ela de jeito algum. É mais fácil deixar a urgência da situação nos obrigar a tomar decisões (ou a agir) que preferiríamos não tomar. Por quê? Porque não precisamos assumir a responsabilidade pelo que acontece. A culpa é da situação, não nossa. A beleza da curva assintótica está no fato de que a cada passo ao longo do caminho, correr ainda mais para tomar o avião é totalmente justificado. Quanto mais perto chegamos, mais nos dedicamos. Quanto mais nos dedicamos a embarcar no avião, mais fácil é legitimar o ato de correr feito um doido para chegar lá.

Anos atrás, publiquei um guia de firmas de advocacia. Cerca de 70% delas enviaram o pagamento na noite anterior ao vencimento, por FedEx. Oito firmas enviaram o pagamento por mensageiro — a um custo igual a cerca de 10% do valor de sua inclusão na lista. É óbvio que não havia necessidade de desperdiçar todo esse dinheiro. Firmas de advocacia gastam milhões todos os anos em entregas de último minuto porque, como a maioria de nós, confundem urgente com importante.

É fácil tratar de assuntos urgentes. Eles são os que deixam todos na sala prontos e à espera do sinal de avançar. São os que pedem decisões imediatas, antes que seja tarde demais.

Como saber se você é obcecado por questões urgentes?

Os funcionários seniores de sua organização se recusam a se envolver em decisões até o último minuto?

Reuniões regularmente são canceladas devido a um evento inesperado?

Esperar até o último minuto é a maneira mais fácil de obter uma decisão final dos colegas?

Organizações inteligentes ignoram urgências. Organizações inteligentes entendem que questões mais importantes devem ser resolvidas primeiro. Se você focar as coisas importantes, as urgências se resolverão por si mesmas.

Uma dedução-chave desse princípio é a ideia de que se você não tem tempo para fazer uma coisa direito, não encontrará nenhum tempo para fazê-la novamente. Muitas vezes, usamos a urgência como desculpa para um trabalho inferior e uma tomada de decisão descuidada. Uma olhada rápida na política de Washington (sob qualquer administração) é um jeito fácil de entender como esse recurso é comum. Nenhuma empresa responsável (ou família diligente) gastaria dinheiro e recursos da forma que nosso governo faz quando está diante de uma "emergência". Urgência não é justificativa. Na verdade, urgência muitas vezes é uma acusação — um sinal seguro de que você adiou detalhes importantes até eles saírem de controle.

Você terá êxito nas mudanças quando tomar as decisões difíceis primeiro. É fácil justificar o ato de correr para tomar o avião quando ele partirá em dois minutos e você está só a cinco portões de distância. É muito mais difícil justificar acordar uma hora mais cedo para evitar totalmente o problema. Infelizmente, acordar cedo é o modo eficiente e eficaz de lidar com o desafio. Acordar mais cedo parece tolice para a pessoa deitada na cama ao seu lado, mas quando você usufrui os benefícios de uma caminhada agradável até o portão, percebe como a sua decisão difícil foi acertada.

Organizações conseguem justificar medidas draconianas — despedir funcionários, declarar falência, enganar os fornecedores, fechar lojas — apontando a urgência da situação. Elas se recusam a tomar decisões difíceis quando são baratas. Não querem se esforçar para reagir à concorrência ou despedir o vice-presidente de desenvolvimento intransigente. Em vez disso, focam em eventos urgentes no momento e deixam passar as coisas importantes.

Uma rápida olhada nas linhas aéreas, varejistas e cadeias de restaurante que aos poucos estão falindo e que todos conhecemos confirma esta análise. Todas estão satisfeitas em se preocupar com a emergência de hoje, preparando o terreno para o desastre de amanhã. Eu acho melhor acordar uma hora mais cedo, tomar decisões difíceis antes do café e aproveitar o resto do dia.

A WEB É FEIA

Talvez eu apenas esteja em um astral visual, mas fiquei espantado hoje com quão feias algumas páginas da web são (a do eBay, por exemplo). Tipos de fonte que brigam em vez de trabalharem em conjunto. Coisas que brilham sem motivo. Hierarquias de tamanho e cor irracionais.

Milton Glaser fala sobre o motivo de o supermercado ser do jeito que é. Por que o Tide[1] está em uma caixa multicolorida? As caixas originais evoluíram quando você ainda tinha que pedir ao cara atrás do balcão o que queria. Elas precisavam ter cores vivas a fim de atrair sua atenção de longe. Quando o vernáculo foi definido para os primeiros vencedores, todos os demais os seguiram.

Eu me pergunto se ficaremos presos aqui também. Ao entrarmos no mundo da banda larga, com navegadores melhores e todo o tipo de ferramentas para melhorar a experiência da web, ficará todo mundo imitando o que ocorreu em 1999?

---

1   Marca de sabão para roupas. [N. da T.]

BENCHMARKS[2] = MEDIOCRIDADE

∎∎∎

Uso *benchmarks* para tudo agora.

Posso usá-los para meus exercícios matinais. O aparelho de remo me informa que a prática de hoje foi a melhor. Ainda mais, posso navegar online e comparar meus exercícios aos esforços de milhares de outras pessoas.

A caminho do trabalho, rastreio o consumo do meu carro (meu recorde é de 50 km por litro). Ao chegar, posso ver o status de meus livros na Amazon comparando suas vendas às de qualquer outro publicado em língua inglesa, e então verificar no JungleScan.com, onde posso rastrear seu desempenho nos últimos noventa dias.

O problema com o *benchmarking* é que somente a melhoria contínua (exceto, talvez, os resultados espetaculares) satisfaz. Quem quer saber que nunca será capaz de superar seu melhor tempo no remo? Que empresário quer aceitar o fato de que o tempo de espera na sua franquia de restaurantes é 20% maior do que o do líder de mercado e que não há modo evidente de melhorá-lo?

Nosso mundo interconectado de quinhentos canais nos deixa exigentes. Podemos querer um marido tão alto quanto aquele cara, tão rico quanto este e fiel como meu cunhado. Podemos pedir um apartamento na localização ideal, com a vista perfeita e o aluguel certo e então rejeitá-lo porque o carpete no corredor não é tão bonito quando o do edifício vizinho. O Monster.com permite que vejamos 5 mil currículos para cada oferta de emprego e imaginemos que podemos encontrar alguém com a instrução desse sujeito e a experiência profissional daquela mulher, que aceite um salário baixo e que também more nas proximidades.

Antigamente, era muito mais difícil encontrar dados. Não se sabia nada sobre ninguém. Todas as opções estavam bem ali, no Froggle, e comparadas por Epinions.com. Não tínhamos *reality shows* onde to-

---

2   Pontos de referência. [N. da T.]

dos os componentes da apresentação de um cantor ou os atributos de um possível noivo eram meticulosamente comparados.

Sim, *benchmarking* é ótimo. O *benchmarking* é a razão pela qual os carros melhoraram tanto nos últimos vinte anos. O *bench marking* tem a capacidade de tornar o medíocre melhor que a média e nos motiva a sempre melhorar o nosso desempenho e o dos outros.

Mas provoca estresse. Uma empresa de serviços ou produtos (ou até um relacionamento) que segue *benchmarks* está sempre sob pressão. É difícil ser o número um, ainda mais quando o universo ao qual escolhemos nos comparar é imenso.

Naturalmente, para os *baby boomers* o problema é ainda maior. (E somos todos *boomers*, não é mesmo? Mesmo que você não seja, nós não nos importamos, porque tudo gira ao nosso redor.) Os *boomers* estão ficando mais velhos. Podemos avaliar nossa visão, nossa velocidade no aparelho de remo, nossa memória ou mesmo a capacidade de criar grandes ideias em um momento. Como resultado, nós nos avaliamos e nos decepcionamos. Ficamos estressados porque temos que reconhecer que nada é tão bom quanto antes.

Além do estresse que cria, o uso de *benchmarks* em comparação com o universo realmente nos estimula a sermos inferiores ou médios, a fazer o que os demais estão fazendo. Quem inventou o Mini (ou o Hummer) não avaliou seu caminho para a vanguarda. Comparações com outros carros nunca teriam criado suas exceções modernas. O que realmente funciona não é fazer com que todos os detalhes se equiparem aos padrões normais — o que funciona é ter tudo bom o bastante e um ou dois elementos de um produto ou serviço *excepcionais*.

Assim, oficialmente, estou abandonando tudo. Pararei de comparar tudo a tudo que faço melhor, que você faz melhor e que todos fazem melhor. Parei de checar a Amazon. Em vez de usar o *benchmarking* para tudo, talvez vençamos ao aceitar que o melhor que podemos fazer é o melhor que podemos fazer, e então tentar encontrar a coragem de fazer algo notável.

BLUEGRASS E O VIOLONCELISTA

▪▫▪

Jeff Reed escreveu:

Sou o diretor musical de uma orquestra que está iniciando a sexta temporada, localizada em uma cidade de 50 mil pessoas. Nosso orçamento foi de US$15 mil na primeira temporada e será de quase US$500 mil nesta. Sempre tivemos orçamentos equilibrados e terminaremos a temporada (em 1º de julho) com um superávit de cerca de US$20 mil. Isso ocorre em uma época em que muitas orquestras terminaram falidas ou com déficits enormes. Devo muito de meu sucesso a você.

Ao ler vários estudos sobre o motivo de orquestras estarem em dificuldades, aprendi (sem surpresa) que as pessoas hoje em dia não querem ouvir um tipo de música (que é o que as orquestras geralmente oferecem — só música clássica) e que o público se entedia sem elementos visuais no concerto (assistir aos músicos não é suficiente).

Para responder a esses estudos, criamos o que consideramos uma Vaca Roxa[3]: uma orquestra que programa Beethoven e os Beatles em um mesmo concerto (geralmente, as orquestras apresentam apenas música "séria" em um concerto e têm uma orquestra pop para tocar as coisas "leves" — normalmente usando dois nomes diferentes, apesar de os mesmos músicos tocarem em ambas as apresentações!). Todos os nossos concertos giram em torno de temas que unem vários estilos musicais, muitas vezes com o acréscimo de um elemento visual em uma tela acima da orquestra. Por exemplo, fizemos o "That '20s Show", que apresentou música "séria" dos anos de 1920 de Shostakovich; uma trilha sonora encomendada para acompanhar um filme mudo (a orquestra tocou a trilha enquanto o público assistia ao filme em uma tela na parte superior); e músicas populares de George e Ira Gershwin. Fizemos um concerto *bluegrass,* que apresentou "Appalachian Spring", de Copland, tocada por uma banda de *bluegrass,* e uma nova composição para banda e orquestra.

Não sei o quanto isso é significativo em termos nacionais e internacionais, mas certamente está funcionando em Bowling Green, Kentucky. Nosso público passou de 100 pessoas na primeira tempo-

---

3   De outro livro do autor Seth Godin, de mesmo nome [N. da. T]

rada para uma média de 800 nesta última (alguns concertos chegam a vender até 2 mil ingressos).

Acabo de ler *All Marketers Are Liars* [*Todo Marqueteiro é Mentiroso*, em tradução livre]. Minha pergunta é: que história estamos contando ou deveríamos contar? Parece que estamos contando várias, por exemplo: (1) Orquestras não precisam ser entediantes (o que trata de uma percepção comum); (2) Pensamos além de Bach, o que parece fazer as pessoas se sentirem bem por quererem ouvir diferentes tipos de música e não se sentirem tolas se ficarem entediadas ao ouvir um pouco de música clássica. Todos os temas das temporadas seguem esse esquema: Tudo Vale, Pense Além de Bach, *Bluegrass* a Barroco etc.

Acho que seria divertido responder às perguntas de Jeff aqui. O fato é que ele já percorreu 99% do caminho.

A maioria das orquestras é dirigida por pessoas focadas na "verdade" do que fazem. Elas apresentam o cânone, e o fazem com habilidade e paixão. Oferecem à comunidade o melhor que conseguem produzir e esperam que os que são inteligentes e gentis o suficiente apreciem o que têm a oferecer. Se as pessoas não comparecem, isso é uma espécie de comentário sobre o estado de declínio de nossa cultura e não, segundo elas, um reflexo da história que estão contando.

De tempos em tempos, uma orquestra tradicional decide baixar o padrão para angariar fundos. Elas programam um concerto *pop* ou trazem um pouco de humor com P.D.Q. Bach. O problema é que continuam falando com as mesmas pessoas, então isso não é suficiente. Por esse motivo e porque a organização de concerto *pop* é vista como uma tarefa extra e inferior, poucas orquestras realmente ficam boas com esse tipo de programação.

Jeff, por outro lado, encontrou uma forma totalmente diferente de encarar a situação. Sua visão começa em compreender a visão de mundo das pessoas. Certamente existe uma minúscula população em Bowling Green com a visão de mundo "Adoro música clássica tradicional e pago para ouvi-la ao vivo". Seria fácil vender ingressos para essas pessoas, mas elas são poucas.

Há um grupo muito maior cuja visão diz: "Estou interessado em música ao vivo e gosto de um programa noturno. Quero fazer algo divertido e que não me faça sentir entediado ou estúpido." Essas são as mesmas pessoas que leem crítica de cinema e anúncios de filmes, não porque precisam, mas porque *querem*. São pessoas que não ignoram o caderno de entretenimento do jornal local.

E temos o grupo de Jeff, com uma história simples, bem contada. "Não estamos baixando o nível, não nos consideramos superiores e também estamos aqui para nos divertir." Ao aproveitar uma programação inteligente, apresentações de slides e outras técnicas não tradicionais, Jeff se ocupa em preparar uma apresentação — uma apresentação que as pessoas querem vivenciar.

Não acho que Jeff precise de ajuda para contar sua história. O desafio agora é facilitar a tarefa de outras pessoas de contarem aos amigos. Eu ficaria obcecado em obter permissão de contatar meus fãs (via e-mail ou boletins informativos tradicionais) para informar com regularidade novidades que possam ser disseminadas com facilidade. Eu ofereceria uma noite "traga um amigo", descontos e começaria a programar apresentações em locais fora do teatro tradicional.

Lembre-se disso: *se o seu público-alvo não está ouvindo, não é culpa dele, é sua*. Se uma história não funciona, mude o que faz, não o volume com que grita (ou reclama). Ótimo trabalho, Jeff.

BOLO MÁRMORE COM BISCOITO FAMOUS

Antigamente, é claro, o McDonald's era Roxo. Eles eram extraordinários. Eram únicos.

Por quê?

Eles ofereciam comida consistente em todo o país e ninguém mais fazia isso. Ofereciam publicidade a nível nacional, e ninguém mais fazia isso. Ofereciam um cardápio limitado de comida popular com um gosto agradável que visava às massas, e ninguém mais fazia isso. Ofereciam uma experiência de alimentação rápida e de baixo investimento, e ninguém mais fazia isso.

A questão é que as regras continuam a mudar. *A Vaca Roxa de hoje é a vaca louca de amanhã.*

É difícil continuar a ser extraordinário. Isso não vai simplesmente acontecer com você. Aprenda a evoluir ou veja a oportunidade ir embora.

Pensei nisso quando estava fazendo um bolo mármore com biscoitos *wafer* de chocolate Famous (a marca) e creme. Claro, é uma sobremesa legal retro-Proustiana. Mas eu não queria ser *essa* marca, de jeito nenhum. Fazer essa marca crescer é impossível. Os dias de glória desse produto se foram há muito tempo, e a força de nenhum desejo os trará de volta. Famous? Não mais.

BOLOTAS, INFESTAÇÃO

Um médico talentoso não gasta mais de 10 a 15 minutos por dia realizando um serviço pelo qual é renomado.

Um web designer perspicaz gasta apenas alguns minutos por dia para criar um web design inteligente.

Um ótimo advogado pode ser levado aos limites de seus talentos uma ou duas vezes por semana.

O mesmo se aplica a vendedores, fazendeiros, romancistas e jogadores de hóquei. O nível referencial de talento na maioria das profissões é bastante elevado e pessoas realmente excepcionais só brilham raramente.

Há muita sobrecarga. Um médico precisa preencher formulários, atender vendedores e ligações telefônicas, ir de um hospital a outro, administrar seu pessoal e, de vez enquanto, atender um paciente. E a maioria destes são casos corriqueiros que um residente pode tratar.

É óbvio que estou falando de trabalhadores do conhecimento. Operários de fábrica são pagos para comparecer, mover coisas da pilha A para a B. Naturalmente, a ironia está no fato de que empregos com baixos salários são estruturados de modo que a pessoa seja produtiva o dia todo. Trabalhadores do conhecimento, porém, recebem pagamento extra quando mostram visão e criatividade ou fazem o que outros não conseguem. Mas preparar esse conhecimento é caro, demorado e não especialmente agradável para a maioria das pessoas. À medida que se fica melhor no que se faz, parece que o preparo passa a exigir mais tempo do que a realização.

MUDANÇA NA TAXA DE INFESTAÇÃO DE GORGULHOS EM BOLOTAS AO LONGO DO TEMPO

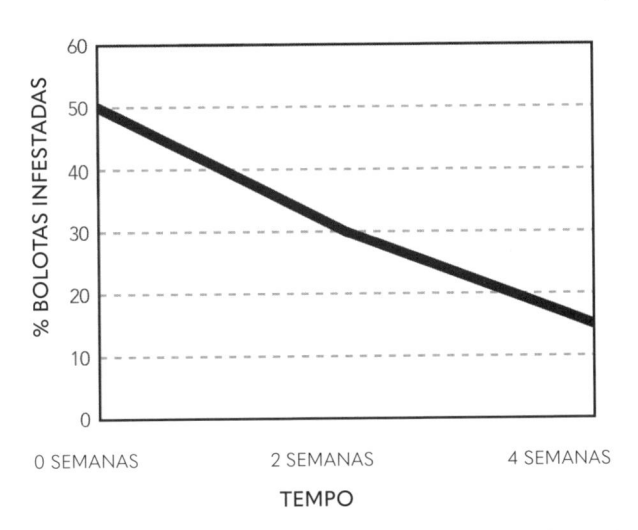

A porcentagem de trabalho que você é pago para fazer diminui à medida que ganha mais.

(Sim, sei que o gráfico acima é sobre bolotas infestadas, mas mostra o declive certo.)

A exceção?

As conversas intensas que você pode ter com clientes e clientes em potencial, principalmente via blog. Depois de definir o sistema e a estrutura, cinco minutos de esforço podem propiciar quatro minutos de tempo de ideias de alta alavancagem diante de pessoas que está tentando influenciar.

Essa é a alavancagem pura e inalterada. A coisa pela qual você realmente é pago, sem sobrecargas.

Quando a rede é interrompida (spam, *pop-ups*, listas de copiados, a maioria de mensagens instantâneas), isso apenas adiciona mais "tempo de acesso" ao que você faz. Mas quando funciona, ela permite que ideias sejam reduzidas à sua essência e que você realmente as impulsione. Impulsione suas ideias, sua organização, impulsione você mesmo.

A tentação que enfrentamos, agora que o tempo de acesso e a agitação diminuem, é inventar *novos* tempos de acesso para que possamos estagnar. Ficar estagnado nos dá segurança, isolamento, facilita evitar as coisas importantes pelas quais realmente somos recompensados.

Não estagne. Comece agora. Exponha as suas ideias. Interaja.

BON JOVI E OS PIRATAS

Bon Jovi, a conhecida banda de rock, está tentando combater a pirataria. À primeira vista, isso foi tirado diretamente de *Permission Marketing* [*Marketing de Permissão*, em tradução livre]. A banda está oferecendo aos ouvintes que compram uma cópia de seu novo CD a chance de registrar seu número de série online e ganhar ingressos para concertos, informações exclusivas para fãs etc.

A boa novidade é que a indústria musical começa a ver que o relacionamento entre artistas e fãs vale muito mais do que o lucro em um único CD. No ano passado, pela primeira vez em mais de cinco anos, nenhum disco nos Estados Unidos vendeu mais que 5 milhões de cópias. Isso mostra que atingir com confiança um pequeno público que *quer* ouvi-lo é uma estratégia muito melhor do que tentar vender a todos no mundo.

A novidade ruim é que Bon Jovi, nas palavras do *Wall Street Journal*, está "combatendo os piratas", o que faz parecer que encaram os fãs (as únicas pessoas que se ocupam em conseguir cópias gratuitas de sua música) como inimigos. Por que eu deveria entrar no site e registar meu e-mail e um monte de informações pessoais? O que ganho com isso? O acesso aos ingressos é apenas uma isca ou é mesmo uma recompensa por minha atenção e meu investimento no longo prazo?

Eis um desafio — precisamos lembrar para quem estamos trabalhando. Se você compra música ou rouba, as regras são as mesmas. Estamos trabalhando para as pessoas que nos pagam (com atenção). Bon Jovi está dando um primeiro passo corajoso, mas deve ir devagar. Eles não podem ser gananciosos ou enviar spam para os fãs que vão em frente e se registram.

BRECHAS

Após a morte de Walt Disney, o homem, algo aconteceu à Walt Disney, a empresa. Walt Disney era o homem das "três brechas". Ele foi uma das poucas pessoas que conseguia encontrar um espaço no contínuo da vida, apostar tudo nele e lucrar. Fez isso três vezes.

O que é uma brecha? É um grande rasgo na trama das regras a que obedecemos. É uma mudança fundamental no jogo que cria vários novos perdedores — e uns poucos novos vencedores.

A maioria das pessoas que constrói negócios importantes o faz sobre uma brecha, geralmente encontrada por acidente e só uma vez. Às vezes, depois do primeiro sucesso, eles se enganam pensando que são tão dotados que veem brechas em todos os lugares. Mas Disney era diferente: realmente tinha o dom de encontrar essas brechas. Afinal, ele as encontrou três vezes.

Primeiro, notou logo que os filmes mudariam o mundo do entretenimento. Percebendo que em breve haveria uma enorme demanda por entretenimento para a família, ele foi o pioneiro no desenvolvimento do cinema animado, aperfeiçoando o gênero com *Branca de Neve e os Sete Anões* (1937). O filme marcou o nascimento de uma imensa organização, que cresceria e dominaria o novo mercado.

Ao contrário da maioria das pessoas que tem a sorte de encontrar uma brecha no momento certo, Disney não apenas se declarou um gênio, embolsou as ações e relaxou. Não. Ele procurou outra brecha — outra mudança nas regras que poderia transformar em oportunidade.

Essa segunda brecha veio na forma de um automóvel. Disney percebeu que o carro mudaria o modo de a família norte-americana chegar ao seu entretenimento. Ele acreditava que um parque temático localizado estrategicamente, projetado com extravagância, poderia reinventar as viagens em família. Estava certo. Assim, começando com a Disneylândia na Califórnia em 1955, ele construiu outra organização enorme ao redor dessa brecha — e dominou o segmento de parques temáticos desde então.

Depois de se envolver com essas brechas, ele viu uma terceira oportunidade: a televisão. Embora muitas pessoas considerassem a televisão apenas um cinema doméstico, ou um rádio com uma tela, Disney a viu como um meio totalmente diferente. Então, com programas como o *Clube do Mickey Mouse*, ele se pôs a construir uma terceira organização que produziria um fluxo interminável de conteúdo para esse mercado.

Walt Disney foi três vezes vencedor, alguém que via grandes oportunidades e que mobilizava toda a organização para aproveitá-las. Alguém que combinava clareza de visão com tenacidade de objetivos. Infelizmente, desde sua partida, a empresa não mostrou a mesma atitude em relação às brechas. O lema de todo buscador de brechas deveria ser OQWF: O Que Walt Faria? Muitas vezes me pergunto o que Walt teria feito com a internet. Ou com a TV a cabo. Ou com compras em casa, *home video* e DVDs.

Outro dos meus achadores de brechas preferido é Steve Jobs. Jobs já é muito celebrado, mas muitos de seus momentos bem-sucedidos ao encontrar brechas ainda valem ser vistos. Aqui estão três:

Primeiro, ele compreendeu que computadores pessoais serviriam como uma ferramenta em casa e nas empresas, e foi esperto o bastante para encontrar as pessoas certas para construir os Apple I e II. Na época, não havia manchetes sobre como Jobs era brilhante, mas ele preparou o caminho para todos os computadores de mesa existentes hoje.

A segunda brecha de Jobs foi, na verdade, mais difícil de encontrar, porque não era algo óbvio. Percebendo que a interface gráfica do usuário desenvolvida para o Xerox Star podia mudar de modo permanente a forma com que os computadores trabalhavam, Jobs assumiu um grande risco e lançou o Mac. A maioria dos empresários e virtualmente todas as grandes empresas riram dessa arrogância: ter sorte uma vez e depois arriscar tudo em uma oportunidade tão limitada! Claro, sabemos o que aconteceu com a interface gráfica do usuário.

A terceira brecha de Jobs foi uma com que Disney provavelmente ficaria entusiasmado. Jobs observou que os computadores mudariam para sempre a forma como os filmes animados eram feitos. E a Pixar, a empresa produtora responsável por *Toy Story* e *Vida de Inseto*, foi sua aposta nessa brecha.

O surpreendente é que qualquer outra pessoa poderia ter encontrado uma dessas brechas e construído empresas de sucesso com elas. Jobs não conhecia ninguém em Hollywood — e não precisava. Seu sucesso nada tinha a ver com conexões, reputação ou acesso a capital. Na verdade, ser parte de uma empresa que vendia o Apple II realmente dificultou sua capacidade de lançar o Mac, pois os acionistas e funcionários lutaram contra a ideia durante anos. Não, Jobs teve êxito porque, como todos os visionários, focava sua ideia e o desejo de aproveitá-la.

Minha mãe também era uma visionária, embora é provável que você nunca tenha ouvido falar nela. Ela viu e aproveitou duas brechas que talvez fossem maiores do que as de Disney, embora de execução prosaica. Primeiro, há algumas décadas, ela viu que a sociedade não só permitia que as mulheres voltassem ao trabalho — mas também encorajava esse comportamento. Algumas mulheres voltaram a trabalhar porque precisavam do dinheiro; outras, porque queriam estímulo mental e interação social.

Aproveitando a oportunidade que essa brecha criou, minha mãe começou a contratar ajudantes pagas e voluntárias para sua loja de presentes sem fins lucrativos na Galeria de Arte Albright-Knox, em Buffalo, Nova York. Sua força de trabalho instruída, mal paga e super dedicada era responsável por essencialmente nenhuma "perda de mercadoria" (roubo interno) e exibia habilidades de atendimento ao cliente surpreendentes.

Ela estava ajudando a reinventar o meio com que museus e outras instituições contratavam e geriam suas lojas. Não satisfeitos em ter uma pequena loja que vendia alguns cartões-postais todos os dias, proprietários dessas lojas transformaram seus negócios em empresas lucrativas e completas.

Minha mãe então viu uma brecha que mudaria o varejo para sempre: as pessoas não compravam mais coisas só quando precisavam. Em vez disso, agora compravam por diversão. O ambiente experimental de varejo — lojas que eram destino para pessoas entediadas com a televisão — tornou-se um fenômeno incrivelmente lucrativo para quase todas as lojas de museus sem fins lucrativos do país. Ao procurar essas brechas e então aproveitá-las, minha mãe fundamentalmente mudou a equação de marketing para seu setor.

Ela foi a primeira a notar essas duas brechas? De jeito nenhum! Mas foi pioneira em pôr as duas em prática. E o fez com confiança e sem hesitação.

Então, por que todos não fazem isso? Se Disney, Jobs e minha mãe se tornaram visionários bem-sucedidos, por que você e seus colegas não podem fazer o mesmo? O que impede empresas existentes de aproveitar as oportunidades? Por que uma fábrica de café instantâneo como a Maxwell House não previu uma brecha na forma como os adultos gastariam tempo e dinheiro? (Se você não toma bebidas alcoólicas, ou se está no meio da manhã, onde você vai dar uma volta?) Por que uma startup chamada Starbucks foi capaz de ver essa brecha? De um setor a outro, vemos cada vez mais startups alcançando — e depois destruindo — os antigos líderes de mercado.

Por que empresas têm de ser destruídas antes que o modo com que atendemos a vários mercados possa evoluir? Por que os participantes existentes não veem uma brecha diante de seus olhos e não se apoderam dela? Um dos motivos pelos quais empresas e indivíduos hesitam é por não saberem praticar o zoom. Empresas grandes e bem-sucedidas não estão organizadas ao redor do conceito da mudança e não recompensam pessoas que querem mudar o modo como gerem os negócios. Para elas, mudanças são ruins, perniciosas e devem ser temidas. Elas têm problemas suficientes lidando com mudanças — mas uma brecha? Esqueça! Não é possível lidar com uma brecha quando ela surge. Isso está fora de questão. Uma brecha aparece do nada e espera que visionários a encontrem, a agarrem e a explorem. E as empresas que resistem ao *zooming* e insistem somente em superar situações sempre serão as últimas a ver e lucrar com uma brecha.

Mas existe também um problema arquitetônico implícito. Líderes de mercado sempre estão dispostos a fazer mudanças incrementais que agradam aos clientes, funcionários e acionistas. (Na melhor das hipóteses, querem ter o apoio de dois entre os três interessados.) Instalar airbags nos carros foi uma medida inteligente por parte das empresas automobilísticas, mas não teve nada a ver com uma brecha. Rastrear informações da Federal Express na internet foi ótimo para você, para mim e para os enclausurados operadores da FedEx, mas não mudou muito o ramo de remessas.

O problema para empresas consolidadas é que, quando se veem diante de uma brecha, precisam fazer uma escolha. Elas não podem agradar aos três interessados. E, diante desse fato, a maioria das empresas diz apenas *talvez*. Elas esperam. Desejam que a brecha desapareça em silêncio. Projetam com confiança que as startups que saltam sobre a brecha são superestimadas, exageradas e, certamente, falharão.

Às vezes, a velha guarda está certa: às vezes, não existe brecha nenhuma. Mas, como Disney, Jobs e minha mãe demonstraram, se você aproveitar todas as oportunidades em potencial (e isso é exatamente o que a comunidade de capital de risco tem feito com a internet), pode achar uma brecha — e entrar nela antes que outra pessoa o faça.

Um guia de três etapas para encontrar brechas para empresários, funcionários e CEOs:

1. Certifique-se de que é realmente uma brecha — não apenas um obstáculo. Uma brecha é caracterizada por uma mudança fundamental em uma das regras básicas do jogo. Geralmente, pode se expandir a primeira brecha na trama discutindo-a em termos hipotéticos: "E se o custo da transição de leilões for zero?" ou "E se todos tivessem uma televisão?"

2. Responda a cada objeção com "Por quê?" e repita até chegar ao centro de sua hesitação. Depois, você saberá o que realmente está causando desconforto e saberá lidar com isso.

3. Deixe sua organização à prova de talvez quando se trata de brechas. Peça a qualquer pessoa da empresa para assinar um papel que diz: "Ouvi falar desta brecha de tal pessoa, mas não faremos nada a respeito por este motivo." Permita que a pessoa não assine o papel, mas peça que o deem ao chefe, dessa forma passando a responsabilidade — até chegar ao presidente, se necessário. Levará apenas uma semana para que ele fique ciente das oportunidades que a empresa não está aproveitando.

Walt Disney, Steve Jobs e minha mãe partilharam o segredo das brechas. Minha mãe me ensinou a enxergá-las e agora estou passando o segredo — não, a responsabilidade — a você. Vá procurar suas brechas!

BURGERVILLE

Ao viajar divulgando *A Vaca Roxa*, muitas pessoas pareciam confusas com o significado da palavra "notável". "Notável" não significa elitista. Também não significa esquisito. Não significa barato ou caro, grande ou pequeno. "Notável" é qualquer uma ou todas essas coisas. Só é algo de que vale a pena falar.

A revista *Gourmet* deste mês fala sobre uma cadeia de hamburguerias no noroeste dos Estados Unidos chamada Burgerville. Não é muito cara e é *fantástica*. Estamos falando de shakes de chocolate com avelãs. Salada de salmão (fresco, local e selvagem) com queijo Tillamook. Anéis de cebola só disponíveis (preparado para isso?) durante a estação de cebolas.

Eu não sabia que existia *uma estação* de cebolas.

Vale um desvio. Vale falar a respeito. Isso é notável.

CÂMARA DE ECO

Se você define a si e a sua empresa em termos da concorrência, está vivendo em uma câmara de eco. Empresas e organizações não crescem depressa às custas dos concorrentes existentes; crescem depressa por razões que nada têm a ver com o fato de o seu serviço ser 5% melhor ou seu produto ser um pouco mais conveniente.

Há duas formas de crescer: roubando da concorrência ou aumentando o mercado. O primeiro caminho é lento, penoso e difícil. O segundo é onde a mágica do crescimento acontece.

Você não vence a McKinsey com um serviço de consultoria melhor, você não angaria mais fundos que a United Way gastando-os de forma mais eficiente e tampouco vende mais aparelhos com a oferta de uma garantia um pouco mais longa.

CAMINHÕES DE BOMBEIROS LIMPOS

Moro em um bairro em que todos os quartéis de bombeiros são dirigidos por voluntários. Não sei como minha família, meus vizinhos e eu viveríamos sem eles — como bombeiros em todos os lugares, fazem um trabalho corajoso e são pouco reconhecidos por isso.

Uma coisa a observar é como os caminhões são limpos. "Por que os caminhões são tão limpos?", um amigo perguntou. Afinal, um caminhão de bombeiro limpo não é melhor para apagar incêndios do que um sujo.

A resposta: porque quando não há um incêndio, os bombeiros esperam a sirene tocar. Enquanto esperam, limpam o caminhão.

Parece muito com o local em que você trabalha. A maioria das organizações está cheia de funcionários que esperam o alarme tocar. Em vez de sair para a comunidade e trabalhar para prevenir novos incêndios, o *mindset* é de que os bombeiros trabalham para apagar os incêndios iniciados. Recepcionistas de hotel não escrevem cartas ou fazem ligações para gerar novos negócios — ficam na recepção esperando os hóspedes chegarem. Engenheiros de software muitas vezes ficam sobrecarregados com os intermináveis incêndios de programação — e raramente têm chance de pensar no que devem construir em seguida.

A estrutura da maioria das organizações (e de cada escola que já vi!) apoia isso. Trata-se de limpar seu prato, terminar suas tarefas e seguir instruções. É difícil medir, dirigir e recompensar a iniciativa. A conclusão de tarefas, por outro lado, é uma orientação fabril previsível e segura.

Nos mercados em rápida mudança, caminhões de bombeiros limpos mostram atenção aos detalhes, mas raramente levam ao crescimento e ao sucesso.

Que ótima maneira de descrever uma empresa estagnada, porém ocupada.

"Eles certamente têm caminhões limpos."

CAPA, JULGANDO O LIVRO PELA

Confesso que é um hábito horrível. Mas tenho outra opção? Com 95 mil livros publicados todos os anos nos Estados Unidos, como é possível gastar seu tempo lendo livros com capas ruins?

Claro, não são só livros. Julgamos revistas, restaurantes e até pessoas por sua aparência. (E especialmente sites!) Como resultado, acabamos perdendo refeições ótimas, deixamos de conhecer pessoas fantásticas e deixamos passar outras ótimas oportunidades.

Então, veja o que faço a respeito:

1. Tento encontrar coisas com péssima aparência e me disponho a examiná-las. Se a manada é atraída para as capas óbvias e atraentes, então não encontrarei informações inteligentes e raras onde todo mundo as procura. As coisas exclusivas estão ocultas.

2. Tento fazer capas que não sabotem a obra. Fico surpreso com a quantidade de embalagens, jaquetas, rótulos, placas e peças de roupa são escolhidos por serem seguros, monótonos e invisíveis em vez de pelo único motivo que importa — convencer as pessoas a descobrir o que tem no interior.

CARLY NUNCA TEVE UMA CHANCE

O motivo pelo qual Carly Fiorina teve tantos problemas na Hewlett--Packard foi a forte concorrência entre a HP e a Dell. Se você quiser ser o padrão, precisa ser entediante. Se você é entediante, precisa ser barato. Ser barato e padrão é o que a Dell faz melhor e não vejo como vencê-los nesse jogo.

À medida que as opções disponíveis a empresas e consumidores ficam cada vez mais claras e facilmente comparáveis, você precisa ser diferente... ou mais barato. Fracassará se tentar fazer ambos — ou nenhum dos dois.

CARREGANDO A TOCHA

Nunca fui um grande fã das Olimpíadas. Para mim, a maior parte da ostentação é banal e desgastante — e nunca os perdoei por não incluir Ultimate Frisbee como esporte. Além do mais, o que é esse *curling*[4]?

Mas uma parte das Olimpíadas que me fascina é o revezamento da tocha que dá início ao evento. Aparentemente uma variação de alguma lenda da Roma antiga (ou Grécia antiga, nunca lembro), o revezamento da tocha implica em carregar uma única chama de um lugar a outro, de preferência bem longe.

---

4 Esporte olímpico coletivo praticado em uma pista de gelo cujo objetivo é lançar pedras de granito o mais próximo possível de um alvo. [N. da T.]

Ao contrário de qualquer outro momento das Olimpíadas, esse foca toda a nossa atenção em uma única pessoa, em um único detalhe. Ali, nada de eventos múltiplos, circo de três arenas. É um corredor, uma chama. Se o carregador da tocha cair, é um grande problema. Se ele não chegar ao próximo corredor, decepcionará todos que o esperam, além de todos os carregadores que a levaram antes dele.

Quando as pessoas no local de trabalho confrontam mudanças e todos os desafios que compõem a vida comercial, há um fio que corre por todas as escolhas que fazem: ou carregam a tocha, ou não.

Nos últimos meses, passei algum tempo trabalhando com amigos em uma das maiores firmas de empreendimento da internet na Costa Leste. Empresários pensam que o processo de seleção usado por capitalistas de risco é um grande mistério. Eles estão ávidos por saber como empresas de capital de risco decidem quem fica com a maior parte dos lucros e quem não recebe nada. A resposta é surpreendentemente simples.

Quando empresas de capital de risco procuram empresários em quem arriscar seu dinheiro, não estão buscando uma grande ideia nem ótimas credenciais. Não, estão buscando a certeza de que a pessoa que lhes leva uma ideia de negócios carregará a tocha dessa ideia o tempo necessário, de que a ideia será passada adiante e o negócio chegará à reta final.

As startups realmente grandes do Vale do Silício, as que superam todos os obstáculos e conseguem avançar, mesmo quando parece que irão fracassar, são geridas por carregadores de tocha. Se há algo que separa o Vale do Silício de quase todo outro lugar em que estive, não é a tecnologia, os congestionamentos de tráfego ou a falta de um restaurante italiano decente — é a cultura. O lugar está pontilhado de carregadores de tocha, pessoas dispostas a assumir a responsabilidade de carregar a chama.

À medida que mais de nós emigrarem para a Nação de Agentes Livres, um lugar onde as pessoas são seus próprios chefes executivos, a tendência a recompensar os carregadores de tocha só aumentará. O maior abismo em nossa sociedade tornou-se a lacuna entre quem aceita a responsabilidade de carregar as tochas a clientes, investidores e empresas e quem está ali apenas pelo emprego.

Muitas pessoas com quem converso falam tristemente sobre o que fariam se estivessem "no comando". Tenho novidades para elas: se estiverem *dispostas* a ficar no comando, serão colocadas lá! Na minha opinião, as imensas recompensas que vemos para pessoas corajosas, loucas e talentosas o suficiente para carregar a tocha de um novo negócio são totalmente justificadas. Por quê? Porque não há carregadores de tocha em número suficiente por aí.

Durante a última década, mais dinheiro foi gasto para financiar novos empreendimentos comerciais do que em qualquer outro século da história do mundo. No entanto, uma enorme quantia de dinheiro ficou sem ser investida, porque não havia onde investi-la. Estamos realmente ficando sem ideias? De jeito nenhum. Eu tenho um arquivo repleto delas e você provavelmente também conhece algumas. Há escassez de engenheiros capazes de implementar essas ideias? Não. Também há muitos engenheiros.

Assim, se não é a falta de dinheiro, ideias ou engenheiros que está retardando nossa mudança para a nova economia, o que está? Exatamente a mesma coisa que impede a transição de sua empresa para uma nova forma de fazer negócios — a ausência de alguém disposto a levantar, olhar todos nos olhos e dizer: "Vou fazer acontecer."

Veja como sei que estou falando com um carregador de tocha:

Primeiro, carregadores de tocha não dão desculpas. Nosso bom momento na economia não durará para sempre. Em algum ponto, os fundos de capital de risco secarão. E quando esse tempo chegar, ele apresentará a oportunidade perfeita para os impostores desmontarem suas barracas. Cheios de amargor e em busca de um advogado para poderem processar alguém, esses empresários perdedores encontrarão uma forma de responsabilizar outras pessoas por seus problemas. Verdadeiros carregadores de tocha correm colina acima com a mesma graça e estilo que mostram ao deslizar para baixo.

Segundo, carregadores de tocha costumam atrair multidões. As pessoas ficam fascinadas por indivíduos dispostos a assumir responsabilidades. Com frequência, elas juntam as próprias cargas às que seu líder já precisa carregar — mas, em todo o caso, geralmente ficam satisfeitas em acompanhá-los. E, às vezes, essas pessoas são fiéis e trabalhadoras o suficiente para seguir um carregador de tocha morro acima e também morro abaixo.

Terceiro, a maioria dos carregadores de tocha não se dá conta do quão únicos são, do quanto sua função é poderosa ou de como sua tarefa é difícil. Mesmo que pudessem fazer demandas ultrajantes e insistir em todos os tipos de tratamento especial, a maioria fica feliz em simplesmente realizar suas tarefas.

Quarto, carregadores de tocha costumam se importar mais em avançar do que com o caminho que tomarão. Você não os verá presos em reuniões de estratégia intermináveis, procurando soluções perfeitas. Em vez disso, você os verá na estrada, abrindo caminho entre pedras e arbustos — movimentando-se sem parar, porque sabem que o movimento geralmente é o melhor jeito de chegar onde querem.

Quinto, e mais importante, verdadeiros carregadores de tocha não param até terminarem. Na vida de qualquer um deles, existe um equilíbrio entre a dedicação ao dever e a busca da alegria. Um carregador de tocha nunca esquece ou frauda um dever, mesmo que isso signifique adiar a alegria.

Você é um carregador de tocha? Provavelmente. O desafio é encontrar o projeto certo, o desafio certo e o momento certo — e então pô-lo em prática. Quando mostrar que pode fazer isso, o mundo abrirá um caminho até a sua porta.

CEOs, BLOGS DE

Aparentemente, blogs escritos por CEOs são uma novidade. Acabo de sair de uma ligação com um CEO que está ansioso para começar e li um e-mail de outro que começou agora.

Eis o problema. Blogs funcionam quando baseados em:

Sinceridade

Urgência

Oportunidade

Significado

Controvérsia

(Utilidade, talvez, se quiser seis)

Isso o faz lembrar um CEO?

Se você não pode ter ao menos quatro dos seis atributos acima, não se incomode. As pessoas têm uma opção (na verdade, 4,5 milhões de opções) e ninguém vai ler seu blog, procurar o seu blog ou citar seu blog a menos que ele tenha algo para elas.

Deixe as banalidades para o relatório anual.

CHINA (TODO AQUELE CHÁ!)

Imagine, por um segundo, que você é a China.

Nos próximos anos, você vai comprar cerca de meio bilhão de carros, pavimentar quase todo o país, comprar bilhões de barris de petróleo — tudo parte da modernização.

Acontece que na China o governo não tem problemas em ser autoritário.

Assim, e se o governo chinês decidir decretar o que significa algo ser legalmente comercializado como um carro?

E se um carro chinês:

- fizesse 17 km/l?

- tivesse baixa emissão?

- fosse pequeno o suficiente para caber em um espaço de estacionamento padronizado, x-por-y (que é menor que um Buick, por exemplo)?

- fosse equipado com um *transponder* para rastrear carros roubados?

- tivesse um transmissor que alertasse as autoridades locais sempre que você ultrapassasse o limite legal de velocidade?

- viesse equipado com suportes para cadeiras de bebê?

- tivesse faróis cuja intensidade diminuiria sempre que outro carro se aproximasse?

- fosse reciclável?

- tivesse sistemas de chaves digitais que facilitariam o compartilhamento de carros?

- tivesse o seguro pago com o imposto sobre combustíveis?

- permitisse que ruas locais "falassem" com o carro sobre possíveis perigos?

- tivesse um design feio, mas fácil de ser reparado em caso de acidente?

- tivesse um *transponder* que avisasse quando estivesse preso no trânsito e recebesse dicas de como evitar congestionamentos?

- tivesse uma funcionalidade "siga-me" que permitisse cada carro ser adaptado para seguir o da frente (em baixas velocidades) para aumentar a eficiência do fluxo de tráfego?

- tivesse dez outras funcionalidades em que eu não consigo pensar, mas você, sim?

Como isso mudaria o futuro da China? A definição de um carro?

E que raios isso tem a ver com você, sua vida e sua carreira?

Acho que há toda uma classe de produtos e serviços (de organizações beneficentes a partidos políticos e carros) que está prestes a ser totalmente reimaginada e renovada. O peso acumulado de novas tecnologias, novas capacidades de interligação em redes e demandas ecológicas e econômicas significa que melhorias incrementais provisórias param de valer a pena e, em vez disso, ocorre uma substituição generalizada.

Pense no iPod. O iPod não é um aparelho de CD melhor. Ele é parte de um sistema totalmente novo.

A China se dá ao luxo de começar do zero (embora pareça, com base na venda de Maybachs e Land Rovers, que eles erram da mesma forma que outros erraram), mas, seja como for, acontecerá com praticamente todo setor.

Imagine os efeitos positivos que resultarão da ligação em rede, reconstrução e reinvenção em sua indústria. Quem será o primeiro?

Talvez você?

CHOCOLATE DA FOG CITY

▪▮▪

Visitei São Francisco hoje e passei (infelizmente, estavam fechados) na Fog City News. Eles têm centenas de tipos de chocolate. Oferecem cupons para chocolates gratuitos a todos que se inscrevem para recebê-los via correio (e enviam tantos quanto você se dispõe a distribuir aos amigos).

Muito Roxo.

É o seguinte, é apenas uma banca de jornais. Uma banca com uma ou duas mesinhas destinadas aos apaixonados por esse hobby. E essas mesinhas vendem muitos jornais.

CINQUENTA ESTADOS, LANÇA-CHAMAS E TRADIÇÕES QUE DURAM PARA SEMPRE

Existem cinquenta estados nos EUA. Esse é o problema. Se fossem cinco ou quinhentos, os programadores nunca ficariam tentados a obrigar os consumidores a rolar por uma lista para entrar no site para uma compra online.

Isso significa que todos, do Texas a Nova York ou, Deus me livre, Virgínia Ocidental, têm de chegar até o final da lista para adquirir algo.

Essa "caminhada" levou a um "avanço" semelhante ao apresentar o nome de seu país. Afegãos têm muita sorte (assim como o povo de Andorra), mas aqueles no país campeão em compras online no mundo têm de fazer o mouse descer até a letra U (United States).

Não é surpresa que tantas pessoas abandonem o carrinho de compras online.

Essa não é uma piada sobre o quanto isso é estúpido.

Nem mesmo é uma brincadeira sobre como seria fácil corrigir o problema (na verdade, é mais fácil adicionar um campo de texto do que uma lista descendente).

Tampouco é uma piada sobre o quanto a precisão de um menu de rolagem é inútil. Saber o estado não chega perto de ser tão importante quanto saber o código postal, e a barra de rolagem provavelmente vai apresentar erros, de qualquer modo.

Não, essa é uma brincadeira sobre como más ideias se mantêm para sempre.

O motivo é simples: na maioria das organizações você não se mete em problemas ao aceitar o status quo.

Há mais de cem anos, o Kaiser Wilhelm queria livrar-se de seus inimigos no governo alemão. Ele notou que todos tinham mais de 65 anos de idade. Assim, decretou que essa era a idade oficial de aposentadoria, e continua assim.

Se você quiser ver o que acontece quando desafia o status quo, apenas diga em uma festa: "Sei como resolver o problema do seguro social. Vamos aumentar a idade oficial de aposentadoria de todos com menos de 50 anos. Nós a elevaremos de 65 para 70."

Recue e tome cuidado com os lança-chamas. Más ideias se mantêm durante muito tempo.

CLASSE TRABALHADORA

Uma recente conferência em Nova York calculou que perto de 90 milhões de norte-americanos pertencem à classe trabalhadora. Cerca de um a cada três adultos.

Eles definem "classe trabalhadora" como tendo um emprego onde se tem pouco controle sobre as ações — suas metas, seu tempo, os resultados obtidos.

Acho que nessa categoria você encontrará caixas, operadores de máquinas de corte, zeladores, perfuradores de cartões. Pessoas que trabalham por hora (ou com tempo contado) e fazem o que lhes mandam.

Vale notar que eles não usam o termo "colarinho azul". Um grande número de empregos de colarinho branco pertence agora à classe trabalhadora. Isso se deve a uma combinação de fatores: informatização, mensuração mais rápida, mais concorrência, consolidação em corporações ainda maiores.

Aqui está o que é fascinante, segundo minha opinião:

Nós (você, eu, todo mundo) somos coniventes com esse rebaixamento intelectual.

Nós pedimos por ele.

O trabalhador norte-americano, há muito um iconoclasta responsável, um individualista em busca de maior produtividade e novas oportunidades, agora só quer que lhe digam o que fazer.

Acho que a classe trabalhadora é um estado de espírito, não uma descrição socioeconômica.

CLIFFSNOTES (GUIAS DE ESTUDO)

De todos os best-sellers do *USA Today*, 9% são livros sobre dieta. Contudo, o *New England Journal of Medicine* relata que dois anos depois de fazer uma dieta, em média, as pessoas pesam *mais* do que quando começaram.

Também vale observar: os CliffsNotes de *A Letra Escarlate* vende mais que o livro em si, numa proporção de mais de três para um.

CMO, O DRAMA DO

Sinto muito por Judy Verses. Ela é diretora de marketing da Verizon, uma marca justificadamente atacada por milhões de pessoas.

A Verizon está sofrendo desdém e desconfiança e sendo evitada porque Judy não está fazendo um bom trabalho? Claro que não. O trabalho dela é ótimo.

O motivo pelo qual odiamos a Verizon é que eles agem como um monopólio, adotam políticas ridículas, têm um péssimo *call center*, são mal-educados, fazem inúmeras chamadas indesejadas e têm um preço absurdo.

Detestamos a Verizon por todas as coisas que a Judy não consegue influenciar ou controlar.

O mito do CMO está na parte do C (Chief). Eles não conseguem ser chefes das coisas que realmente competem ao marketing. CAO, talvez (Chief Advertising Officer, chefe de propaganda), mas não CMO.

Se eu fosse CMO da Verizon, arrumaria os *call centers*. Despediria pessoas com atitude desagradável que não hesitam em partilhá-la com o cliente. Eu recompensaria os melhores (como o instalador que veio ao meu novo escritório na semana passada) e descobriria como fazer todos os funcionários entenderem que *eles* são o departamento de marketing. E acabaria com o *outbound call center* imediatamente.

Até que isso ocorra, o CEO é o CMO, não importa o que o título diga.

COMEÇAR GRANDE

Todos queremos começar grandes. Queremos que nossos lançamentos sejam sucessos instantâneos. Queremos que os currículos que enviamos sejam avaliados em um dia, que sejamos chamados no dia seguinte, entrevistados no terceiro, e instalados em um escritório em local privilegiado na semana seguinte. Essa mentalidade persiste em quase todos os outros aspectos da vida, em tudo, desde serviços de consultoria a receber o boletim na primeira série.

Em Hollywood e em editoras de livros, marqueteiros gastam 100% de seu tempo para começar grandes. O mesmo ocorre com lançamentos de novos produtos em feiras de negócios. Queremos um evento, uma festa de debutantes, algo que cause *frisson*.

Parece que o novo marketing não funciona desse jeito.

Meu primeiro livro vendeu muito poucos exemplares. Minha primeira postagem em um blog teve pouquíssimos leitores. Mas o público pode aumentar, dia após dia.

Marketing de Permissão, um livro que escrevi há mais de sete anos, acaba de voltar à gráfica e continua a vender. *Unleashing the Ideavirus* [*Liberando o Vírus das Ideias*, em tradução livre], que você pode obter gratuitamente online ou em uma prática edição de bolso, foi publicado em 2000, mas só em 2005 houve massa crítica o suficiente para que a indústria de marketing lançasse uma organização baseada em suas ideias.

Concluindo, é muito mais fácil iniciar projetos do que costumava ser (uma grande estreia para um filme custa um décimo de 1 *bilhão* de dólares, enquanto criar um blog custa cerca de US\$20). As redes naturais, voltadas para o usuário, que fazem um produto ter êxito ou fracassar raramente lançam todos de uma vez. *Mas o efeito de bola de neve online é muito mais potente do que o método de "gritar-e-so-nhar" do velho mundo.*

Então, o que isso significa para você?

Faça algo que valha a pena.

Venda algo sobre o que valha a pena falar.

Acredite no que você faz porque talvez tenha de fazê-lo por muito tempo antes que decole.

Não ouça as primeiras pessoas que lhe dão feedback.

Não desista. Pelo menos, não por algum tempo.

COMECE AGORA — RÁPIDO!

Às vezes, parece que a base não ganha nada além da parte final do que quer que esteja disponível. Sejam demissões ou pagamento excessivo para a gerência sênior, os do escalão inferior, que trabalham duro, acabam com os restos.

Na semana passada, almocei com meu velho amigo Jim. Eu não o via há dois anos e essa foi uma ótima chance de pôr a conversa em dia. A comida estava ótima. O resto do almoço foi desanimador.

Jim trabalha para um grande conglomerado de Nova York. Ele tem 50 anos de idade e 25 de bom trabalho. E detesta seu emprego. Ele está preso. Está fazendo exatamente o que fazia na última vez em que almoçamos. Passa a maioria dos dias pensando em quanto tempo passará até ter condições de se aposentar — um tempo que, graças à derrocada do mercado de ações, se prolongou ainda mais.

Há cinco anos, Jim tinha o emprego dos sonhos, o tipo que todos invejamos e que vemos descrito em várias revistas. Agora, o mesmo emprego parece uma armadilha.

A grande mentira da nova economia é que todos podem ter a vida de um empresário sem realmente ser um.

Compramos a ideia de que todas as coisas boas que as pessoas buscam em uma organização — segurança, benefícios, férias, a garantia de poder responsabilizar o chefe quando as coisas não vão bem — são acompanhadas pela agitação do crescimento rápido e a sensação ruim que temos quando a burocracia sai do caminho e descobrimos o que realmente podemos realizar.

Admiramos os jovens de 20 anos que foram pioneiros em criar novos produtos ou lançar novas divisões. Invejamos os felizardos (mas não especialmente habilidosos ou corajosos) gerentes médios que fizeram fortuna com opções de ações. Chamamos a nós mesmos de "empreendedores", sorrindo, porque obtemos o melhor de ambos os mundos.

Errado. Muito errado. Porque deixamos passar duas ideias importantes.

A primeira ideia é que grandes empresas estão basicamente falidas. *Grandes empresas são grandes porque são muito boas em fazer negócios do passado.* Elas produzem (e vendem) seus artigos mais depressa e barato que a concorrência porque ficaram boas em produzir e vender seus artigos existentes.

O problema é que, quando o mundo muda (e está mudando mais depressa do que antes), ser bom nos negócios do passado, além de inútil, é um risco. Todas essas grandes empresas estão em dificuldades agora porque a infraestrutura que construíram é quase tão útil quando a Linha Maginot — é obsoleta. Pinguins gostam do frio. Quando esquenta, ficam sem ação. O dispositivo aperfeiçoado que desenvolveram para um ambiente não funciona tão bem em outro.

A segunda ideia é que o mercado de ações está quebrado há tanto tempo quanto as grandes empresas. O mercado de ações é um imenso esquema de psicologia em massa que depende da ficção de que sempre haverá alguém mais estúpido que você disposto a comprar aquelas ações por mais do que você acabou de pagar.

Uma parte essencial desse esquema são investidores abraçando a ideia de que grandes empresas com ganhos previsíveis provavelmente continuarão a crescer e prosperar. Isso costumava ser verdade, é claro, mas em um mundo caótico, tem se contrariado todos os dias.

Essa queda ao fundo do poço que estamos vivendo é uma consequência direta dessas duas ideias se tornando muito claras para nós exatamente ao mesmo tempo. Grandes empresas não podem continuar crescendo 20% ao ano aperfeiçoando negócios do passado, mas o mercado de ações não quer saber disso. Assim, grandes empresas, com encorajamento direto das firmas de contabilidade, mentem sobre seus resultados (é, "mentem" é uma palavra forte, mas é o que acontece quando não se conta a verdade).

Desde o início, enquanto estávamos inebriados com a enorme expansão de que todos usufruíamos, deixamos de ver a questão fundamental. Agora estamos pagando por isso.

Outro dia, levei meu filho para assistir à apresentação anual de Steve Jobs na MacWorld Expo em Nova York. Ele ficou como que hipnotizado durante horas, atordoado com a energia, o insight e o entusiasmo que Steve levou ao palco. Isto é, Steve estava agindo como se fosse dono do lugar.

Claro, ele *é o dono* do lugar. E acho que essa é a melhor lição que podemos aprender com o tumulto dos últimos anos.

A Apple lança ótimos produtos com regularidade. Compare a magia do iPod, o Dot Mac ou o Final Cut Pro com a banalidade da maior parte do que se faz passar por inovação nas grandes empresas. Outras empresas de tecnologia lançam serviços que esperam se tornar monopólios lucrativos. A Apple lança produtos de que se orgulha.

Steve não tenta fazer o valor das ações subir. Não tenta manter a infraestrutura atual ocupada ou agradar aos distribuidores. Ele faz coisas em que acredita. Continua a ser uma lenda. É a feliz coincidência de seu ego e nossos desejos.

Claro, isso só é verdade quando é verdade. O resto do tempo, a Apple faz produtos que falham, que não empolgam, que não dão lucro.

Por quase trinta anos, porém, têm havido sucessos suficientes para pagar pelas perdas. Ele é um herói. Um modelo para milhões.

E se todos tivessem essa coragem? E se todos que leem este capítulo percebessem que o ponto de nossas carreiras (2 mil horas por ano, 50 anos corridos — isso soma 100 mil horas de trabalho) não vai produzir mais nenhum dispositivo? *E se, apenas talvez, parássemos de fazer coisas e começássemos fazer a diferença?*

O grande segredo da nova economia foi esse: empresários ganharam um passeio momentâneo gratuito (e rápido) para a riqueza por meio do mercado de ações. Essa conexão está temporariamente fechada, mas a ideia básica que fundamenta o empreendedorismo está mais forte do que nunca. Em uma era de mudanças aceleradas, as melhores organizações são pequenas e rápidas e as pessoas que as dirigem têm a chance de criar um impacto duradouro.

Não é coincidência que um dos subprodutos da revolução tecnológica é a morte das fábricas. Com toda a estrutura publicamente disponível (de celulares ao e-mail, de Kinko's à terceirização na Tailândia) não há mais motivo nenhum para construir uma empresa enorme. E como as grandes empresas não são mais lucrativas que as pequenas, são estas que têm probabilidade de aparecer, fazer a diferença e então (sem lágrimas) desaparecer, só para repetir em outro momento, em outro lugar.

Muitas pessoas têm dificuldade em engolir isso. Crescemos com pais que liam a *Time* ou *Forbes,* não a *Inc.* Nossos ídolos não eram empreendedores malucos com a missão divina de realizar algo ou falir tentando. Não nos vemos nessa situação. Por que o mundo não pode simplesmente se acomodar e nos dar algum descanso?

Infelizmente, o mundo não vai se acomodar. O desejo por segurança é compreensível, mas está sobrecarregado pela lei de Moore[5], pela globalização, pelo desejo competitivo. Sinto muito se você está a 1/3 da aposentadoria, mas, infelizmente, o mundo enlouqueceu.

---

5 Gordon Moore previu que a quantidade de transistores de um circuito integrado/plataforma dobraria a cada dois anos, enquanto a capacidade de processamento dobraria a cada 18 meses. (N. da T.)

As pontocom que fracassaram em grande estilo tinham uma coisa em comum — elas tentaram usar dinheiro para se isolar das mudanças externas. Tentaram comprar o sucesso, comprar grandeza e estabilidade. Isso é impossível, não importa quão grande você seja.

Enquanto trabalhar para alguém, não terá segurança no emprego. Quando sua empresa abrir o capital, seu futuro estará na mão de terceiros — pessoas provavelmente não tão espertas quanto você; e enquanto seguir as instruções dos outros, não realizará seu destino de verdadeiramente fazer a diferença no modo como as pessoas vivem e trabalham.

Quanto tempo você passa todos os dias se preocupando com a satisfação e felicidade do CEO? Quanto investe para garantir que ele tenha um emprego seguro? A grande novidade: seu CEO gasta exatamente o mesmo tempo preocupando-se com você.

Quero que faça algo por você. Estou implorando. Só levará alguns minutos, mas acho que vai gostar.

Imagine por um segundo que perdeu o emprego. Imagine, também, que o ramo para o qual foi treinado e em que está trabalhando acaba de desaparecer.

O que você vai fazer? Vai procurar outro emprego? Talvez em uma Enron ou uma WorldCom? Ou em uma grande firma burocrática com cem funcionários trabalhando em contas a pagar e com um orçamento de vários milhões de dólares por ano para consultores de estratégia?

E se não houvesse escolha? E se você começasse algo? Qualquer coisa. O que seria?

Você não precisa de uma boa ideia para iniciar um negócio — pode roubar uma. Encontre alguém em outra cidade, outro estado, outro ramo — e faça o que estão fazendo. Depois de começar, a ideia original será substituída de qualquer forma. Empresários inteligentes não se prendem ao plano original. Você se dará conta de que todo dia é outro dia mais perto do sucesso, e mudar o plano faz parte do plano.

A melhor parte deste exercício ocorre quando você se dá conta de que é inteligente, motivado e focado o suficiente para realmente fazer isso. Quando decidir que pode realmente dirigir a empresa, compreenderá que nenhuma opção é satisfatória.

Deixe seu emprego. Agora.[6] Pare de fazer algo que é louco, arriscado e irrefletido (seu emprego atual é todos os três). Pare de trabalhar para a fábrica e comece a criar algo de que as pessoas lembrarão.

Este é o cerne da questão: organizações onde as pessoas que fazem o trabalho são as mesmas que tomam as decisões têm mais chance de êxito no longo prazo. Quase todos os pecados dos negócios norte-americanos (de destruição ambiental a fraudes contábeis) podem ser atribuídos à burocracia anônima. Empresários não podem ser anônimos — é sua decisão, sua política, seu trabalho, seu negócio —, e assim você é rápido e honesto ou está fora. Não há mais ninguém a quem passar a culpa.

Isso é assustador? Bem, só por um momento, pense na alternativa. Você poderia trabalhar para a Motorola ou até a AT&T, sempre imaginando quando a empresa despedirá empregados ao mesmo tempo em que está ocupado fazendo o que o chefe pediu só para garantir que será o último a ser demitido.

Parece-me que, em comparação, gerir um pequeno negócio é totalmente seguro.

COMISSÕES (COMO INVESTI-LAS)

▪▮▪

Nas últimas duas décadas, muitos bairros têm visto o preço das casas aumentar 1.000%. Como os corretores cobram uma comissão baseada no preço de venda, isso significa que muitos ganham dez vezes mais do que antes na venda de uma casa.

É evidente que não trabalham dez vezes mais.

---

6   Na verdade, você não precisa sair agora. Apenas *decida* fazer isso agora. Uma das melhores partes da economia livre da infraestrutura é que se pode começar no seu tempo livre. Ei, funcionou para o eBay.

Cedo ou tarde, em qualquer negócio que trabalha com porcentagens, as coisas mudam e as comissões ficam sob pressão. Você pode adotar uma atitude defensiva a respeito ou vê-las como uma oportunidade.

Um corretor em Massachusetts hoje trabalha por hora. Se eu fosse um corretor, usaria o aumento do fluxo de caixa das comissões elevadas e o gastaria o mais rápido possível. Eu basicamente mudaria o que ofereço e incluiria uma ampla série de serviços gratuitos — de uma nova pintura a uma nova televisão de tela grande para o comprador ou vendedor. Contrataria assistentes e construiria um sistema de computador com base em permissão. Eu me daria conta de que nenhum ramo é estático, principalmente um cujas taxas mudam tão depressa em pouco tempo.

É óbvio que isso não trata apenas do ramo imobiliário. Se você trabalha por hora, o que aconteceria se mudasse a comissão? (Pessoal de RP? Advogados?) O que ocorre com o processo de vendas quando você passa de preços baseados em sucesso para baseados em tempo? Ou o contrário?

Acontece que o ramo de imóveis, como muitos outros empreendimentos, é uma condição de lucro zero. É tão fácil se tornar um corretor que, quando o preço das casas aumenta, o mesmo ocorre com a quantidade de corretores. Um estudo constatou que há cinco vezes mais corretores em São Francisco do que em uma parte de Ohio — onde, não por acaso, os preços de moradias equivalem a 1/5 do valor da outra cidade.

A lição aqui é que você pode evitar a condição de lucro zero criando uma barreira à entrada. E isso é feito com os recursos, os extras e as habilidades que a sua concorrência não pode obter rapidamente.

COMPETÊNCIA

Histórias de terror costumavam começar com "Era uma noite escura e tempestuosa". Não é mais assim. Hoje elas começam com "Minha mulher e eu decidimos construir mais dois quartos em nossa casa".

Recentemente, minha esposa e eu decidimos entrar na casa dos horrores. Mas estávamos determinados a evitar desgraças. Então procuramos com calma e encontramos um arquiteto competente. Esse foi nosso primeiro erro.

Depois, procuramos até encontrar um empreiteiro competente. Ótimas referências, reputação sólida. Esse foi nosso segundo erro.

Nossos critérios para o projeto eram, nessa ordem, "rápido", "bom" e "barato". Nossas metas estavam claras para nós. Definimos datas específicas e entregamos nossos objetivos por escrito.

Infelizmente, o empreiteiro e o arquiteto construíram suas reputações, o centro de sua competência, ao redor de "bom". "Rápido" não era um conceito que eles entendiam. Por mais que tentássemos ou argumentássemos, nada mudava seu foco. Comprar as janelas antes do alvará de construção ser emitido? Radical demais. Ter duas equipes trabalhando no projeto ao mesmo tempo — uma no andar superior, outra no porão? "Bem, acho que algumas pessoas fazem assim, mas você nos contratou por nossa reputação. Então, precisa confiar que o nosso jeito é o melhor."

Ei, se esses caras estivessem construindo um arranha-céu, levariam quarenta anos para terminá-lo.

Cada situação tem um lado positivo, e o meu foi que tenho uma profunda compreensão do que é competência. Pessoas competentes adotam um processo previsível e confiável para resolverem determinado conjunto de problemas. Elas o resolvem do mesmo jeito, sempre. É isso que as torna confiáveis. É isso que as faz competentes.

Pessoas competentes têm muito orgulho do status e do sucesso que obtêm com suas habilidades. Elas gostam de ser competentes. Defendem sua competência e trabalham duro para mantê-la.

Bob Dylan, por outro lado, é um músico incompetente. Ano após ano, show após show, simplesmente não há como saber se ele vai apresentar exatamente o que se espera. Às vezes, faz o mundo explodir com seu insight, sua energia e seu desempenho. Outras, ele é só passável. E ao contrário de um músico realmente competente, Dylan nunca apresenta a mesma canção do mesmo jeito. Você se lembra do álbum *Time Out of Mind*, vencedor do Grammy? A única coisa de que se pode ter certeza quando ele toca uma música desse disco em um show é que não se parece com nada que foi gravado no estúdio. Não, Dylan não é competente. Mas é brilhante.

Nos últimos vinte ou trinta anos, testemunhamos uma incrível mudança nos negócios norte-americanos. Há pouco tempo, as empresas estavam cheias de funcionários que não sabiam realizar suas tarefas. Se você comprasse um Pacer da American Motors, não seria surpresa encontrar uma ferramenta escondida no painel da porta do seu carro novo. Ou, se tentasse montar uma bicicleta vermelha brilhante na noite de Natal, era possível descobrir que nem todas as partes estavam na caixa. Naquela época, não era incomum que os produtos enviados chegassem sem funcionar. Todos, de advogados a executivos seniores e recepcionistas, cometem erros regularmente.

Então fomos postos de lado pela concorrência global, descobrimos uma abordagem totalmente nova para trabalhar e encontramos a religião. Aceitamos não uma, mas uma série de revoluções. Praticamos a reengenharia. Compramos computadores. Adotamos sistemas de gerenciamento de qualidade Six Sigma que garantem que todo processo é sólido o bastante para transformar qualquer um envolvido nele em um autômato competente.

Hoje o recepcionista não perde suas mensagens, porque elas vão direto para o correio de voz. O operário da linha de produção não derruba uma ferramenta, porque ela está presa à máquina. O funcionário de telemarketing que interrompe seu jantar provavelmente não fará promessas exageradas, porque a tática de venda está cuidadosamente escrita em um papel.

Hoje, é muito mais difícil fabricar um carro ruim, porque robôs medem tudo. É muito mais difícil ser um péssimo assistente de lista telefônica porque os computadores lidam com a maior parte do trabalho.

Ah, mais uma coisa: quando transformamos seres humanos em componentes competentes da gigantesca rede conhecida como negócios norte-americanos, também erguemos imensas barreiras para a mudança.

Na verdade, a competência é inimiga da mudança!

Pessoas competentes resistem à mudança. Por quê? Porque a mudança ameaça torná-las menos competentes. E pessoas competentes gostam de ser competentes. Isso é o que são e, às vezes, é tudo o que têm. Não é surpresa que evitem agitar as coisas.

Pense nos riscos que acompanham adotar qualquer coisa além da competência. O que isso significaria para o meu empreiteiro? Uma abordagem nova para gestão de projetos — uma que impediria que a neve entrasse por aquele buraco na parede onde deveria estar a janela — exporia sua equipe a todo tipo de riscos. Seria uma ameaça à sua reputação como empreiteiro competente. Claro, também poderia significar uma nova perspectiva para as construções, a chance de inventar um método novo e rápido para construir, até mesmo a possibilidade de revolucionar um setor com a reputação de deixar os clientes insatisfeitos. Mas os riscos de comprometer o rótulo de *Reformas de Qualidade* são simplesmente altos demais.

Você trabalha para uma empresa competente? Uma empresa em que as pessoas são contratadas porque ocuparam determinado cargo antes, na qual o caminho para o alto é lento e movimentos laterais não existem? Essas empresas são especialmente frustrantes para o agente de mudança interna (ou externa). Infelizmente, Wall Street tradicionalmente tem recompensado empresas por serem competentes.

O Charlie Trotter's, em Chicago — um de meus restaurantes favoritos — tem um *chef* incompetente. Todas as noites, ele oferece um cardápio de pratos inovadores. E, assim, às vezes, esses pratos falham: o suflê de beterraba, laranja quincã e chocolate não vale as calorias, e as laranjas-de-sangue não acrescentam nada à mousse de poblano — você entendeu. Mas eu prefiro deixar que esse talentoso e incompetente *chef* cozinhe para mim do que voltar ao restaurante em que comi ontem em Boston. Os funcionários de lá ficam felizes em lhe preparar um suco de banana e laranja e alegremente lhe oferecem um suco de cenoura e espinafre. Mas se recusam, totalmente surpresos diante do pedido, a fazer um suco de banana e cenoura. Por um breve momento, ontem, lembrei-me da cena em *Cada Um Vive Como Quer*, quando Jack Nicholson tenta conseguir que a atordoantemente competente garçonete no restaurante frustrantemente competente lhe traga uma torrada integral.

Diante da mudança, o competente fica impotente. Mudar representa uma ameaça temporária ou permanente a sua competência. Mas entre os competentes, os inteligentes se dão conta de que a mudança é inevitável — e que não têm saída. Daí o tremendo desconforto entre nossa feliz população competente.

Diante da mudança, alguns de nós se tornam competentes em praticar o zoom: Nosso conjunto de técnicas inclui a capacidade de passar de uma oportunidade à outra fazendo a mesma coisa, só que de um jeito diferente. É a nova raça de competentes, de pessoas que em outra época poderiam ser rotuladas de incompetentes, que nos guiarão pelas mudanças que encontramos. Quem deveremos contratar para serem *zoomers*? Que pessoas e que empresas podem assumir novos desafios, novas oportunidades?

Veja como é estranho: acho que os incompetentes entre nós são astros em formação. Não aqueles incompetentes porque não conseguem fazer melhor. Não, falo daqueles que têm a opção de se tornar competentes, mas escolhem tentar algo novo.

Na próxima vez em que você examinar currículos, tente ignorar todos os candidatos com qualificação perfeita. Na verdade, desqualifique todos que são claramente competentes para o cargo. Faça como a Southwest Airlines: só contrate pessoas com experiência em outra companhia aérea se elas puderem esquecer o que aprenderam lá. "Competência" muitas vezes é outra palavra para "mau comportamento". Em vez disso, encontre os incompetentes seriais — as pessoas que rapidamente dominam a tarefa e são ávidos por tentar algo novo. Os *zoomers*.

Não é muito surpreendente que tantas novas empresas que geram lucros atualmente sejam geridas por e compostas de pessoas muito jovens. Como seu histórico profissional é limitado, elas não se tornaram presas da competência. Não precisam desaprender hábitos ruins. Não estão interessadas em manter suas competências — porque, francamente, elas não têm nenhuma.

Mas essa confiança nos jovens é perigosa. Por quê? Porque quando essas novas empresas ficam presas a um modelo de negócios de sucesso, criam uma camada de gerentes bem-sucedidos, muito jovens e, em alguns casos, muito arrogantes. Esses gerentes são os competentes mais perigosos de todos, os que farão tudo que puderem para combater a próxima rodada de mudanças necessárias, porque adoram sua recém-descoberta competência.

Algumas das empresas que radicalmente redefiniram suas atividades já estão passando por períodos difíceis. A Netscape se perdeu e acabou com sua liderança, não por causa da Microsoft, mas porque o sucesso rápido fez parar as inovações. A Netscape realizou um trabalho totalmente competente ao se esforçar para alavancar sua liderança — mas competência foi exatamente o que derrubou a empresa.

Os recém-competentes no Vale do Silício e em outros locais são culpados de outro erro comum. Confundem rapidez com velocidade. A cultura dessas empresas revolucionárias é correr o mais depressa possível — o tempo todo. Os carros enchem os estacionamentos dessas companhias nos fins de semana. Quer encontrar alguém no cubículo do escritório? Ligue às 22h. Uma mulher que conheci semana passada lista sete diferentes meios de contatá-la no cartão de visitas!

Mas essa adoção de trabalho duro e movimento rápido pela simples rapidez deixa escapar um ponto. Não é necessário muito tempo para mudar seu plano de negócios radicalmente, reinventar totalmente sua proposição de marketing ou redesenhar totalmente o modo com que lida com os clientes. Não, não é preciso tempo, e sim disposição. A disposição de mudar. A disposição de assumir riscos.

A disposição de se tornar incompetente — pelo menos por um tempo.

A velocidade é a capacidade da empresa ziguezaguear e praticar o zoom — de fazer mudanças significativas quando elas são necessárias. E você pode ter velocidade sem rapidez: andar em círculos pode fazer seu velocímetro parecer incrível, mas não vai fazer você atravessar o país muito depressa.

Dê-me cinco executivos serialmente incompetentes que trabalhem das 9h às 17h focados em velocidade e eu posso mudar o mundo — repetidas vezes. Posso até conseguir concluir essa construção na minha casa.

CONFIANÇA E RESPEITO, CORAGEM E LIDERANÇA

O que aconteceria se seus amigos e colegas o tratassem como os marqueteiros?

E se seu cônjuge vendesse suas informações pessoais a qualquer um que pagasse por elas? Se seu chefe prometesse mudanças milagrosas e não as cumprisse? Se seus colegas de trabalho se recusassem a falar com você a menos que passasse meia hora na espera?

E se as pessoas de quem gosta e em quem confia fizessem promessas para chamar sua atenção e ganhar cooperação, e depois as quebrassem caso pudessem se safar?

A maioria de nós não escolheria trabalhar com pessoas que nos desrespeitam tanto quanto os marqueteiros. A maioria de nós não escolheria uma carreira em que tudo com que interagimos é "embelezado" e "emburrecido".

Por que detestamos tantos os marqueteiros?

Não apenas os detestamos. Nós os ignoramos. Na verdade, quando um marqueteiro realmente mantém sua promessa, ficamos tão surpresos que contamos o fato a todos que conhecemos.

Ontem recebi uma ligação de uma empresa que queria "confirmar o meu pedido". Quando retornei a chamada, descobri que não havia confirmação... era apenas a tentativa de uma empresa da qual nunca ouvi falar de vender-me algo novo.

Em algum ponto ao longo do caminho, os comerciantes pararam de agir como pessoas reais. Substituímos um novo conjunto de comportamentos éticos construídos ao redor do "cuidado com o cliente" e a letra da lei. Marqueteiros, a fim de ter sucesso em um mercado competitivo, decidiram ver do que poderiam se safar em vez do que poderiam entregar.

À medida que os negócios se tornaram commodities, muitos deles decidiram que respeito é o primeiro aspecto que não podem mais oferecer. Se você já foi colocado como gado no carro de uma companhia aérea ou deixado em uma espera interminável por uma operadora de celulares, sabe do que estou falando. O executivo de uma telecom me confidenciou na semana passada: "Depois de lhe vendermos uma conta, não queremos mais ouvir de você. Se ouvirmos, não é nada bom." Ei, são só negócios.

Os poucos comerciantes bem-sucedidos de quem ouvimos falar repetidas vezes (ouvimos sobre eles com tanta frequência que parecem ser algo banal) estão todos em nossa lista restrita porque ainda mostram algum respeito aos clientes. A Fidelity, o Ritz-Carlton, a Linux — nenhum deles é desrespeitoso com seu público.

A mágica acontece quando os marqueteiros são inteligentes o bastante para combinar confiança com respeito. Lembramos quando não nos revistam na saída da loja ou confiam em nós para tomar decisões inteligentes. Infelizmente, a quantidade de empresas que cumprem suas promessas e respeitam a inteligência dos clientes é muito pequena.

Naturalmente, isso significa que existe uma grande oportunidade. Significa que se você procurar a melhor fatia do mercado (indivíduos e empresas que podem gastar dinheiro — com sensatez — em coisas novas), provavelmente se sairá melhor se evitar trapaças, instruções erradas e bajulação e, em vez disso, focar clientes que adotem uma abordagem realista e honesta ao fazer negócios. Os clientes mais lucrativos muitas vezes são os mais difíceis de enganar. Regra número um: marqueteiros inteligentes tratam os clientes com respeito, como colegas respeitados e familiares admirados.

O irônico é que, ao mesmo tempo em que os comerciantes tratam as relações comerciais com mais aspereza, também disseminam seu mantra ético (ou a falta dele) para todos. No início desta seção, perguntei, "O que aconteceria se seus amigos e colegas o tratassem da mesma forma que os marqueteiros?" Bem, em muitos casos, é o que eles fazem.

Agora, parece que está tudo bem quando uma empresa renega um compromisso de aposentadoria. Porém, se o contrato não especifica literalmente como uma empresa tratará outra, está bem prejudicar o outro contanto que haja uma brecha. Aparentemente, está certo tratar seus amigos e colegas da mesma forma que um marqueteiro trata seus possíveis clientes.

Se uma organização faz uma promessa e a cumpre, ficamos radiantes. Se um gerente, um funcionário ou um colega de trabalho usa um minuto a mais ou faz um esforço extra para honrar um compromisso com você, isso é algo que lembrará por muito tempo — exatamente porque essa é uma ocorrência muito rara.

Ali estão as verdadeiras oportunidades — seguir os passos dos grandes marqueteiros ao resgatar as interações que eram tão comuns. Tenha a coragem de fazer promessas e cumpri-las. Faça mais do que prometeu. Não só o que reza o contrato. Suponha que seus colegas são inteligentes e mostre liderança respeitando o trabalho deles como se fosse seu. Regra número dois: trate seus colegas como um marqueteiro inteligente faria — com respeito. E cumpra suas promessas.

COOKIES E A IGNORÂNCIA TÉCNICA DE JOE SURFER

A *Jupiter* publicou um relatório que diz que 10% dos usuários da internet nos EUA deletam os *cookies* em seu navegador todos os dias, e 40% o fazem (em conjunto) todos os meses.

Vamos conferir a realidade. Essa é a mesma população que não consegue se livrar dos *pop-ups*, repetidamente cai nas mensagens de *phishing* das contas do PayPal e eBay, ainda usa o Internet Explorer, compra coisas por spam, não sabe o que é RSS (Really Simple Syndication) e me envia mensagens todos os dias indagando "O que é um blog?"

Perdoem-me o ceticismo, mas para mim é inconcebível que 40% dos usuários da internet sequer saibam usar o navegador para apagar os *cookies*.

O efeito da câmara de eco na internet é mais forte do que em qualquer lugar do mundo. Sim, mulheres profissionais em Nova York acham que muitas mulheres mantêm o nome de solteira quando se casam (na verdade, são menos que 5%). Sim, pessoas que malham o tempo todo imaginam que a maioria das pessoas também o fazem (mas não é assim). Pessoas que administram vinícolas acham que muita gente gosta de vinho (mas não é assim). Na internet, porém, esse fenômeno é pior. Pessoas que usam a internet em excesso acham que todos entendem o que elas entendem (mas não é assim).

As pessoas não são idiotas. Elas apenas são ocupadas ou distraídas demais para se importar tanto quanto você com o que você gosta.

COOKIES (OUTRO TIPO DE COOKIE)

∎∎∎

Eu quase comprei uns *cookies* caros da marca Back to Nature (Volta à Natureza).

Tudo na embalagem é perfeito. O acabamento fosco. A tampa *roll-top*, de modelo antigo, do saquinho, como as que víamos na infância. As cores e muito mais.

O único problema é que esses *cookies* não são mais saudáveis do que a maioria nas prateleiras. O motivo para comprá-los é que eles facilitam a tarefa de mentir a si mesmo quando os dá aos seus filhos.

É só meu supermercado que agora está repleto de coisas como essas?

CORREIO, O CHEQUE ESTÁ NO

Algumas mentiras que as pessoas contam para manter o status quo:

1. Produtos farmacêuticos canadenses são perigosos.
2. A pirataria está matando a criação contínua de música e filmes (note que eu não disse nada sobre a *indústria* dos filmes e da música).
3. Tratamentos dentários duram para sempre.
4. Garrafas de Evian são perigosas para a segurança das companhias aéreas e devem ser entregues.
5. O monopólio da Microsoft paga dividendos a todos os usuários (como os benefícios que temos com o Internet Explorer, por exemplo).
6. Você não pode iniciar um negócio sem capital de risco ou um grande empréstimo bancário.
7. Trabalhar duro para seu chefe e seguir as instruções é a melhor forma de progredir.
8. Precisamos gastar o dinheiro dos tributos para apoiar a agricultura industrial.
9. É impossível fabricar um automóvel que economize combustível e seja aceito pelos norte-americanos.
10. Quem você conhece é mais importante que aquilo que faz.

Fico fascinado pelo fato de sermos tão ingênuos a ponto de aceitarmos ideias falsas quando elas nos ajudam a lidar com o medo de mudança.

CRÍTICAS

Assim, por que você e sua equipe não lançaram tantas Vacas Roxas quanto gostariam?

Medo.

Não só medo do fracasso. O medo do fracasso, na verdade, é superestimado como desculpa. Por quê? Porque se você trabalhar para alguém, com frequência, o custo real do fracasso será absorvido pela organização, e não por você. Se o lançamento de seu produto falhar, não vão demiti-lo. A empresa ganhará um pouco menos de dinheiro e seguirá em frente.

Não é do fracasso que as pessoas têm medo. É da culpa. Das críticas.

Não *escolhemos* ser notáveis porque estamos preocupados com as críticas. Hesitamos em criar filmes inovadores, lançar novas iniciativas de recursos humanos, elaborar um cardápio que os clientes notarão ou proferir sermões audaciosos porque, no fundo, estamos preocupados com que alguém os deteste e nos censure.

"Essa é a coisa mais idiota que já ouvi! Que desperdício de dinheiro. Quem é responsável por isso?"

Às vezes, a crítica não precisa ser tão óbvia. O medo de ouvir, "Estou surpreso por você ter lançado isso sem ter feito mais pesquisas" é suficiente para pessoas realizarem pesquisas em excesso, estudarem algo profundamente. Ei, pelo menos você não foi criticado.

Medo de críticas é um obstáculo poderoso, porque elas não precisam realmente ocorrer para que o medo se instale. Observe algumas pessoas sendo criticadas por serem inovadoras e é muito fácil se convencer de que a mesma coisa acontecerá com você se não for cuidadoso.

Críticas construtivas, é claro, são uma ferramenta fantástica. Se um crítico lhe diz, "Não gostei" ou "Isso é decepcionante", ele não lhe fará nenhum bem. Na verdade, fará exatamente o contrário.

Ele usou seu poder para magoá-lo sem dar nenhuma informação que o ajude a melhorar na próxima vez. Pior, não deu a quem o ouviu nenhum dado para tomar uma decisão criteriosa sozinho. E, ao se recusar a revelar a base de sua crítica, está sendo covarde, porque não há como contestar sua opinião.

Admito que fico magoado quando recebo críticas desfavoráveis. Afinal, seria bom se o crítico dissesse que um de meus livros foi inovador, notável e inspirador e que explica como tudo, da política ao vinho, é comercializado por meio de histórias.

A lição aqui é essa: se escrevi um livro monótono, não haverá críticas. Nenhuma conversa. *Os produtos e serviços de que se falam são aqueles sobre os quais vale a pena falar.*

Então, eu o desafio, enquanto você pensa em sua própria oportunidade de ser monótono ou notável, a responder essas perguntas:

■ Se sou criticado por isso, terei perdas mensuráveis? Vou perder meu emprego, levar uma pancada na cabeça com um bastão de *softball* ou perder amizades importantes? Se o único efeito colateral da crítica for ela fazer com que se sinta mal, então você deve comparar essa sensação com os benefícios que terá se realmente fizer algo que valha a pena. Porque ser notável é estimulante, divertido, lucrativo e ótimo para a sua carreira. Sentir-se mal é desgastante.

E então, quando você se convencer a tomar o caminho para ser notável, responda o seguinte:

■ Como criar algo que os críticos critiquem?

CRÍTICAS (MAIS)

Segundo o Departamento de Parques da Cidade de Nova York, há mais de 1.800 estátuas na Big Apple. Estátuas de generais norte-americanos famosos. Poetas internacionais brilhantes. Há inclusive uma estátua de Gandhi. Mas pesquisas minuciosas mostram que não há uma única estátua em honra à memória de um crítico.

Sou só eu, ou a crítica saiu um pouco do controle?

Aqui estão cinco maneiras de ser um crítico injusto:

Fale em termos absolutos. O filme que você assistiu ontem à noite é, claro, "o pior filme que eu já vi na vida". Junte toda a negatividade possível em uma frase.

Critique não só o item em questão, mas também os antecedentes da pessoa ou empresa responsável por ela. Se você puder mostrar quanto algo da mesma fonte lhe desagradou, faça-o. Inclusão apenas aumenta o desdém.

Critique a motivação do criador. Talvez ele o esteja fazendo apenas pelo dinheiro. Talvez tenha alguma agenda política secreta. Melhor ainda, a pessoa responsável pela criação certamente é algum tipo de "imitador" — um imitador de Robert Redford ou talvez de Tom Peters. Em todo caso, ser um "imitador" geralmente é humilhante.

Critique o gosto e o julgamento de alguém que discorda de sua crítica. Um inimigo de sua crítica é *seu* inimigo — e também deve ser criticado. Sinta-se à vontade para virar a crítica do inimigo contra ele — e ganhe alguns pontos a mais se puder usar as palavras dele contra ele.

Faça ameaças em sua crítica. Possibilidades incluem ameaças como "contar a todos" ou destruir a reputação ou propriedade de quem estiver criticando. Como alternativa, pode alegar que *você* foi ameaçado — e que a sua crítica é só uma forma de mostrar sua relutância em se curvar às ameaças.

Não me entenda mal: não espero que sinta pena de mim e dos milhares de outros autores e criadores de produtos que regularmente veem seu trabalho criticado por adolescentes anônimos e mal-educados com problemas de personalidade (não que isso me incomode, claro; não sou tão sensível). Mas a nova cultura da crítica está fazendo mal a você e a sua companhia.

Por que assim que se torna um sucesso, uma empresa para de inovar? Como os fundadores parecem esquecer, só alguns anos depois de seu empreendimento revolucionário, que foi a inovação que os levou até lá? Não obtiveram sucesso preocupando-se em produzir o mesmo velho produto por medo de críticas; eles o conseguiram ao se disporem a assumir riscos e quebrar as regras.

Então aqui estão: as três maldições da crítica que fazem as empresas pisarem nos freios da inovação (e, pior, colocarem seus melhores empregados — os inovadores — na defensiva).

- Empresas bem-sucedidas temem críticas externas.
- Inovadores bem-sucedidos estão mais sujeitos a críticas pesadas.
- Funcionários menos inovadores têm carta branca para criticar os inovadores injustamente.

Você já notou que os críticos costumam ser mais duros com filmes e livros que vêm com altas expectativas? Peça uma lista dos piores filmes já realizados e as pessoas mencionarão *O Segredo das Águas, Ishtar* ou algum outro espetáculo de orçamento elevado. Certamente esses filmes não são tão ruins quanto alguns apelativos com orçamento de US$100 mil feitos em Tallahassee, Flórida, em um fim de semana. No entanto, nos apressamos a atacar os grandes fracassos, pois temos certeza de que as pessoas que desperdiçaram todo esse dinheiro merecem nossa dura avaliação.

Anos atrás, Stephen King lançou seu segundo e-book online e ele foi baixado por apenas cerca de 150 mil pessoas. Em vez de louvar sua coragem e insight ou comentar sobre um escritor de sua estatura demonstrar a disposição de assumir um risco, as pessoas queriam saber porque o e-book não teve um milhão de downloads. O *Wall Street Journal* publicou um ou dois parágrafos sarcásticos sugerindo que o Sr. King estaria em melhor situação se esperasse que uma grande corporação o apoiasse na próxima vez. Afinal, estamos falando de Stephen King e, por isso, os críticos esperam sucesso instantâneo.

É claro que essa crítica externa não afeta apenas indivíduos. Quando a 3M lança um novo Post-it ou a Microsoft revela um novo serviço, nossas expectativas são, de fato, muito altas. Em parte, isso se deve a toda a propaganda: ela atrai críticas da mesma forma que políticos atraem lobistas. Quando o produto inevitavelmente não atende nossas expectativas, ficamos prontos para massacrá-lo.

Esse tipo de atitude também permite que alguém embarque em um voo pontual de Nova York a São Francisco, tendo viajado na primeira classe (com o uso de milhas), e reclame que as nozes não estavam quentes o suficiente. O sucesso faz os críticos perderem a perspectiva. Sucesso significa que nada é bom o bastante.

Em sua empresa, isso provavelmente significa que, mesmo que haja inúmeros meios de tomar seus sucessos iniciais e alavancá-los em novos sucessos, a gerência sênior tem receio de fazê-lo. Ela tem medo de assumir o risco de ser criticada pelos clientes, concorrentes ou por Wall Street: "Não podemos fazer isso. Podemos fracassar."

Por que todos os gigantes do varejo perdem para o Walmart? Por que a Kraft está tão atrasada em termos de alimentos orgânicos, não artificiais? Por que a CBS esperou anos para lançar alguma coisa via cabo ou internet? Porque os líderes do mercado têm medo.

O segundo efeito da crítica é o medo que a alta gerência (muitas vezes os inovadores originais) tem de ser *pessoalmente* criticada. Esse é um medo com que autores e atores de sucesso têm de lidar o tempo todo. Quando as pessoas são associadas com uma ideia ou empresa (principalmente uma ideia ou empresa que o público ama e respeita), os riscos pessoais ficam maiores. Não só essas pessoas estarão abertas a críticas ainda mais pesadas, mas também se arriscarão a perder um bem que conseguiram e agora valorizam: o respeito e a devoção do público.

Você acha que Larry Ellison, Steve Jobs, Tom Clancy ou Julia Roberts querem fazer um produto que falhe? É improvável. Para essas pessoas, trata-se de mais do que dinheiro. Tem a ver com a aura de sabedoria e insight que criaram. Aproxime-se de uma dessas pessoas com uma nova ideia ousada e se verá diante de um grande desafio de fazê-los aceitá-la.

Mas é o último tipo de crítica que dificulta a tarefa de empresas bem-sucedidas em inovar. Quer você trabalhe para Ben & Jerry's, JCPenney, Toyota ou Walmart, sua empresa terá funcionários que serão críticos injustos — e severos — de sua nova ideia. Isso, a propósito, vale para qualquer nova ideia, quase a qualquer momento.

Por quê?

Porque à medida que as empresas amadurecem e crescem, elas têm maior probabilidade de contratar funcionários para realizar tarefas, em vez de contratar pessoas que descubram como mudar os seus cargos para melhor. Essas novas pessoas estão ali porque adotam o status quo. Elas gostam de seus empregos.

Foi por isso que os aceitaram.

Como resultado, o que quer que você queira mudar na sua companhia tem que ser injustamente comparado com o que quer que esteja acontecendo ali agora. E a comparação ocorre desta forma: *o pior resultado possível do que você propõe deve ser melhor do que o melhor resultado possível do que está fazendo agora.*

Assisti a algumas reuniões que foram totalmente surreais. Alguém propõe uma campanha por e-mail que poderia aumentar drasticamente os lucros da empresa e a fatia do mercado ao mesmo tempo em que reduziria os custos do atendimento ao cliente. Então a vice-presidente do setor diz: "Mas e as pessoas que querem ligar para nós e, em vez disso, recebem esse e-mail? O que fazer com elas?" Bem, uma conta simples mostraria que ela está falando sobre uma minúscula parcela de clientes. Pior, uma rápida avaliação mostraria que praticamente todos que ligam ficam aborrecidos por ficar em espera por muito tempo. Assim, embora sua proposta possa ofender alguns clientes, o crítico ignora os milhares de clientes que ficariam muito mais satisfeitos.

Não estou sugerindo que você se apresse em tentar qualquer ideia maluca que surja em sua cabeça, ignorando críticas construtivas que podem melhorá-la. Contudo, estou pedindo que siga essas três regras ao participar de uma reunião:

Critique uma ideia com base na precisão com que atenderá aos objetivos. Se você não gostar dos objetivos, critique-os em separado.

Compare a ideia de modo justo ao **status quo**, com defeitos e tudo o mais. Ignorar seus problemas atuais só porque eles já existem não é justo.

Se não gosta de uma ideia, compete a você apresentar algo melhor até sexta-feira. Nenhuma solução não é uma solução.

DESRESPEITO

Essa tem sido uma semana de desrespeito. E só estamos na quinta-feira.

Metade de meus incidentes ocorreu em situações comerciais. A outra metade ocorreu em locais em que fui apenas um cliente.

Lembrando, estou um tanto surpreso com dois detalhes. Primeiro, como as emoções são ilógicas quando sinto que fui desrespeitado e, segundo, como seria fácil evitar essas situações.

Deixe-me esclarecer: o desrespeito é algo subjetivo. Ele ocorre quando alguém se sente menosprezado, diminuído, desvalorizado ou enganado. Não há uma medida absoluta e, por ser relativo, as pessoas certamente discordarão se realmente ocorreu ou não.

Não importa. Se você se sente desrespeitado, é porque foi.

1. Acabo de passar duas horas no consultório médico. Uma hora inteira foi passada em uma saleta, esperando. Nenhuma atualização, pedido de desculpas, nada. Mesmo depois de o médico chegar, ele agiu como se a longa espera nem tivesse ocorrido. Então, quando gentilmente pedi para falar com a gerente, na saída, ela, em vez disso, atendeu a um telefonema.

2. Passei nove meses negociando um acordo com uma empresa com a qual tinha uma longa e proveitosa relação. Esse projeto estava caminhando muito devagar e não por minha culpa. Eu fui paciente e flexível e fui levando da melhor maneira possível. Há dois dias, recebi um e-mail. Ele dizia: "Infelizmente, isso está ficando complexo e não está valendo a pena para nenhum de nós. Sei que tentamos fazer com que esse trabalho funcionasse (há meses), mas não está dando certo para nenhum dos lados. Assim, acho que devemos abandonar o projeto e nos despedir como amigos."

Ambos têm os mesmos elementos em comum:

Tudo que a outra parte tinha de fazer era oferecer um pedido de desculpas com uma ou duas frases e tudo estaria bem. Quase todos os casos de desrespeito não tinham a ver com a *substância* da transação, mas com seu *estilo*. Se a pessoa tivesse assumido alguma responsabilidade e reconhecido como eu me sentia, o resultado não seria tão importante.

"Sinto muito por tê-lo feito esperar. O Sr. Wilson teve um problema sério no tímpano e estávamos fazendo o possível para ajudá-lo."

"Sei que trabalhou longa e arduamente para essa transação funcionar, mas simplesmente não conseguimos chegar a uma conclusão. Sinto muito tê-lo feito perder seu tempo."

É realmente simples: quase sempre, a maioria de seus clientes será compreensiva se você reconhecer que o resultado não é o que eles (pensam que) merecem.

As pessoas têm dificuldade em pedir desculpas. Se sentem que o estão tratando da maneira correta (tecnicamente falando), não vão querer se desculpar. Elas não querem reconhecer os sentimentos da outra parte. É uma atitude muito insensível. Essas palavras valem milhares de dólares em vendas perdidas e propaganda boca a boca.

"Você deve se sentir muito mal com o que aconteceu. Eu me sinto assim. Se houver alguma maneira pela qual eu possa melhorar a situação, farei isso." Quando essa não é uma declaração verdadeira ao se lidar com um cliente insatisfeito?

DIGITAL, A NOVA DESIGUALDADE

Há alguns anos, eruditos estavam muito preocupados com a desigualdade digital. Uma breve definição dizia que os ricos teriam acesso confiável e rápido à internet, o que lhes daria oportunidades de emprego e aprendizado que os pobres não poderiam achar. Isso aumentaria ainda mais a desigualdade dos que tinham chegado à frente em relação a todos os demais. Conectar as escolas nos Estados Unidos foi uma das respostas à ameaça dessa desigualdade.

Acredito que surgiu uma *nova* desigualdade baseada mais em *escolha* do que em circunstâncias. Vários milhões de pessoas (e o número aumenta todos os dias) escolheram ser os "ricos" da internet e, ao mesmo tempo em que seu número cresce, o mesmo ocorre com suas habilidades.

OS *DIGERATI*[7]	OS NEGLIGENCIADOS
Usam Firefox	Usam Internet Explorer
Sabem quem é Doc Searls	Já têm um doutor, obrigado[8]
Usam Leitor RSS	RSS?
Têm um blog	Leem blogs (às vezes)
Leem Boing Boing (ou Slashdot)	Assistem ao *The Tonight Show*
Entediados com Flickr	Flickr?
Recebem notícias do Google	Recebem notícias de Peter Jennings

É surpresa para você que mais da *metade* das centenas de milhares de leitores do Boing Boing usa o Firefox? Isso é cinco vezes a quantidade que se esperaria. Acontece que grande parte desses comportamentos relacionados à experiência em tecnologia se agrupa. Alguém que adote alguns deles provavelmente terá a maioria. (E, não, essa não é uma lista completa, de jeito nenhum.)

E daí? Por que você deveria se importar se um bando de *nerds* está aprendendo um monte de coisas novas legais?

Bem, há cinco anos, os *geeks* se isolavam. Eles participavam de chats IRC (Internet Relay Chat) ou discutiam sobre Unix versus Linux, mas suas obsessões não se espalhavam muito depressa e não influenciavam o resto do mundo fora da comunidade tecnológica.

Hoje, porém, a internet é muito mais forte e onipresente do que antes. E são os blogueiros que definem a agenda de tudo, de política à cultura. São os blogueiros que jornalistas e políticos avaliam primeiro e com mais intensidade.

---

7   Especialistas em tecnologia. [N. da T.]

8   Trocadilho de "Doc" [Doutor, médico] [N. da T.]

Como resultado, é provável que a maioria de nossos clientes mais influentes faça parte dos *digerati*. Eles podem provocar o sucesso ou fracasso de seu produto ou serviço ou mesmo as novas políticas de sua religião. Como a internet hoje é um meio de transmissão (ou de *narrowcast*[9]), os *digerati* podem disseminar ideias.

O segundo fato a ser lembrado é que os *digerati* estão usando as ferramentas de aprendizado embutidas na internet para ficarem mais espertos e rápidos. Uma nova ferramenta da internet pode se propagar a milhões em apenas uma ou duas semanas. Isso significa que, ao contrário da antiga desigualdade digital, a desigualdade entre os novos *digerati* e o resto do mundo está acelerando.

Assim, é hora de escolher. Muitos de meus colegas (e Tom Peters é um exemplo notável) estão mergulhando de cabeça. Outros dão uma olhada em como os *digerati* começaram e decidem que alcançá-los dará muito trabalho.

Tente imaginar trabalhar hoje sem e-mail. É inconcebível. Acho que as ferramentas dos *digerati* logo serão igualmente essenciais. Você pode esperar que a Microsoft coloque todas em circulação em um pacote mais simples, mas se o fizer, não só perderá as nuances e a compreensão que acompanham o aprendizado, mas estará sempre tentando alcançar os demais.

Se você acha que o del.icio.us é uma forma melhor de apreciar comida, você já está do lado errado da desigualdade.

Não consigo afirmar de que lado realmente me encontro; tenho todas as ferramentas, mas ainda é um trabalho duro. O lado positivo, porém, é que você não quebrará nada se experimentar algumas dessas novas ferramentas e se comprometer a entender os novos *digerati*. Mas é melhor se apressar, porque eles não esperarão por você.

---

9 Transmissão de informações para um público específico. [N. da T.]

DING[10]

Respondo a todos meus e-mails e, às vezes, na pressa em atender a todos, sou sucinto. E, às vezes, essa concisão é confundida com rispidez e até desrespeito. Estou me esforçando para melhorar.

Lembrei-me disso quando vi uma postagem com essa "carta de rejeição" enviada pelo Google. Ela diz:

> Recebemos seu currículo e gostaríamos de agradecer seu interesse pelo Google. Depois de avaliar com atenção sua experiência e suas qualificações, entendemos que no momento não temos nenhum cargo ao qual elas correspondam.

Acontece que não há nenhuma saudação. Com que "atenção" o Google poderia ter avaliado o currículo (o que mostra com clareza que um de seus maiores desafios é encontrar a quantidade de pessoal ideal) se eles nem ao menos se incomodaram em incluir o nome da pessoa?

Mais importante, essa carta vai simplesmente desaparecer ou será usada como uma ferramenta de marketing para ajudar o Google a encontrar mais candidatos? E se a carta fosse um pouco menos formal? E se incluísse links para outras firmas que estão contratando? E se houvesse algum tipo de incentivo para recomendar seus amigos para o Google, ou uma forma excepcional de ser considerado em futuras contratações?

Mesmo quando você diz não, está fazendo marketing.

DOLOROSAMENTE SIMPLES

Perdi as chaves do meu Toyota Prius. (Na verdade, alguém roubou meus sapatos quando eu estava esquiando em uma pista de bicicleta

---

10 Rejeição. [N. da T.]

coberta de neve, e as chaves estavam dentro dos sapatos, mas essa é uma outra história — por que alguém roubaria meus sapatos?)

Seja como for, fui até o Google e digitei "chave substituta" e "toyota prius". Uma rápida olhada nos anúncios mostra que o segundo, www.autopartswarehouse.com [atacado de autopeças], gastou muito para me oferecer uma solução.

Clico.

Ele *não* me leva para peças do meu carro, mas para peças de todos os Toyotas (mesmo eu tendo digitado a palavra "Prius"). Entro em "Prius", o que me leva a outro menu. Nenhuma chave ali.

Faço outra busca para "chaves".

Consegui isto:

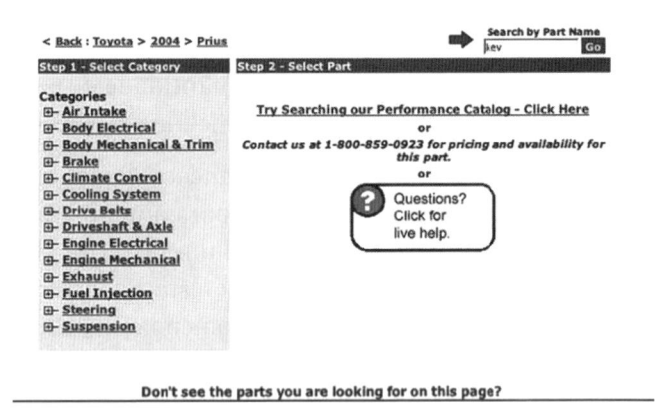

Então, na verdade, eles *não* têm chaves para o Prius.

Há dois problemas aqui. O primeiro é que a empresa tem preguiça de comprar as palavras-chave corretas.

O segundo é que os caras da web da empresa provavelmente não são os mesmos que compram os anúncios. Se fossem, toda a experiência de compra online estaria centrada em mim e em minha necessidade de chaves, não neles e na sua necessidade de descrever com precisão a hierarquia de sua loja.

Suponhamos por um momento que muitas empresas crescerão ou desaparecerão com base na facilidade com que encontram as agulhas no imenso palheiro de buscas na web... e que conseguir isso significa transformar com eficiência o primeiro clique em uma venda. Se isso for verdade, então precisa haver uma abordagem muito mais mensurada e centrada no cliente para transformar um leve interesse em um negócio fechado.

Isso não é tecnicamente difícil (faça uma busca no Google de opções de resultados de palavras-chave e verá). E também não demanda muito tempo.

O que é complicado, e o motivo pelo qual todos não o fazem, é isto:

Você provavelmente ainda está agindo de acordo com uma mentalidade de varejo.

O varejista abre uma loja. Armazena a mercadoria. Arruma as prateleiras. Publica um anúncio no jornal local e espera que as pessoas venham para dar "apenas uma olhada".

Não é isso que ocorre online (isso se aplica a levantamento de fundos e praticamente qualquer coisa, não apenas roupas e chaves de carros).

Online você não tem uma loja de varejo. Você tem 50 mil.

E você sabe o que o cliente está procurando *antes* de entrar!

Portanto, certifique-se de que são levados à loja certa.

E se uma loja não está mostrando bons resultados, feche-a e abra outra.

P.S.: Se você é acionista do Google (eu não trabalho com ações), então essa é uma ótima notícia para você. Por quê? Porque assim que as empresas aumentarem sua eficiência de conversão, provavelmente estarão mais dispostas a pagar 400% a mais do que pagam agora pelas palavras certas.

DONUTS

O *New York Times* de hoje informa que a Igreja Radiante, em Surprise, Arizona, gasta US$16 mil por ano em *donuts* da Krispy Kreme.

A crise de saúde à parte, esse é um marketing inteligente. (E há algo de errado quando uma igreja faz marketing? Igrejas sempre fizeram isso.)

Marketing não significa propaganda.

E ENTÃO?

Suponha que:

Espaço no *hard drive* é gratuito

Conexões de Wi-Fi existem em todos os lugares

A velocidade das conexões é de dez a cem vezes mais rápida

Todos têm uma câmera digital

Todos levam um dispositivo que lembra um notebook, mas é barato e pequeno

A quantidade de novos produtos lançados todos os dias é cinco vezes maior do que agora

As vendas do Walmart são três vezes maiores

Qualquer produto manufaturado com design de mais de cinco anos é vendido ao preço de commodity

A idade de aposentadoria é cinco vezes mais alta do que agora

Sua profissão atual é obsoleta ou totalmente diferente

E então?

EGOMANÍACO

Outro dia, meu novo amigo Tucker me disse que eu era um grande egomaníaco.

Não o são todos os blogueiros?

Que tipo de ego os blogueiros têm? Gastamos tempo, energia e dinheiro para postar nossas opiniões para o mundo e o fazemos todos os dias ou até a cada hora, muitas vezes a respeito de temas sobre os quais não temos nenhuma autoridade evidente.

O ego é a maior razão pela qual os blogs corporativos são um paradoxo. Trabalhar para o Homem muitas vezes significa que seu ego é englobado pelo da organização, e publicar em blogs vai contra isso. Esse é um dos motivos pelos quais tem havido demissões de blogueiros corporativos de destaque. É difícil ter duas vozes (a do escritor e a do acionista) competindo e, muitas vezes, entrando em conflito.

A propósito, "egomaníaco" é a palavra errada. Acho que a publicação de blogs requer que você tenha um respeito saudável por suas opiniões, assim como um generoso desejo de partilhá-las com os demais. Essa não é uma característica negativa; se você não respeitar suas opiniões, quem o fará? E se não partilhar as ideias que valoriza, estará sendo egoísta, certo?

ELES NÃO SE IMPORTAM, ELES NÃO PRECISAM

Não gosto de viajar.

Dito isto, a viagem do outro dia estabeleceu um novo recorde. Atribuo isso à nova economia do "não nos importamos, não precisamos". Em muitos segmentos, foi extraído tanto lucro que não há espaço para contratar e treinar ótimos funcionários. E não há concorrência suficiente para prejudicar os líderes indiferentes do setor.

Chego ao JFK com antecedência suficiente. Ótimo, porque o estacionamento perto do terminal está fechado. Mas as placas são otimistas e apontam para o estacionamento realocado temporário. Mesmo preço maluco, é claro.

Bem, acontece que leva meia hora de ônibus para ir do estacionamento ao terminal. Eles têm metade dos ônibus necessários e, a US$24 por dia, não é porque não têm condições de adquiri-los. É porque não precisam se importar.

Finalmente, chego à American, uma companhia aérea que desistiu há muito tempo. A fila para a segurança tem trinta pessoas. Mas, espere! Há uma placa que diz: "BUSINESS CLASS, GOLD, PLATINUM ETC." Vou até lá. A mulher agitada verificando os cartões de embarque diz:

— Precisa ir até o final da fila.

— Mas tem uma placa.

— Eu sei. Nós a ignoramos.

Enquanto espero na fila durante dez minutos, vejo a cena se repetir com umas dez pessoas. A TSA ou a American não cogitam tirar a placa. Eles não se importam. Não precisam.

Embarco no avião. Ele não é reformado há uma década ou mais. Os assentos rangem. A passagem custa dez vezes mais do que na JetBlue, mas nada ali é marcante. O surpreendente é que eu reconheço a tripulação de voos anteriores. Boa gente. Gente capaz de tentar. Mas eles não se importam mais, porque a gerência desistiu há muito tempo.

Fui até o balcão da Avis no SFO. As duas mulheres não têm outros clientes. Não estou inventando — elas literalmente riem alegres quando encontram problemas em meus documentos. É a melhor coisa que lhes aconteceu o dia todo. E quando apresento meu cartão de crédito (não débito), elas riem dizendo que não aceitam cartões de débito e me envolvem em um alegre debate sobre se ele é ou não um cartão de débito, afinal. *Eles não se importam, eles não precisam.*

EMBALAGENS

Por cerca dos últimos vinte anos, alimentei um mau hábito. Eu compro discos compactos. Só um ou dois por semana — mas eles vão se somando. Assim, na semana passada, joguei fora o que tinha se tornado a minha coleção de mais de mil CDs.

Bem, não joguei fora os CDs em si. Joguei as caixas em que vieram. Com os novos *changers* que comportam 300 CDs (por apenas US$250!), é muito mais simples armazená-los no *changer* do que nas caixas.

Juntei pilhas e pilhas de estojos de CDs (que pesavam uma tonelada) e os deixei no meio-fio para os coletores de lixo. E nas 24 horas que se seguiram, pelo menos doze pessoas pararam os carros, saíram e começaram a examinar os estojos.

Levaram só alguns segundos para ver que estavam vazios, mas isso não os impediu. Cada pessoa verificava a pilha. Não conseguiam acreditar que tantas caixas de CDs, geralmente cobiçadas, agora eram inúteis. Um cara até levou algumas caixas vazias — o motivo, nem consigo imaginar.

Claro, os estojos são nada além de inúteis sem a música. Ocupam espaço e não são especialmente atraentes. Poucos decoradores correm para comprar estojos para CDs em grandes quantidades e distribuí-los em locais-chave pela casa para dar um toque final antes que os fotógrafos da *Architectural Digest* cheguem.

Aqui está a questão que esse episódio me sugeriu:

O que há com os envoltórios — as embalagens — que é tão importante?

Eis a resposta: as pessoas ligam lembranças emocionais às embalagens bem depressa, principalmente quando o que ela contém é algo etéreo. Qualquer um que pagou para colocar o vestido de casamento em um depósito sabe o que quero dizer. Você nunca mais vai usá-lo, seus filhos provavelmente não irão querê-lo, mas você o mantém porque é uma embalagem importante. Foi o envoltório ao redor de uma experiência pessoal romântica, única — e difícil de recapturar. Muito tempo depois de o bolo ter sido cortado e o arroz, jogado, é a única coisa tangível que você pode levar com você. Esse vestido de casamento é a embalagem do dia de seu casamento, a manifestação física de um conceito caloroso e indefinido.

Antigamente, praticamente tudo tinha de vir em algum tipo de embalagem. O envoltório fazia parte tanto do produto quanto da marca.

À medida que nossa economia vai se tornando mais digital, o papel da embalagem passa a ser um conceito de importância vital. Alguns conhecedores falam sobre todos os produtos se tornarem serviços e todos os serviços se tornarem produtos. Não acho que essa é a questão. Acho que se trata de começarmos a separar bens e serviços de suas embalagens.

O negócio da música, obviamente, tem esse grande problema. Se você joga fora os estojos e depois os discos de policarbonato, pode realmente cobrar US$14 pela música? A Napster é uma grande ameaça exatamente porque deixa claro quantas camadas de embalagem vêm com a música — e o pequeno valor que ela realmente contém.

Mas não é só na terra dos CDs que encontramos esse problema. Tem havido uma grande celeuma também no negócio dos livros. Quando os autores podem jogar fora o papel e a capa, cobrar US$4 ou US$1 — ou nada — por um livro e ainda lucrar com o exercício, os editores têm um excelente motivo para tremer. Afinal, os editores se organizaram para estar no negócio das embalagens. Mas se ela não for nada além de um material reciclável, todos no negócio de embalagens de livros terão muita dificuldade para ver o sentido do que fazem todos os dias.

Esses são exemplos fáceis. E quanto ao celular? É um objeto útil e insubstituível, ou apenas um envoltório para coisas realmente importantes, como conversas e troca de dados? A Tellme Networks Inc., uma startup no Vale do Silício, está apostando nesse último. Disque 800555-TELL e terá uma conversa telefônica realmente fascinante com um computador. Ele vai verificar informações sobre ações ou o tempo e até discará para uma companhia aérea para você — tudo gratuito. E a Tellme não dá a mínima para qual telefone você usa. Os telefones ficarão cada vez mais baratos, mas se a Tellme fizer bem o seu trabalho, seu serviço se tornará cada vez mais valioso. Em alguns anos, os celulares serão quase de graça — embalagens com valor. Por outro lado, o que faremos com eles representará a possibilidade de ganhar toneladas de dinheiro.

Ao mesmo tempo em que abandonamos algumas embalagens tradicionais, algumas empresas estão se tornando cada vez *mais* obcecadas com a embalagem. Elas entendem que seus negócios realmente tratam de embalagens e assim oferecem camisetas, sabonetes, chá — até computadores — em embalagens e envoltórios que satisfazem nossa necessidade interior de beleza. O prazer que temos ao usar um Palm V quando todos ao redor têm um IIIe é irracional. Ele se baseia na alegria cinestésica que temos ao segurar o mais recente e melhor. Isso vale alguma coisa, e a Palm entende seu valor. Vá a uma conferência e todas as embalagens "irrelevantes" — os uniformes, a aparência e a sensação do lugar — tornam o resto da conferência muito mais importante e agradável.

Na era do e-mail e dos aparelhos de fax, realmente precisamos usar envelopes da FedEx para enviar a maioria dos documentos? A menos que um documento seja original e deva ser assinado, provavelmente não. Por quê? Porque o envelope (a versão da FedEx da caixa do CD) torna mais provável que a carta seja lida.

Então, quem está em perigo? Como o crescente abismo entre embalagens e conteúdos irá tornar a vida difícil para algumas empresas? Acho que isso acontecerá com empresas no meio, as que hesitam em chegar ao limite. Aqui estão algumas ideias para fazer você pensar nas opções.

Se a sua empresa faz conteúdos, saia do negócio das embalagens o mais rápido possível. Dar o seu e-book aumentará em muito a quantidade de pessoas que o lerão. Mais de 2 milhões de pessoas leram *Unleashing the Ideavirus* até agora — só porque eu me livrei das coisas físicas que encarecem o livro. Se você está no ramo de vinhos e seu vinho é bem recomendado, tem muitos seguidores, talvez seja hora de vender uma safra especial diretamente aos clientes, deixando lojas de bebidas para trás e esquecendo garrafas sofisticadas. Venda o vinho — não a garrafa!

Se você está no negócio de embalagens, melhore-o! A cerveja deve vir em garrafas realmente bonitas, e essas garrafas devem fazer muito barulho quando abertas; imite a indústria de cosméticos em sua embalagem, a Nordstrom no atendimento ao cliente e a Apple em sua simples sensualidade. Muitas empresas têm medo de admitir que estão no ramo das embalagens. Ficam satisfeitas em investir muito dinheiro em uma nova fábrica, mas encaram gastos semelhantes na experiência do usuário como um tipo de despesa desnecessária.

Aqui estão alguns testes: pegue uma página do *New York Times*, recorte um quadrado de 5 centímetros dele e entregue esse pedaço de papel a um amigo. Provavelmente ele saberá que jornal está lendo. Peça a outro amigo para fechar os olhos, entrar em uma Mercedes-Benz e fechar a porta. É provável que ele saberá exatamente em que tipo de carro está sentado. À primeira vista, nenhum dos dois experimentos tem algo a ver com os produtos em si. No entanto, têm tudo a ver com eles. A aparência e a sensação do *Times* afeta como interpreto as notícias que leio em suas páginas. A forma como a porta da Mercedes fecha é pelo menos tão importante quanto a aceleração do carro para a maioria dos motoristas.

Entrei em um supermercado em Saranac Lake, Nova York, na semana passada. Ele fazia parte de uma grande cadeia, que tem alguns mercados de categoria em todo o país. Não aqui, porém. A iluminação era ruim. As prateleiras não estavam bem arrumadas. Em 5 segundos, percebi que não faria nenhuma compra tola por impulso (leia-se: "lucrativa").

Claro, este supermercado, como todos os outros, não é nada além de uma embalagem. É uma caixa de CD gigante para comida, uma embalagem projetada para abrigar pacotes de artigos de empresas que as fazem para os consumidores que as compram. Um supermercado é uma embalagem cheia de mais embalagens. E como o gerente do supermercado tinha parado de tentar deixar todas as embalagens atraentes, essa loja estava deixando grandes lucros para trás.

Sei que essa ideia de sermos obcecados por embalagens parece, no início, supérflua e perdulária. Mas se você escolheu prosperar no mundo das embalagens, então esse é o caminho que escolheu.

Percorrer metade do caminho, enfrentar todos os problemas de ter um produto, uma força de vendas e até uma propriedade, e então não terminar o que está fazendo criando alegria no processo para o usuário é um desperdício!

A web realmente abriu um buraco nas embalagens que têm protegido os profissionais da área. Na web, não se pode ouvir o ranger, ver a luz, sentir o cheiro do couro, apreciar o som agradável da voz de um vendedor bonito. A web, a vingança dos engenheiros, trata de conteúdo e commodities, não de sensualidade e embalagens.

O que você vai fazer? Eu faria três coisas:

1. *Torne o seu site animado, simples e elegante — mas não tente replicar a alegria ou admiração de sua embalagem.* Em vez disso, não prejudique ninguém. Vá aos sites da maioria das empresas de consultoria e verá que é muito fácil fazer muita coisa online. Pegue o que precisa da atenção de seu possível comprador — e então pare.

2. *Obtenha permissão das pessoas para oferecer ferramentas que apoiem sua embalagem.* Envie-lhes um certificado para um *test-drive* gratuito de sua mais nova BMW em uma pista próxima ou peça-lhes para falar com seu atendimento ao cliente pelo telefone.

3. *Crie produtos intermediários que são mais baratos ou gratuitos a fim de as pessoas iniciarem sua experiência.* Burt's Bees trabalharam com drugstore.com para oferecer gratuitamente um pacote com dez bálsamos para os lábios e cremes para a pele para qualquer pessoa que fizesse uma compra no site. Se a experiência com o produto for forte o bastante, seu esforço terá sido dinheiro bem gasto. Por quê? Porque quando uso um artigo da Burt's, posso me apaixonar pela experiência e comprar dela outra vez e outra vez, pagando com prazer a embalagem todas as vezes.

Há uma coisa que você pode fazer se essas abordagens falharem. Saia totalmente do negócio de embalagens. Redirecione a sua empresa para fazer coisas que tornem algo melhor. Embalagens podem ser divertidas, sexy e merecedoras da atenção da mídia, mas você nunca ficará faminto no longo prazo se puder oferecer algo às pessoas que realmente é muito melhor. Afinal, Freud observou certa vez, um charuto pode ser só um charuto. Mas ninguém pensa duas vezes sobre a embalagem de celofane.

EMPREGOS PARA VACAS ROXAS

Uma amiga minha é uma advogada de primeira, com excelente experiência em direitos autorais, fechar negócios e questões de propriedade intelectual. Ela tem um currículo impressionante e poderia conseguir um emprego de consultoria em segundos. Só que não quer fazer isso. Ela quer trabalhar para uma organização interessante e de crescimento rápido com horas flexíveis. E está disposta a aceitar uma redução de 60% no salário para fazer isso.

No sistema atual, não há lugar para ela (ou para você, para falar a verdade) deixar a pessoa certa saber que deveria repensar o modo de alocar sua folha de pagamentos e seu orçamento de serviços, tirando vantagem dessa oportunidade. *Isso é ridículo.*

Não há outra despesa similar em uma corporação totalmente baseada em demanda. As empresas não postam uma nota dizendo, "Estamos pensando em substituir nosso sistema telefônico, avise-nos se existe uma nova tecnologia que não conhecemos", ou "Nossa organização beneficente atualmente usa um sistema tradicional de angariação de fundos, mas estamos testando sistemas automáticos online. Envie um prospecto adequadamente formatado…"

Na verdade, as empresas costumam mudar estratégias quando há novos dispositivos ou quando ótimos vendedores fazem uma sugestão bem-sucedida para que mudem.

Bem, se a coisa mais importante que uma empresa pode fazer é contratar pessoas incríveis, por que o processo de contratação não é mais flexível, girando em torno de profissionais e não de vagas?

Por que um emprego aparece nos classificados, já definido, só esperando o pino perfeito para preencher o orifício existente?

Nesse ponto, eu deveria indicar alguns sites ótimos centrados em pessoas, não em empregos, e falar sobre como chefes inteligentes em todo o mundo os estão usando para procurar pessoas incríveis. Como uma revolução ao estilo eBay está mudando esse imenso mercado. Eu não posso, então não vou.

Claro, existem sites voltados para currículos, mas isso não importa. Os chefes não estão ali. A cultura ainda não mudou.

Mas mudará.

Por que não recortar essa frase, anexá-la a uma carta (não a um currículo!) e enviá-la para o local que precisa de você? Talvez não fizesse diferença se duas ou três ou dez pessoas fizessem isso, mas se milhares de pessoas começassem a distribuir suas habilidades do jeito que deveria ser feito (reconhecendo que você, não a fábrica, contém o valor), isso se poderia se transformar em um movimento.

ENGRENAGENS

Desde os 5 anos de idade, as escolas e a sociedade o ensinaram a ser uma engrenagem na máquina de nossa economia. Fazer o que mandam, sentar em linhas retas e fazer seu trabalho.

Fomos treinados para sermos engrenagens em um amplo sistema, trabalhadores em uma fábrica perfeitamente ajustada.

No início da era das fábricas, havia grande demanda para engrenagens treinadas. Elas tinham até sindicatos e o seu trabalho era estável, consistente e respeitado. Havia coisas muito piores do que ser uma engrenagem.

Nos últimos anos, ser uma engrenagem mudou da seguinte forma:

1. O trabalho das engrenagens é a atividade de mínimo denominador comum.
2. Hoje, se o trabalho delas fica caro, as empresas o automatizam.

3. Se uma empresa não tem condições financeiras para automatizar, ela passa o trabalho para um local onde é mais barato.

4. Se a concorrência muda, as empresas procuram uma forma de medir e semiautomatizar o trabalho das engrenagens para torná-lo ainda mais barato.

Como resultado, é praticamente impossível ser bem-sucedido ou se dar bem realizando uma tarefa que é descrita e medida por outra pessoa.

Acho que vale a pena ler a frase em itálico duas vezes.

A única forma de nosso país (ou o seu, dependendo de onde mora), sua economia e, acima de tudo, sua família conseguir avançar é essa: crie novas regras.

Pessoas que criam novas regras continuam sendo muito raras.

ENTÃO, UM RABINO, UM PADRE E UM COELHO FALANTE...

Parece o começo de uma piada?

Aprendemos onde procurar piadas. Certos lugares e épocas parecem combinar com piadas, e ficamos atentos e ansiosos pelo que virá.

A web muda o vernáculo diariamente, e eu descobri isso em primeira mão com meu e-mail sobre férias da semana passada.

Eis aqui um trecho:

Se precisar me encontrar, estarei nas Nações Unidas por alguns dias, trabalhando no escândalo Petróleo por Alimentos. Contate-me na ONU pelo número 212 355 4165. Depois estarei em Pequim, prestando consultoria sobre como eles poderão enviar melhores mensagens para as próximas Olimpíadas. Acho que o mascote está passando a mensagem errada e espero convencê-los a usar uma vaca.

Terminarei a semana no Beverly Hills Hilton, na Califórnia (um chalé, só pergunte por mim na recepção). Acontece que Steven tem muito para escrever sobre um projeto e pediu-me para passar e dar uma ajuda.

Achei que foi uma brincadeira divertida sobre a auto-importância (certo, egomania) das postagens sobre férias que algumas pessoas têm usado. Não, eu não fui à China, eu fui para a Costa Rica (mais sobre isso em breve). Porém, fiquei surpreso em descobrir que um grande número de pessoas achou que era sério.

Isso pode ter ocorrido porque alguns de meus correspondentes nutrem tal consideração por mim que deduziram que eu realmente estava trabalhando com Kofi Annan nas Nações Unidas, mas mais provavelmente foi porque supomos que mensagens de e-mail sobre férias são verdadeiras. O mesmo ocorre com *phishing* quando os hackers usam o e-mail para roubar senhas.

O que mais supomos ser verdadeiro quando pode ser uma piada, uma opinião ou uma fraude?

ENTUSIASTAS

Dependendo de sua área de especialização, um entusiasta se importa com as respostas às seguintes questões:

"Câmbio automático ou manual?", "SACD ou DVD-A?", "Cerejeira ou fibra de carbono?", "Pho Bac ou Pho Bang?", "PowerBook ou iBook?", "Pedra de lareira ou papel manteiga?", "Habanero ou chipotle?", "Linho ou algodão orgânico?"

Eu sou um entusiasta. Como você deve ter adivinhado, sou o sonho de todos os marqueteiros. Sou um entusiasta não só em uma, mas em várias áreas. Recebo revistas com nomes como *Histórias sobre Roseiras* e catálogos Garrett Wade[11].

---

11 Loja de ferramentas para marcenaria, jardinagem etc [N. da T.]

Entusiastas são aqueles com *otaku*[12]. Somos aqueles que se importam com o que os marqueteiros andam aprontando, os que buscam novos produtos e novas empresas, os que ousadamente vão... (ops, desculpe, outro tema de entusiasmo entrou aqui). Seja como for, somos os que divulgarão a sua inovação, contarão aos amigos e colegas sobre sua nova Vaca Roxa.

Não são só bens de consumo. Entusiastas leem a *Harvard Business Review* e se empolgam com uma nova firma de consultoria ou técnica. Entusiastas leem os classificados no final da *Advertising Age* para descobrir quais agências de publicidade estão se saindo bem. E entusiastas políticos decidem quem será eleito presidente dos Estados Unidos.

Muitos marqueteiros decidiram que precisam ser obcecados por esses cofrinhos cheios de *otaku*. Alguns deles até alugaram, ou melhor, conseguiram permissão para obter listas dos mais lucrativos subconjuntos dessas populações. E, mesmo assim, a maioria fracassa.

Acho que fracassam pelo mesmo motivo pelo qual você muitas vezes falha em dar ao entusiasta em sua vida o presente de Natal perfeito.

Entusiastas não querem que você lhes dê um vale-presente. (Eles descobrirão como conseguir o dinheiro para o item que realmente querem.) Tampouco querem que você lhes dê um presente e diga: "O vendedor da loja disse que você gostaria disso." Embora você satisfaça a sua ânsia de curto prazo por mais, também lembra aos entusiastas que não faz parte do grupo. Se não é um de nós, você nos decepciona, faz com que nos sintamos marginalizados ou, no mínimo, como um fracasso por não conseguir convencê-lo das alegrias de nosso entusiasmo.

Entusiastas são *entusiasmados*! Isso significa que queremos contar para todos. Significa que queremos que outras pessoas também "entendam" o que sentimos. Queremos que as organizações de quem compramos se sintam como nós, se importem tanto quanto nós com as experiências, os produtos e os processos. Queremos que nossos amigos e fãs não só nos comprem um aquecedor de câmbio para a Ferrari, mas pesquisem primeiro, comparem os diferentes aquecedores, entendam as diferenças e façam a mesma escolha (óbvia) que faríamos.

---

12 Termo japonês para definir pessoas com interesse especial em animes e mangás. [N. da T.]

Quando você leva uma *chowhound*[13] para jantar (é como chamamos entusiastas de bons e autênticos restaurantes), ela quer saber se você se importa tanto quanto ela com a escolha — não que escolheu o restaurante mais próximo da lista do Zagat[14]. Quando você projeta um produto para um videófilo, ele quer saber que você gastou tantas horas olhando para a tela quanto ele.

Visite o site de Steve Deckert, Decware, e terá certeza de que ele é um verdadeiro entusiasta. Isso é diferente de comprar de algum conglomerado de tecnologia invisível. É uma razão pela qual pequenas empresas como essa se saem muito bem com os primeiros seguidores com *otaku*. Compramos dele porque ele é como nós. Ele é um de nós.

Assim, o que você deve fazer se quiser vender a uma entusiasta ou comprar um presente de Natal para ela? Ela não vai se importar com preços baixos, ótimo atendimento ou gentileza. Vai ser exigente. Estará ciente das possibilidades. E não vai facilitar para você. Se ela o fizesse, não seria uma entusiasta, seria?

Receio que você terá de se tornar um entusiasta. Se for importante lidar com pessoas com *otaku*, você precisa ter um pouco disso em si.

ERVA (NÃO, NÃO ESSE TIPO)

Você tem um jardim?

Sabe, aquele trecho verde supérfluo diante de sua casa? Esse tipo de jardim.

Acontece que os jardins eram praticamente desconhecidos nos Estados Unidos até pouco depois de 1850 e foram inventados no Reino Unido não muito antes disso.

O motivo para um jardim? Mostrar desperdício. Um gramado diz aos vizinhos que você tem condições de desperdiçar terreno, água e

---

13 Alguém que gosta de comer e come muito. [N. da T.]

14 Guia de restaurantes e entretenimento dos Estados Unidos. [N. da T.]

tem uma equipe de empregados para mantê-lo bonito (visite http://www.americanlawns.com/history/history_lawn.html para ver todos os detalhes gloriosos. Conteúdo em inglês).

O marketing dos jardins é o verdadeiro marketing. Não anúncios inteligentes que interrompem, mas uma ideia que se espalha e fica. Como a Starbucks. Ou o e-mail. O desafio enfrentado pelas indústrias e organizações é criar ideias que vêm com o marketing integrado.

Você não tem um jardim para seus filhos jogarem futebol. Você o tem para que sua esposa não grite com você, constrangendo a família na frente dos vizinhos.

Divirta-se aparando a grama.

ESCALANDO PENHASCOS (POR FAVOR, NÃO CAIA)

Hoje, recebi planos de negócios de dois amigos diferentes.

Ambos são grandes pensadores, empresários completos e destinados à grandeza. E os dois planos apresentaram exatamente o mesmo problema. É um problema que está se tornando muito comum — para produtos e serviços, online e offline. O problema é causado por nosso mundo conectado, pela busca da Vaca Roxa e a meta de atingir o Ponto da Virada.

Antigamente, havia praticamente uma única forma de desenvolver um negócio. Começar pequeno, ganhar algum dinheiro, crescer um pouco, repetir. Ao longo do tempo, você poderia encontrar o caminho para a grandeza. Investidores de risco podem ajudá-lo a dar a partida, claro, mas angariar US$100 milhões ou US$400 milhões para pular todos os passos do caminho para a grandeza é mesmo raro.

A Procter & Gamble começou pequena. Eles vendiam sabonete Ivory, depois Crisco e, aos poucos, passo a passo, fizeram a empresa crescer.

Sua empresa precisa funcionar quando pequena a fim de sobreviver até o ponto de se tornar grande.

Uma revista, por exemplo, não pode ter um plano de negócios que diga que só poderá aceitar anúncios quando se tornar maior do que a *Time* ou a *Newsweek*. Uma nova tecnologia não decolará se seu plano de negócios diz que só será lucrativa quando se tornar um padrão na indústria.

O Dolby Digital é uma exceção, daquela que todos gostam de se lembrar. Ele funciona porque é adotado por toda a indústria de áudio (projetores, processadores etc). Mas teve de chegar lá.

Eu chamo um negócio que depende de vencer no final do ciclo de seu sucesso de "negócio penhasco". Esse é um negócio que não se inclina para o alto, mas que avança na horizontal até, milagrosamente, atingir uma massa crítica e, de repente, dominar o mundo.

Em nosso mundo interconectado, negócios penhasco são algo a observar. O eBay ou a Microsoft, por exemplo, são negócios penhasco, monopólios naturais que funcionam quando todos os usam. Esse é um dos melhores bens do eBay — todo mundo quer usar o sistema que todo mundo está usando.

O problema é que é quase impossível montar um negócio penhasco. O padrão *Bluetooth*, por exemplo, é algo ótimo — já que todos os celulares e notebooks o usam. Mas foram necessários mais de cinco anos de elevadas despesas para criação de padrões, reuniões, comissões e comitês antes mesmo de ele começar a decolar. Se o *Bluetooth* fosse uma empresa, teria desaparecido há muito tempo.

Os melhores negócios online começaram com pouco alarde (Blogger ou ICQ, por exemplo). Eles não gastaram uma fortuna tentando intencionalmente escalar o penhasco. Fazê-lo de propósito é realmente difícil. Este é um motivo pelo qual você não quer que seus filhos cresçam querendo ser compositores que tentam criar músicas que ocupam o Top 40 das paradas de sucesso. É uma coisa ótima quando você consegue, mas não se pode contar com isso.

Assim, se seu produto, serviço ou empresa só gerar problemas até ficar grande, acho que é melhor escolher algo diferente para lançar. Algo notável, barato e com probabilidade de fazer os clientes e investidores felizes muito antes de você chegar ao penhasco.

ESPECTRO — É O NOSSO OU O DELES?

Faça-me parar se já ouviu isto, mas a internet sempre traz essas duas questões à nossa atenção e elas parecem se unir cada vez mais.

A Sinclair Broadcasting tentou usar o espectro (nosso espectro) para transmitir mensagens políticas em suas estações. Outra vez, independentemente de nossa política, acho que precisamos fazer a seguinte pergunta:

"De quem é o espectro?"

Os computadores reinventaram completamente o que podemos fazer com uma fatia de espectro. Na banda larga que a sua filiada da CBS usa, podemos facilmente transmitir dezenas de canais de informações digitais. Podemos criar acesso grátis à internet em todo o país. Mas ele fica ali, intocado, porque a FCC licenciou esse espectro anos atrás. E deve continuar assim só porque alguém construiu um negócio ao redor dele?

E se decidíssemos usar o espectro de modo a beneficiar a todos, não apenas as empresas de mídia? Por exemplo, por que não exigir que todos que transmitem em ondas sonoras públicas dediquem uma hora todas as noites a programas e comerciais de interesse público? Com todo esse estoque, o custo de um candidato à presidência pode ser perto de zero (todas as suas compras de mídia seriam gratuitas).

O que nos leva de novo à questão dos direitos autorais, que sempre conseguem me criar problemas. De quem é o direito autoral? Para que serve?

Por que não ter patentes que durem cem anos? Isso não ocorre porque sabemos que permitir que uma patente passe a domínio público facilita beneficiar a sociedade. Outras invenções podem ser baseadas nessa primeira ideia.

Então, por que não fazer direitos autorais que durem cinco anos, não cem? Direitos autorais de cinco anos não reduziriam em muito o incentivo de fazer um filme ou escrever um livro, certo? Ao observar as vendas de meus livros, posso dizer que a maior parte delas ocorre nos primeiros cinco anos. Claro, Harper Lee seria prejudicada no longo prazo, mas isso a teria impedido de escrever O *Sol é para Todos*?

O objetivo do direito autoral é simples: encorajar pessoas a criarem coisas que valham a pena ser vistas e usadas, e não proteger as pessoas que já criaram algo. E, *certamente*, não proteger as empresas que comercializam filmes ou publicam livros.

Ambos os casos são iguais: nosso espectro ou nosso acesso a ideias são reféns de grandes empresas que dependem do status quo. A capacidade de nossa cultura em desenvolver ideias depressa e então transmiti-las para públicos cada vez maiores é um componente fundamental de nosso sucesso. *Por que 98% de nós ficamos à toa enquanto grandes empresas que não se importam conosco legislam contra nossos interesses?*

ESTAGNAÇÃO

Eles querem melhorar o supermercado perto de casa. Eles planejam oferecer estacionamento gratuito a todos que querem comprar na vila (onde não há estacionamento gratuito). Eles querem oferecer mais produtos frescos e alimentos orgânicos, além de uma seção aprimorada de alimentos gourmet prontos. Eles também querem comprar um lote não usado onde uma concessionária de carros está abandonada há anos, e eliminar a rua pouco usada que congestiona o tráfego.

A cidade está revoltada!

Há petições em todos os lugares. As pessoas estão indignadas. Chocadas. Isso vai arruinar tudo.

Parece que é fácil ser contra mudanças.

Há um depósito de lixo tóxico em minha cidade, coroado por um velho reservatório de água enferrujado e abandonado. Existe até um comitê para proteger o reservatório, sob a alegação de que ele significa uma parte importante de nosso legado (tóxico).

Mais uma: o estado de Nova York lutou anos (e gastou milhões em ações judiciais) para manter uma lei que é definitivamente ridícula — que somente vinhedos do estado poderiam vender online e pelo correio. Acho que, de algum modo, os vinhedos do estado evitariam vender para menores de idade, mas não os da Califórnia, por exemplo.

No dia depois que a Suprema Corte dos EUA derrubou a lei, nosso estimado governador disse que era mesmo a favor de mudá-la. Grande coisa. O mundo não acabou.

Por que é tão fácil proteger o status quo, mesmo quando ele não é tão bom?

Isso tem a ver com a descontinuidade na curva de ganhos e perdas. Pense nisso dessa forma:

Quanto você pagaria por uma chance extremamente improvável de ganhar US$100 milhões? As chances são de 1 bilhão para um. Aposto que você estaria disposto a pagar uma quantia simbólica. Talvez um dólar. Eles chamam isso de bilhete de loteria.

Agora, por quanto você venderia um tiro no escuro (com chances a seu favor — 100 bilhões para um), onde se certo número ganhasse, você teria de se desfazer de tudo que possuísse?

Calcule que você perderia bens no valor de US$1 milhão. Agora, antes de responder, lembre-se de que a quantia que perder é só 1% pela qual estaria disposto a pagar um dólar para ganhar. A resposta matemática racional não é mais do que um centavo. Claro, ninguém venderia esse bilhete por um centavo. A maioria não o venderia por US$1 mil. Pegar US$1 mil para uma chance de cem bilhões em uma o levará à falência? De jeito nenhum.

O medo de perder é muito maior do que o desejo de ganhar. A menos que seja cuidadosamente oculto em uma história, é assim que nos sentimos. Somos humanos, não Vulcanos.

Se eu administrasse o supermercado Stop & Shop perto de casa, blefaria. Colocaria escavadeiras e bolas de demolição na cidade e diria a todos que demoliria minha loja não mais lucrativa e deixaria o estacionamento cheio de tijolos e correria para a loja de vinhos enquanto usava meu estacionamento.

A indignação seria tanta que eu não teria dificuldade para fazer a cidade aceitar uma pequena melhoria.

Nem toda mudança é boa. Não mesmo. Mas a oposição irracional a ela é pior. O marketing trata de mudanças. Com frequência, um bom jeito de vender mudanças não é com a promessa de ganhos. É com o medo da perda. Triste, mas é verdade.

FAÇA MENOS

Anos atrás, quando estava começando minha primeira empresa, eu acreditava em duas coisas: "Sobrevivência é sucesso" e "Pegue o melhor projeto que conseguir, mas pegue um projeto". Eu calculei que se estivesse sempre ocupado e conseguisse evitar erros graves, cedo ou tarde tudo daria certo.

A maioria das organizações, grandes ou pequenas, opera sob a mesma perspectiva. À medida que contrata mais empregados, existe a pressão de manter todos ocupados. Claro, se você está ocupado, há uma grande necessidade de contratar ainda mais pessoal, o que faz o ciclo continuar.

Se sua meta é ser grande, não há dúvidas de que aceitar todo trabalho que puder faz sentido. Precificar visando às massas, construir a maior fábrica e avançar o mais depressa possível é mesmo a melhor forma de ser grande.

E se grande for igual a bem-sucedido, você está feito.

Contudo, muitos de nós compreenderam que grande não é sinônimo de bem-sucedido. Começamos a ver que menos mulheres estão dispostas a fazer de tudo para chegar ao alto escalão ou se tornarem sócias do escritório de advocacia. Talvez porque elas redefiniram o sucesso.

Talvez você deva ser muito mais exigente com o que faz e para quem o faz.

Dan, um empreendedor imobiliário que conheci recentemente, disse-me que ele faz um novo investimento por ano. Não é incomum que sua concorrência feche de dez a cem negócios no mesmo período. Mas o que Dan disse realmente fez sentido: "Todo ano, avaliamos milhares de negócios. Uma centena é bastante boa. Um deles é ótimo." Ao fechar apenas os grandes negócios, Dan consegue ganhar muito mais dinheiro do que se fechasse todos. Ele pode escolher o melhor, porque sua meta não é quantidade.

Ou pense no arquiteto que projeta apenas alguns grandes edifícios por ano. É óbvio que ele precisa mergulhar fundo para apresentar um trabalho de qualidade suficiente para ganhar essas comissões. Mas ao não lotar sua vida e sua reputação com uma série de projetos baratos e monótonos, ele realmente aumenta suas chances de conseguir grandes projetos no futuro.

Quantos bacharéis recém-formados aceitam o primeiro emprego que é "bom o suficiente"? Um emprego bom o suficiente o deixa ocupado de imediato, mas também o coloca a caminho de uma vida inteira de empregos bons o suficiente. Investir (não "gastar") um mês ou um ano em estágios de destaque pode mudar sua carreira para sempre.

Dê uma olhada na sua lista de clientes. *O que aconteceria se você deixasse de atender metade deles*? Se você deixasse os que atrasam o pagamento, criam dificuldades, fazem com que trabalhe em projetos limitados e que raramente são fonte de recomendações positivas, seu negócio iria melhorar? Mesmo em nossa economia incerta, é muito fácil responder a essa pergunta com um sim.

E se você demitisse metade dos funcionários? Dê um aumento de 50% para os melhores e ajude os outros a encontrar empregos em que possam realmente prosperar. A menos que você produza uma commodity como petróleo ou bolas de bilhar, não está claro que vender mais para um público cada vez maior é a melhor forma de atingir o sucesso que procura. Quando suas despesas gerais caem, a pressão de aceitar trabalhos insatisfatórios com funcionários inadequados desaparece. Você fica livre para escolher projetos que o satisfaçam.

"Projetos." Uma palavra engraçada se usada trinta anos atrás, mas que faz todo o sentido hoje. Há trinta anos, ainda estávamos aperfeiçoando nossas fábricas. Tudo era parte de uma linha de montagem. Hoje, porém, estamos no negócio dos projetos. Quase todos nós trabalhamos em projetos, mas não pensamos muito em que projetos escolher.

Quando eu era criança, os bufês da cidade anunciavam "tudo o que você conseguir comer!" Hoje, eles dizem: "tudo o que quiser comer". Há uma grande diferença. Você só janta uma vez ao dia, e a maioria de nós é esperta o bastante para não comer mais só porque é gratuito. Assim, enquanto está na fila, deve perguntar a si mesmo: "Vou comer isso... ou aquilo?" Você não pode ter tudo.

O mesmo se aplica à nossa vida profissional. Não podemos ter tudo. Tentamos e não funcionou. Mas descobrimos que abandonar aquele último projeto não só faz nosso lucro aumentar, mas também pode melhorar extraordinariamente o resto de nossas vidas.

FAZENDO A COISA CERTA

Digamos que um influente senador dos EUA acuse sua empresa de banco de dados de ter "uma grave falha de segurança que arrisca tornar milhões de norte-americanos vítimas involuntárias de roubo de identidade".

E digamos que ele mostre fotografias e dados de personalidades que vão de Arnold Schwarzenegger a Paris Hilton. Ei, até as celebridades correm risco!

Você criaria uma declaração escrita que diz: "(nossos) termos de uso que restringem acesso vão além da lei federal e dos atuais padrões da indústria"?

Que reunião gerou esse tipo de declaração? Será que as pessoas dessa empresa realmente acreditam que os consumidores se importam com "padrões atuais da indústria" ou com "lei federal"? Acharam que o problema desapareceria?

E, mais importante, será que nenhuma pessoa na reunião disse: "Ei, nós também somos pessoas com identidades. Vamos fazer a coisa certa. Vamos anunciar que corrigiremos o problema de segurança em três semanas?"

FEEDBACK, COMO CONSEGUIR

Não tem a ver com você.

Não tem a ver com você.

Não tem a ver com você.

Tem a ver *comigo* (claro).

A Amazon, com boas intenções, enviou-me uma mensagem oferecendo um vale-presente de US$5 se eu respondesse uma breve pesquisa sobre seu programa de associados. É bom eles pedirem feedback. É bom para eles recompensarem as pessoas.

Assim, visito o site e descubro não uma, três ou dez perguntas de múltipla escolha.

Sessenta e três.

Que tipo de pessoa fica sentada respondendo a 63 perguntas de múltipla escolha?

Que base científica tem o feedback se vem só de pessoas que respondem às 63 perguntas?

Que ação concreta a Amazon pode tomar com toda essa bobagem estatística detalhada?

Não seria mais útil apenas pedir, "Diga-nos três coisas de que gosta mais (ou menos) sobre nosso programa e como o aperfeiçoaria."

Então, peça que uma pessoa real, franca e direta leia cada resposta e escreva de volta.

Convide cem pessoas para a pesquisa. Depois mais cem. Cem por semana durante um ano. Você vai aprender muito.

Essa é minha pequena contribuição.

FEEDBACK, COMO DAR

ııı

É muito mais provável perguntarem a opinião de meus leitores do que a de um trabalhador comum. Frequentemente, pedem a eles para aprovar, melhorar e adaptar coisas que estão prestes a ser lançadas no mercado. E, mesmo assim, se você for como a maioria das pessoas, não é muito bom nisso.

A fim de promover a sua carreira, deixar seu dia mais divertido, melhorar o trabalho de seus colegas e, em geral, melhorar em muito a minha vida, gostaria de lhe dar um feedback sobre como dar feedback. Como sempre, as ideias são simples — o difícil é implementá-las.

A primeira regra para um ótimo feedback é: ninguém liga para a sua opinião.

Eu não quero saber como se sente nem ligo se você compraria, recomendaria ou usaria. Você não é meu mercado. Não está no meu grupo focal.

Em vez de sua opinião, eu quero a sua *análise*. Não me interessa ouvir você falar, "Eu nunca escolheria essa caixa". Mas seria de grande valia se você, em vez disso, dissesse: "Os três últimos produtos de sucesso custavam menos que US$30. Há alguma razão para você pedir US$31 nestes?" Ou "Analisamos este mercado no ano passado e não achamos que haja espaço suficiente para concorrermos. Dê uma olhada nessa planilha." Ou ainda "Essa fonte parece difícil de ser lida. Há um jeito de fazer um teste rápido e verificar se outra fonte funciona melhor para nosso público?"

Fazer uma análise precisa é muito mais difícil do que dar uma opinião, porque todos têm direito a seus próprios gostos (independentemente do quanto possam ser estranhos). Contudo, uma análise falha é fácil de derrubar. Mas mesmo que seja assustador contribuir com sua análise para a proposta de um colega, ainda é absolutamente necessário.

A segunda regra? Diga a coisa certa no momento certo.

Se lhe pedem para comentar o primeiro rascunho de uma proposta que talvez chegue ao escritório do presidente, esse não é o momento de apontar que "muitasvezes" são duas palavras, não uma. É melhor que um especialista revise o texto só uma vez no final. Embora pareça que você está contribuindo com comentários sobre detalhes triviais, não está. Em vez disso, descubra que tipo de feedback terá o efeito mais positivo no resultado final e contribua agora.

Ainda pior, é claro, que o comentário chato prematuro é a observação tardia com o efeito de um balde de água fria. Se você criou um projeto detalhado para uma nova fábrica em Hoboken, Nova Jersey (e negociou todas as variantes e integrou os aspectos paisagísticos), a hora de dizer que está pensando em mudar a fábrica para Secaucus foi seis meses atrás, não na véspera de iniciar a obra.

A terceira regra? Se tem algo legal para dizer, diga.

Eu venho trabalhando com uma pessoa há cerca de um ano e em todo esse tempo ele nunca iniciou um feedback com "Esse foi mesmo um trabalho fantástico", ou "Uau! Esta é uma das melhores ideias que ouvi ultimamente". Destacar as partes de que você gostou mais não é só dourar a pílula. Fazê-lo atende a vários objetivos. Primeiro, nos coloca no mesmo lado da batalha, tornando mais provável que sua crítica construtiva realmente seja implementada. Se você puder iniciar vendo o projeto através de meus olhos, terá mais probabilidade de analisar (aí está a palavra, de novo) a situação de um jeito que me ajudará a atingir minhas metas. "Acho ótimo você querer melhorar seus padrões de qualidade. Vejamos se a adição de pessoas que você diz que a iniciativa exige é mesmo necessária e se começar o seu relatório com necessidade de mão de obra é a melhor forma de fazer com que ele seja aprovado pela gerência sênior."

O outro benefício é que essa abordagem tornará provável que eu o procure para novos feedbacks no futuro. É fácil interpretar a ausência de feedback positivo como ausência de aprovação ou entusiasmo. Por fim, ser legal com as pessoas é bom.

Se eu não o intimidei com as outras regras, aqui vai a última: dê-me seu feedback, não importa a situação.

Não importa se eu ignorei seu último feedback (talvez porque você deu uma opinião, não uma análise). Não importa se você tem receio de que a sua análise seja um tanto imprecisa. Não importa se é a pessoa menos poderosa na sala. O que importa é que você é inteligente; entende algo sobre a organização, o ramo de atividades e o mercado; e a sua análise (no mínimo) pode ser a semente de uma ideia que me direcione a um caminho totalmente diferente.

FLUFFERNUTTER

▮▮▮

Eu estava servindo algumas porções de Marshmallow Fluff (Marshmallow de colher) ontem (é um produto *fantástico*) e vi a receita de Fluffernutter no verso da embalagem. O que *essa* receita lhes conseguiu? É quase tão bom quanto pôr fermento em pó na geladeira (para eliminar odores). De repente, existe um motivo para toda casa com crianças ter Fluff em estoque, o tempo todo. O Fluffernutter o transforma de cobertura de sobremesa em um artigo de primeira necessidade.

Você acha que pode inventar um novo uso para o seu produto?

FUNCIONALIDADE

▮▮▮

Na Amazon, hoje você pode pesquisar os *conteúdos* dos livros, não só os títulos. Essa inovação custa milhões de dólares e anos de esforço à empresa. Por que se dar ao trabalho? Por que *funcionalidade é o novo marketing.*

Como a Amazon cresceu tanto e ficou tão lucrativa e importante? Não interrompendo pessoas que não querem ser interrompidas. Interagindo com as pessoas. Interações são milhões de vezes mais potentes que interrupções.

GMAIL

O Gmail foi a grande chance do Google de mudar a estrutura da web anônima. E se o Google decidisse que uma conta de Gmail custaria US$1 em vez de oferecê-la gratuitamente? E se você tivesse de usar um cartão de crédito válido para pagar por ela?

E, mais ainda, e se seu endereço de e-mail do Google tivesse que incluir seu verdadeiro nome?

E se a transgressão das regras antispam do Google (suponho que ele teria algumas) custasse US$20 por incidente?

De repente, o correio do Google se tornaria padrão ouro. As pessoas ficariam satisfeitas em passar pelos filtros de spam. Você confiaria nele. As pessoas desconfiariam de qualquer um que usasse outro serviço de e-mail ("O quê, você tem receio de validar a sua conta?").

Isso é o que eu faria.

GUILHOTINA OU GRELHA?

Meu primeiro emprego foi limpar a gordura da grelha para *hot dogs* no Carousel Snack Bar perto de casa, em Buffalo, Nova York. Na verdade, não era uma grelha. Era uma série de pregos que giravam sob uma lâmpada. Eu também tinha que fazer o café e varrer o local todas as noites. Logo ficou evidente que eu não tinha um grande futuro no ramo de alimentos.

Eu não tinha que tomar muitas decisões no emprego. E a gerente da loja realmente não esperava iniciativa de mudanças de minha parte. Na verdade, ela não queria que ninguém fizesse mudanças. (Minha sugestão de que ampliássemos e vendêssemos *frozen yogurt* foi ignorada, assim como minha ideia de que ficaria muito mais barato assar as salsichas a pedido do que mantê-las na grelha debaixo da lâmpada o dia todo.)

Ela acreditava que qualquer mudança, qualquer inovação, qualquer risco levaria a algum tipo de resultado terrível.

Depois de atingir o recorde de quebrar três jarras de café em um turno, minha carreira no ramo de alimentação chegou ao fim. Eu estava na rua, desempregado na tenra idade de 16 anos. Mas aprendi muito nesse primeiro emprego — e essas lições continuam a ser reforçadas.

Quase todos os dias vou a uma reunião onde encontro minha chefe da lanchonete. Bem, não é exatamente ela. Mas é alguém igual: uma funcionária corporativa de médio escalão tentando desesperadamente conciliar o status quo com um desejo intenso de sobreviver. Minha chefe não queria colocar o emprego em risco. Encarava cada dia e cada interação não como uma oportunidade, mas como uma ameaça — uma ameaça não para a empresa, mas para seu próprio bem-estar. Se ela tivesse um lema, seria "Não Estrague Tudo".

Em seu negócio, ela enfrentava duas opções: morrer pela guilhotina, uma morte horrível, mas rápida, ou perecer na grelha — que é um jeito igualmente doloroso de partir, se não mais, com a garantia de deixá-lo mortinho da silva. Mas em seus pesadelos, só uma dessas duas opções a preocupava muito — a guilhotina.

Devo admitir. Já tive o mesmo sonho.

Você já passou uma noite preocupado com o que seu chefe (ou corretor de ações, ou um grande cliente) lhe diria na reunião da manhã seguinte? Já se preocupou com alguma catástrofe iminente? Esse é o medo da guilhotina.

Mas quase ninguém se preocupa com a grelha. Não ficamos apreensivos com uma demissão que acontecerá daqui a dois anos se não migrarmos nossos sistemas antes da concorrência. Não temos medo de estagnar e morrer lentamente. Não, temos medo da morte súbita, mesmo que a guilhotina provavelmente seja um jeito melhor de morrer.

Recentemente, por convite do presidente de uma empresa, visitei sua filial de Chicago. Essa empresa tem um nome conhecido, é uma gigante do setor de serviços financeiros. E seus funcionários sabem que a internet representa uma grande ameaça ao seu futuro.

Quando chego, vejo todos muito sérios. Todos fizeram sua lição de casa. Todos tomam notas e fazem perguntas. Primeiro, parece que estão fazendo tudo certo para se preparar para o futuro. Eles têm uma força-tarefa para a internet que se reporta diretamente ao presidente. E uma função de destaque: muitos funcionários seniores estão na equipe e praticamente todo departamento da empresa tem um representante nela.

A equipe contrata consultores, constrói protótipos, cria modelos de negócios e, em geral, trabalha duro para preparar a empresa para o próximo século.

Faço minha palestra e os membros da equipe me convidam para assistir à apresentação do chefe de marketing da companhia. Sentamo-nos em uma grande sala de conferências com vista fantástica para o lago, o jogo de chá de prata em um aparador, e blocos amarelos com o logo da empresa diante de todos.

Depois da apresentação — que se parece demais com uma estratégia da internet de última geração de aproximadamente 1996 —, perguntam-me o que acho.

Olho em volta e então percebo que cada pessoa na sala espera que eu diga a mesma coisa. Eles querem ouvir: "Ei, vocês estão superpreparados para a internet. Não se preocupem com isso." Querem ouvir: "Ei, essa coisa da web não é uma ameaça ao seu modelo de negócios. Vocês não precisam mudar uma vírgula." Querem ouvir que tudo ficará bem.

E o que é realmente triste e surpreendente é o fato de que eles não se importam se estou errado. Tudo bem com a ideia de que a empresa pode acabar como Waldenbooks, CBS, Sears ou qualquer outra companhia grande e burra — contanto que não tenham de mudar *agora*.

O que está acontecendo aqui? Acabo de me encontrar com um grupo de pessoas inteligentes, agressivas e bem remuneradas que controlam bilhões de dólares em ativos e uma das melhores marcas do mundo. No entanto, sabiam que fracassariam e não poderiam fazer nada a respeito. Todas tinham aceitado um sistema em que está tudo bem falhar no quadro geral — contanto que pequenas falhas não ocorram agora.

Sejamos honestos.

Ninguém gosta de mudanças.

HÁ INSUFICIÊNCIA DE ESCASSEZ

O que vale mais: uma pilha de ouro ou uma pilha de sal? Em toda a história, muitas pessoas escolheram o sal. Ouro é bonito, mas não se vive sem sal, e quando ele esteve mais escasso do que o ouro, tornou-se valioso o bastante para ser usado como moeda de troca. (A palavra "salário" até está relacionada à palavra "sal", em latim.)

Hoje, é claro, o sal não vale quase nada. Se tivermos de escolher entre um monte de sal e um monte de ouro, a opção seria o ouro, sempre, porque existe em menor quantidade.

Parece que a escassez tem a ver com valor.

Deus sabe, estamos ficando sem muitas coisas importantes — água potável, tempo livre, ar puro, camada de ozônio e liderança honesta, só para citar algumas. Ao mesmo tempo, temos de nos preocupar com algo que afetará praticamente todos os negócios em que posso pensar. Estamos ficando sem escassez.

A escassez, afinal, é o pilar de nossa economia. A única maneira de lucrar é comercializando algo que é escasso. Por isso as indústrias da música e do cinema estão aterrorizadas com os milhões de pessoas que fazem download de entretenimento da internet todos os dias. Os downloads ameaçam tornar a oferta praticamente ilimitada, o que tornaria a oferta de gigantes da música e do cinema tão valiosa quanto a de alguns garotos da minha rua que recentemente tentaram administrar um estande de venda de lama fresca.

Parece que quando uma categoria é bem-sucedida, a precipitada corrida para copiá-la é mais forte (e rápida) do que jamais foi. Na semana passada, uma mulher que participou de um seminário em meu escritório estava desesperada para encontrar um meio de melhorar seu negócio de corretagem de hipotecas. Arruinei seu dia quando sugeri que fechasse a empresa e tentasse algo diferente. Há vinte anos, a maioria das hipotecas era feita no banco local. Esses bancos plantaram a semente de sua obsolescência quando eliminaram o julgamento da emissão da hipoteca. Quando puderam automatizar a aplicação da hipoteca, todos os demais também puderam. Assim, corretores de hipotecas usaram suas baixas despesas gerais e seu rápido entendimento e roubaram o negócio. Hoje, há uma quantidade infinita de corretores, todos oferecendo essencialmente o mesmo serviço. O resultado é que não há escassez e tampouco lucro.

Naturalmente, não se trata só de imitações. Enquanto há mais de 500 mil advogados praticando a profissão nos Estados Unidos agora, há (pasmem!) mais 125 mil nas escolas. Não importa o que você ache dos advogados criarem cada vez mais trabalhos para cada vez mais advogados, não há dúvidas de que, com tantos deles, dificilmente são escassos.

O mesmo se aplica a médicos, lojas de camisetas, restaurantes de sushi, fabricantes de tachinhas e marcas de CD-ROMs virgens. Há uma centena de marcas importantes de água engarrafada. Alguém abriu uma sorveteria sofisticada em Manhattan e logo havia seis.

Se o item for remotamente digital (como música), então é fácil imitá-lo. E se é fácil imitá-lo, alguém vence se conseguir replicar o original — quanto antes, melhor. Quando alguém começa a vender exatamente o que você vende, mas pela metade do preço, quanto tempo a sua vantagem de bom atendimento, pioneirismo e gentileza irá durar?

A Zara, loja europeia de roupas de rápido crescimento, pode imitar uma nova moda antes que o designer original a leve às lojas sofisticadas. De repente, o original parece ser a cópia.

Então, como lidar com a falta de escassez?

Bem, a pior estratégia é se lamentar — sobre leis de direitos autorais, comércio justo e quão duro você trabalhou para chegar onde está. Choramingar raramente é uma resposta bem-sucedida para qualquer coisa. Em vez disso, comece reconhecendo que a maioria do lucro de seu negócio desaparecerá em breve. A menos que você tenha uma vantagem de custo significativa (como a Amazon ou o Walmart), alguém com nada a perder oferecerá um produto similar por menos dinheiro.

Então, o que está escasso hoje? Respeito. Honestidade. Bom julgamento. Relacionamentos longos que levam à confiança. Mas nenhum desses aspectos garante a fidelidade diante da concorrência acirrada. Assim, a esta lista eu acrescentaria o seguinte: a estrutura de custos insanamente baixa baseada na terceirização de tudo, exceto do insight de sua empresa sobre o que os clientes realmente querem comprar. Se o trabalho é monótono, deixe outra pessoa fazê-lo mais depressa e barato do que você conseguiria. Se seus produtos são entediantes, acabe com eles antes que a concorrência o faça.

Por fim, escasso é esse tipo de coragem — que é exatamente o que você pode trazer ao mercado.

HEINLEIN

"Cresceu na mente de certos grupos neste país a ideia de que só porque um homem ou uma corporação lucrou com o público durante vários anos, o governo e os tribunais têm a responsabilidade de garantir esse lucro no futuro, mesmo diante de mudanças nas circunstâncias e contra o interesse público. Essa doutrina estranha não é apoiada por nenhum estatuto ou pelo direito comum. Tampouco corporações ou indivíduos têm o direito de ir aos tribunais e pedir que o relógio da história seja parado ou atrasado."

Eu gostava de ler Robert Heinlein quando jovem. Talvez devesse recomeçar.

HERSHEY (SEM BEIJOS)

Hershey, Pensilvânia, é o epicentro do chocolate barato. Mais que isso, porém, demonstra um princípio realmente importante sobre design, estilo e busca pelo extraordinário.

O Hershey Park é o paraíso das montanhas-russas. Há as de madeira, as de metal, as que o deixam ensopado e as para crianças. Se o objetivo de um parque de diversões é oferecer muitas atrações, Hershey Park está com tudo.

Mas passar até mesmo uma hora no parque é exaustivo. Não é só entediante, é realmente desmoralizante. Parte disso se deve às imensas multidões, mas ei, é um negócio e eles ganham dinheiro vendendo ingressos, então estão em seu direito...

Há mais de dez anos, Philip Crosby mudou o mundo da produção com seu livro de título provocante *Quality Is Free* [*Qualidade é Gratuita*, em tradução livre]. O livro defende que é realmente *mais barato* fazer a coisa certa na primeira vez do que consertá-las depois.

Em outras palavras, você pode lucrar melhorando o seu produto. Embora isso pareça senso comum hoje em dia, naquela época não era assim. Nós fabricávamos produtos ruins porque era rápido e pensávamos que era barato. Os japoneses nos ensinaram que é ainda mais barato produzir coisas que funcionam.

Bem, a verdade é a seguinte: *estilo é gratuito*.

Deixe-me dar alguns exemplos do Hershey Park:

Cada atração tem algumas placas que você deve ler antes de subir. As placas são um gasto necessário, mas isso não explica porque são tão feias. Por exemplo, cada placa sobre segurança é ESCRITA TOTALMENTE EM CAIXA ALTA, COM POUCO ESPAÇO ENTRE AS LETRAS E UMA FONTE FEIA E DIFÍCIL DE LER. Outras placas são douradas, verdes, pretas. Praticamente todas as placas são diferentes umas das outras.

O custo de fazer uma placa atraente é exatamente zero. A mesma quantidade de tinta e de madeira. No entanto, se mais pessoas as lessem, os acidentes diminuiriam, as filas se moveriam mais depressa e a Hershey ganharia mais dinheiro.

Já que estamos falando de placas, eu fiz uma conta e existem (isso é verdade, pode verificar) mais de cem diferentes tipos de conjuntos de fontes usados em sinalização oficial de parques. Parado em um ponto da "Mining Town" (Cidade Mineira), vi mais de quarenta.

É como se tivesse havido um terrível acidente na fundidora de tipos na estrada. Imagine ler um livro, dirigir por uma rodovia ou fazer funcionar um carro que exibisse mais de quarenta conjuntos de fontes ao mesmo tempo.

Este método descentralizado, desrespeitoso de comunicação rapidamente se transforma em *falta* de comunicação.

O mesmo desleixo se estende à opção de pratos servidos, o design dos cardápios, os uniformes usados pelos funcionários e assim por diante.

O meu momento preferido (bem, talvez não o preferido) veio exatamente antes de nos afastarmos rastejando, derrotados. Em meio a todo o caos, uma banda de metais de seis instrumentos (incluindo uma pequena tuba) passou marchando, tocando o tema de *Havaí 5-O*.

Por que uma banda de metais? Por que ali? Por que *Havaí 5-0*? Não tenho ideia.

Em *A Vaca Roxa*, falei sobre ser extraordinário. O extraordinário é necessário ao marketing atual, porque produtos não extraordinários não são comentados e simplesmente desaparecem. O oposto de extraordinário é "muito bom", no mínimo.

Tentar com afinco não o torna extraordinário. Realizar um bom trabalho não o torna extraordinário. O que o torna extraordinário é ser incrível, notável, surpreendente, elegante e notório.

A Hershey gasta dinheiro (em atrações de milhões de dólares e bandas de metais) tentando ser extraordinária e mal consegue ser muito boa.

Não há estilo na Hershey. Não que seja *ruim* — há inúmeros exemplos de designs ruins que acabaram sendo tão diferentes que se tornaram bons (McDonald's, por exemplo). Não, acontece que eles são preguiçosos, burocráticos ou imobilizados. A Hershey não impacta como a Disney. Você não se lembrará dela depois de partir. Não falará sobre ela. Não conseguiria descrever a maior parte das experiências, mesmo que tentasse. Não há um paralelo para lhe dar um mapa mental do que você acabou de ver. Nenhuma hierarquia do que é importante e do que não é. Nenhuma vista para admirar quando está disparando a 160 km/h.

O engraçado é que esse raciocínio é consistente. O Hershey Hotel é tão *ungupatch* (Que ótima palavra ídiche! Ela significa "tudo junto e misturado", e a última sílaba rima com "botch".) quanto o parque. E os doces que a empresa faz são monótonos, não extraordinários e distintamente sem estilo. Compare isso com o fictício Willie Wonka[15] ou a muito real empresa Scharffen Berger.

A Hershey ganha dinheiro? Certamente. Ela ainda está lucrando por ter agido na hora certa e sido a primeira a produzir barras de chocolate para o mercado de massas, e lucrando ainda por ter feito anúncios de televisão quando estes realmente funcionavam. Mas esses dois momentos se foram e, daqui para a frente, é ladeira abaixo.

Então, qual é a lição? Se você tem um site na web, ele se parece com o Hershey Park? Se tem uma loja de varejo, ou qualquer tipo de negócio para o consumidor, ela é tão sufocante e monótona quanto o Hershey Park?

Por que estou importunando a Hershey? Porque eles são conhecidos, e é óbvio, e provavelmente isso não vai magoá-los. Mas a mesma falta de design e estilo está ocorrendo também na sua loja.

Design não é caro. Na verdade, é de graça. A Apple Store é o oposto da Hershey. Eis uma empresa com tanto estilo que às vezes chega a atrapalhar. Mas não na loja. Na loja, você pode usar quaisquer metros quadrados como o DNA para criar uma loja totalmente nova — e ela seria totalmente consistente com a original. Apenas uma olhada ao redor lhe diz onde você está e o que isso significa.

E daí? Uma grande porcentagem de visitantes de uma loja Apple não tem um Mac antes de entrar... mas tem quando sai. A loja não é só um espaço para trocar dólares por computadores, é um lugar para criar uma experiência genuína, emocional e duradoura com a marca. É tão legal que as pessoas voltam com os amigos.

---

15 Personagem de *A Fantástica Fábrica de Chocolate* [N. da T.]

O design, a iluminação, os carpetes, o layout — todas essas coisas — são caros? Nada, são gratuitos. A Apple teria que construir e acarpetar a loja de qualquer forma, e o custo está no planejamento e na coragem, não necessariamente nos acessórios.

A Hershey construiu uma loja muito mais sofisticada em Times Square. É uma das lojas mais eficientes (em vendas por metro quadrado) do mundo. Você pode encontrar o mesmo doce na farmácia a alguns metros, mas os preços na Hershey são três ou quatro vezes mais altos. Eles se deram conta de que podem vender o processo, as lembranças — a experiência — englobando o design.

A Disney World pode não ser seu lugar preferido (nem é o meu), mas uma estatística incrível revela algo. Todos os anos, mais de 20 mil noivas escolhem se casar lá.

Pense, quantas pessoas se casaram no fim de semana passado no Hershey Park?

HOJE, ATÉ AS AVÓS ENTENDEM A INTERNET

Sim, faz apenas dez anos. Dez anos desde a popularização da internet como uma ferramenta das massas.

E apesar da crise de 2000, aqui estão dez motivos para eu acreditar em uma iminente e significativa onda de sucesso das empresas e negócios ligados à internet, sem mencionar coisas muito legais para todos nós:

1. *Penetração:* há cinquenta vezes mais pessoas usando a internet agora do que há dez anos. Cinquenta vezes é um múltiplo que não se vê todos os dias.
2. *Banda Larga*: é fácil esquecer como era horrível surfar no modem. A prevalência da conexão de alta velocidade de banda larga significa que surfar é uma experiência muito mais natural, frequente e, no geral, melhor.
3. *Ferramentas:* você pode lançar praticamente qualquer serviço online com quase nenhuma programação personalizada. Changethis.

com demonstrou-me como a tarefa ficou fácil. Isso também significa que encontrar o melhor programador do mundo não é um componente crítico para *a maioria* dos serviços.

4. *Servidores:* quando o Google oferece um gigabyte de espaço de armazenamento sem custo aos usuários, prova que o espaço no servidor é essencialmente gratuito. Talvez você se lembre de que há apenas 10 anos, um *hard drive* de 3 gigas custava US$3 mil

5. *Wi-Fi*: a próxima geração de Wi-Fi será mais rápida, mas, mais importante, também terá um alcance amplamente melhorado. Isso significa, por exemplo, que todo o centro da cidade de São Francisco oferecerá Wi-Fi grátis. Com essa onipresença virão máquinas baratas, que aumentarão drasticamente a quantidade de surfistas e os colocarão em quase todos os lugares.

6. *Multimídia*: a web ainda está presa em um mundo ASCII, mas não por muto tempo. Adicione alguns milhões de câmeras de vídeo, 50 milhões de câmeras de celulares, todas as músicas gravadas, cada programa de TV e filme feitos, e o conteúdo de praticamente todos os livros de escola e ela rapidamente se torna interessante. Claro, alguns idiotas da RIAA e MPAA tentarão inventar mentiras para tentar impedi-la, mas a *jukebox* cósmica encontrará a câmara de vigilância em tempo real e a coisa acontecerá.

7. *Avós*: não é mais necessário explicar ao norte-americano comum (de qualquer geração) o que é essa "coisa de internet". O Google tornou o mundo seguro para os empresários. Não subestime a importância disso.

8. *Adolescentes*: a geração Yahoo! está agora tirando carteira de habilitação! Essas são crianças que cresceram sem enciclopédias, videocassetes ou LPs. Crianças que, completa e permanentemente, integraram a internet em suas vidas e estão prestes a ir trabalhar e frequentar a faculdade.

9. *Capital de risco:* Fred Wilson tem mais de US$100 milhões para investir em grandes empresas da internet. O mesmo ocorre com uma dezena ou mais outros (menos talentosos) capitalistas de risco. Considerando que hoje é necessário muito menos dinheiro (veja no 10 e no 3) isso significa que a busca por dinheiro não é o desafio.

10. *A morte da TV:* (Eu não seria Seth Godin se não mencionasse a morte da TV, seria?) Você sabe quem matou a primeira safra de startups estúpidas de serviços ao consumidor da internet, que valia US$100 milhões? A publicidade. Todos acreditavam que precisavam gastar milhões para criar uma marca. Hoje, temos a comprovação — cada sucesso (sem exceção!) da internet é um sucesso porque espalharam o vírus da ideia. Não são anúncios de TV. É "word of mouse"[16].

Alerta de hipérbole: por favor, perdoe-me se usei absolutos em excesso. Não, servidores e banda larga não são *gratuitos*. Não, a TV não está totalmente *morta*. Tudo faz parte de projetar alguns passos adiante. Mas você já sabia disso.

HOJE, SER PEQUENO É A GRANDE NOVIDADE

O que fazer quando se descobre o poder do pequeno?

Uma coisa é dizer: "Claro, hoje ser pequeno é ser grande." Outra é, de fato, fazer algo a respeito.

Nos últimos seis anos, eu tive exatamente um funcionário. Eu. Isso mudou minha vida profissional de um jeito imprevisível. As maiores mudanças foram:

1. Hoje o tipo de projeto "interessante" é muito diferente. Ele não precisa ser estratégico, escalável ou lucrativo o suficiente para alimentar toda uma divisão. Só precisa ser interessante, divertido ou bom para meu público.

2. O conceito de risco também é diferente. Posso escrever um e-book, lançá-lo de um jeito maluco e esperar para ver o que acontece. Posso criar um empreendimento pontocom com um modelo de negócios questionável e ver o que acontece. Como meus custos são nada se comparados ao de grandes organizações, não há limites no

---

16 Word of mouse — trocadilho com "word of mouth" [boca a boca] [N. da T.]

caminho pelo qual posso abordar algo (comparado a, por exemplo, uma editora, uma empresa pública ou uma multinacional).

Isso significa que pequenas empresas fazem só coisas pequenas? Claro que não.

E o empreiteiro que conheci, que trabalha sozinho e concorre com gigantes terceirizando agressivamente seu design e mão de obra?

E o arquiteto no fim da rua que triplicou sua renda depois de deixar uma grande empresa e agora aceita apenas tarefas de alta alavancagem de que realmente gosta?

Ou o advogado que deixou uma firma enorme, trabalha muito menos e realmente gosta do que faz pela primeira vez?

Uma querida amiga nossa deixou a firma de venda de artigos domésticos e agora inventa coisas, levando-as a serem produzidas em fábricas que não são dela e vendendo-as a varejistas ansiosos por coisas inovadoras e arriscadas. Ela não arrisca nada além de seu tempo, que agora é barato, porque trabalha sozinha.

Uma das implicações da Cauda Longa é que não se sabe o que vai funcionar. É fácil lançar produtos, mas difícil saber onde vão parar. Se você não precisa apostar tudo em cada lançamento, terá mais probabilidade de lançar mais e de modo mais aleatório, o que aumenta muito suas chances de acertar.

Então, o que fazer se comprar essa ideia? Pare.

Pare de querer participar da máquina, da teoria da engrenagem, do desejo de se encaixar e da mentalidade de maior-é-melhor.

Só cresça se isso lhe proporcionar alegria.

Em vez disso, desafie seus funcionários a serem freelancers.

Faça-o em um fim de semana até que isso não o assuste tanto.

Não se trata mais de acesso a dinheiro. Agora, trata-se de escolher o modelo certo e ser notável.

HOJE, SER PEQUENO É SER GRANDE!

∎∎∎

Ser grande era importante.

Grande significava economias de escala. (Você nunca ouviu sobre "economias do pequeno", ouviu?)

Anos atrás, as pessoas, geralmente rapazes, muitas vezes ex-fuzileiros, queriam ser CEOs de uma grande empresa. Afinal, eram as quinhentas melhores empresas da *Fortune* que as pessoas procuravam para fazer fortuna.

Grande significava poder, lucro e crescimento.

Grande significava controle sobre oferta e sobre os mercados.

Havia um bom motivo para isso. O valor era agregado de modo conveniente às grandes organizações. Era agregado com fabricação eficiente, distribuição ampla e grandes equipes de P&D. O valor vinha de centenas de operadores à espera e de orçamentos de publicidade de TV caríssimos. Vinha de uma imensa força de vendas.

Claro, não apenas grandes organizações agregavam valor. Aviões grandes eram melhores do que pequenos, por serem mais rápidos e eficientes. Grandes edifícios eram melhores que pequenos porque facilitavam as comunicações e usavam os terrenos do centro da cidade com bastante eficiência. Computadores maiores podiam lidar com mais usuários simultaneamente.

Fique Grande Depressa era o lema das startups, porque grandes empresas podem abrir o capital, encontrar mais acesso aos recursos e usá-los para ficar ainda maiores. Grandes empresas de contabilidade eram o lugar a ser procurado para fazer auditoria, porque uma grande empresa de contabilidade era confiável. Grandes firmas de advocacia eram o lugar para encontrar o advogado certo, porque grandes escritórios de advocacia eram o lugar para resolver todos os problemas.

E então o pequeno aconteceu.

A Enron (grande) foi auditada pela Andersen (grande) e falhou (em grande estilo). O World Trade Center foi alvo de um ataque terrorista. Os anúncios das redes de televisão (grandes) estão acabando tão depressa que é possível ouvi-los. A American Airlines (grande) está sendo derrubada pela JetBlue (pense pequeno). A Boing Boing (quatro pessoas) tem um público leitor crescendo cem vezes mais depressa do que o do *New Yorker* (cem pessoas).

Computadores grandes são uma tolice. Consomem muita energia e estão longe de serem tão eficientes quanto PCs da Dell adequadamente ligados em rede (pelo menos é o que usam no Yahoo! e no Google). As grandes caixas de som são substituídas pelos minúsculos iPod Shuffles. (É, sei que as TVs de tela grande sãos as estrelas do momento. Uma exceção à regra.)

Estou escrevendo em um notebook em um parque de skate que oferece Wi-Fi grátis para os pais surfarem na web enquanto esperam pelos filhos. Eles oferecem Wi-Fi grátis porque o dono quis. Levou apenas alguns minutos e US$50. Sem grandes reuniões, políticas corporativas ou estudos de viabilidade. Simplesmente implementaram isso.

Hoje, muitas vezes pequenas empresas ganham mais dinheiro que as grandes. Pequenas igrejas crescem mais depressa que grandes igrejas mundiais. Pequenos jatos são mais rápidos (ponto a ponto) que os grandes.

Hoje, a Craigslist (dezoito funcionários) é o site mais visitado no mundo, segundo algumas mensurações. Parte dela pertence ao eBay (mais que 4 mil empregados), que espera ficar na mesma liga em termos de tráfego. Eles certamente estão longe de crescer tão depressa.

Pequeno significa que o fundador está envolvido em uma porcentagem muito maior das interações com os clientes. Pequeno significa que o fundador está perto das decisões importantes e pode tomá-las depressa.

Hoje, ser pequeno é ser grande porque pequeno lhe dá flexibilidade para mudar seu modelo de negócios quando a concorrência mudar o dela.

Ser pequeno significa que você pode contar a verdade em seu blog.

Ser pequeno significa poder responder aos e-mails de clientes.

Ser pequeno significa que terceirizará as tarefas entediantes e de baixo impacto, como fabricação, faturamento e empacotamento, enquanto fica com todo o poder, porque você inventou algo notável e conta a sua história a quem quiser ouvir.

Um pequeno escritório de advocacia, de contabilidade ou uma agência de publicidade estão tendo êxito porque são bons, não porque são grandes. Assim, empresas pequenas e espertas ficam satisfeitas em contratá-las.

Um pequeno restaurante tem um dono que o cumprimenta pelo nome.

Um pequeno fundo de investimentos não precisa financiar ideias grandes e ruins a fim de colocar seu capital para funcionar. Pode fazer pequenos investimentos em minúsculas empresas com boas ideias.

Uma pequena igreja tem um pastor com tempo para visitá-lo no hospital, quando ficar doente.

É melhor ser o chefe da Craigslist ou da UPS?

Hoje, ser pequeno é ser grande *apenas* quando a pessoa que administra o pequeno pensa grande.

Não espere. Seja pequeno. Pense grande.

HORÁRIO DE VERÃO

A história se passa em ciclos que se repetem, a ponto de ficar um tanto monótona.

Um dos ciclos é a forma como os governos e organizações duradouras se unem para combater mudanças. Ele envolve pronunciamentos nas salas do Congresso; lobbies de setores consolidados; demonstrações explícitas de grupos religiosos marginais, ostensivamente representando as massas; decisões judiciais controversas; e, mais importante, pronunciamentos de que "isso muda tudo", "é o fim do mundo como o conhecemos", "isso vai contra a vontade de Deus" e, meu favorito, "claro que há ciclos, mas este é diferente".

Estou em meio à leitura de *Seize the Daylight: The Curious and Contentious Story of Daylight Saving Time* [*Aproveite à Luz do Dia: A Curiosa e Controversa História do Horário de Verão*, em tradução livre]. Um tema estranho para um livro, algo para ler depois de ter lido *Salt* e *Cod* [*Sal* e *Bacalhau*, respectivamente, em tradução livre], mas ainda fascinante.

Aqui estão algumas coisas que valem ser notadas sobre a evolução do horário de verão:

"O sistema foi inventado" por Ben Franklin, mas não foi bem assim. Em 1444, a cidade murada da Basileia estava prestes a ser atacada. Havia infiéis do lado de fora e alguns se infiltraram na cidade. Os guardas apanharam alguns dos maus elementos e descobriram que o ataque deveria começar exatamente ao meio-dia. Um sentinela alerta atrasou o relógio na praça em uma hora. Brilhante! Os infiéis dentro da cidade, sem ajuda dos aliados, iniciaram as manobras com uma hora de antecedência. Foram todos presos.

Mas estou divagando.

Na verdade, o lobby para o horário de verão começou há cerca de cem anos (só oitenta anos depois de os horários terem sido padronizados — acontece que antes de os trens atravessarem o continente, não importava que o horário fosse diferente em outras cidades).

Uma campanha de lobby em larga escala foi realizada a favor da mudança dos relógios na mudança das estações, mas logo, e com frequência, surgiram problemas.

Sir William Christie, Astrônomo Real, chamou o horário de verão nada além de uma legislação especial para quem acordava tarde (ele jogou a carta da "falha moral").

Sir William Napier Shaw, diretor do gabinete de meteorologia, disse: "Alterar o modo atual de medir o tempo seria o mesmo que matar o ganso que bota ovos muito valiosos."

A revista *Nature* disse: "O avanço da hora local para a padroni-zada de hoje foi um passo bem pensado e que não pode ser revertido pela introdução de um horário novo e realmente desinteressante com o nome antigo."

O Sr. Satterthwaite, secretário da Bolsa de Valores de Londres, dis-se que a lei criaria "um deslocamento do negócio da bolsa de valores no principal centro comercial do mundo."

Naturalmente, muitos reacionários com nada concreto para dizer meramente ridicularizaram William Willet, o principal proponente da mudança. A *Nature* perguntou se seu próximo truque seria redefinir o termômetro, de modo que a temperatura de congelamento seria de 10o em vez de 0o.

Os donos de teatros uniram-se (antecipando o futuro comporta-mento da Associação de Filmes da América) e trabalharam duro para derrubar a lei, afirmando que se não estivesse escuro à noite, seu negó-cio seria totalmente dizimado.

Ano após ano, a lei não conseguiu ser aprovada no Reino Unido.

Nos Estados Unidos, a história foi parecida.

Se não fosse pela necessidade de poupar energia durante a Primeira Guerra Mundial, o horário de verão nunca teria sido instaurado — as forças contra a mudança recusaram-se a aceitar quanto dinheiro po-deria ser economizado ao mudar os relógios. Acontece que a economia foi de milhões e milhões de dólares por ano, provavelmente bilhões até agora. Muitos políticos eram contra a mudança por puro princípio.

O *New York Times* escreveu que foi "um pouco menos que um ato de loucura".

Minha citação preferida vem do Mississippi:

"Rejeite a lei e faça os relógios proclamarem a hora de Deus e dize-rem a verdade!" Essa foi do congressista Ezekiel Candler, Jr.

E Harry Hull, de Iowa, disse: "Quando aprovamos a lei, tentamos enganar a Mãe Natureza, e quando se tenta aperfeiçoar as leis natu-rais, isso geralmente acaba em desastre."

Depois que a lei foi aprovada, houve batalhas judiciais em todos os lugares. Batalhas sobre jurisdição estadual versus federal, por exemplo.

Apenas algo a se pensar na próxima vez em que uma "emergência" (algo que ameaça o status quo que deve ser derrotado antes que termine em desastre) dominar nossa cultura.

HOTÉIS E O BISCOITO DA SORTE BARATO

Arrastando meu traseiro, desanimado com a nova economia do "não nos importamos, não precisamos", apareci no W Hotel em São Francisco. Outros W Hotels não tinham me impressionado, mas este ficava em frente ao local de minha palestra e meu agente me colocou lá, então, tudo bem.

Entrei com expectativas diminutas.

Duas pessoas muito atraentes na recepção olharam para mim. O sujeito disse, com um sorriso sincero, "bem-vindo". E tudo começou a mudar.

Essas pessoas realmente estavam tentando. Porque queriam, não porque precisavam.

Fui até meu andar. A camareira me entregou um biscoito da sorte crocante quando passei por ela a caminho do quarto. Lá havia um Etch A Sketch (Traço Mágico) na escrivaninha, um CD bacana tocando suavemente no aparelho de som e elegantes artigos de toalete no banheiro. Custo extra, talvez US$3.

Pedi para que me despertassem pela manhã. Uma pessoa realmente muito legal atendeu ao telefone, não um computador. Ela também perguntou se eu queria o café da manhã logo após despertar (às 04h!). Eu queria. Lucro líquido por ter uma pessoa atendendo? US$15.

Não existem experiências perfeitas, mas essa foi uma ótima história, uma história com a autenticidade de pessoas atenciosas. Restaurei minha fé (ao menos um pouco) no que as organizações podem fazer.

INVERTENDO O FUNIL

Em um livro chamado *eMarketing,* que escrevi em 1995, disse algo como: "Existem apenas quatro tipos de pessoas: clientes em potencial, clientes, clientes fiéis e ex-clientes." O livro estava à frente de seu tempo e eu estava errado.

Para um livro chamado *Permission Marketing* [*Marketing de Permissão,* em tradução livre], que escrevi em 1998, o subtítulo era "Transformando Estranhos em Amigos e Amigos em Clientes". A escolha do momento foi melhor, o livro foi um best-seller, mas eu ainda estava errado. Ou, pelo menos, incompleto.

Invertendo o Funil termina a frase. Agora, acho que estou certo:

Transforme estranhos em amigos.

Transforme amigos em clientes.

E, então... faça o trabalho mais importante:

Transforme seus clientes em vendedores.

A matemática é convincente. Grande parte das pessoas do mundo não é seu cliente. Elas nem mesmo ouviram falar de você. E, embora muitas dessas pessoas não sejam compradoras qualificadas ou não estejam interessadas em comprar o seu produto, muitas podem ser — se ao menos soubessem que você existe, se pudessem ser convencidas de que sua oferta vale o preço que custa.

Mas de que forma você vai conseguir que saibam a seu respeito?

Vivemos no mercado mais atulhado da história. Quer você venda vigas de aço I, vidros de laboratório ou bolas de futebol, as pessoas estão melhores que nunca em ignorá-lo. Você não tem tempo suficiente para disseminar sua mensagem.

Não só isso, mas não tem condições de interromper todas as pessoas que precisa atingir. O custo de publicar um anúncio que seja visto ou receba um clique ou um outdoor que seja lembrado é maior do que nunca. Você simplesmente não tem dinheiro suficiente para fazer sua mensagem chegar a todos que devem ouvi-la.

E não apenas *isso*, você também não tem pessoal suficiente. Sua força de vendas não é tão grande quanto gostaria e todos os seus melhores vendedores fazem o possível — mas não vendem tanto quanto você gostaria.

Mas espere.

Você tem recursos subutilizados: seus amigos e seus clientes.

Eu defino seus "amigos" como os clientes em potencial de quem ganhou permissão para conversar — mesmo que ainda não tenham se transformado em clientes. E os seus clientes já cruzaram o Rubicão, ou seja, chegaram a um ponto sem retorno, foram convertidos de totais estranhos em amigos interessados e, então, para usuários dedicados de seu produto ou serviço.

E eles são muitos.

Você certamente tem mais clientes do que vendedores (pelo menos é o que espero). E sua lista de amigos autorizados provavelmente excede incrivelmente sua lista de clientes.

O FUNIL

O marketing é um funil. Você coloca clientes em potencial não diferenciados no alto. Alguns deles pulam fora, desinteressados pelo que você tem a oferecer. Outros descobrem sobre você e sua organização, ouvem seus pares, comparam ofertas e, por fim, saem pelo fundo, como clientes.

Se você for como a maioria dos marqueteiros, passa muito tempo tentando atrair cada vez mais atenção para o topo do funil. Afinal, se expuser sua ideia para um grande número de pessoas, poderá comprar mais atenção, publicar mais anúncios, pôr mais pessoas no topo.

Como vimos, porém, a quantidade de tempo e dinheiro necessários para manter o funil cheio pode explodir seu orçamento bem depressa.

Aqui vai um exemplo rápido. O gráfico a seguir compara o tráfego na web da Ford.com (que é financiada por mais de uma centena de milhões de dólares em publicidade todos os anos) com a Squidoo.com, um site totalmente novo voltado para a comunidade. O Squidoo é a linha da parte inferior que sobe rapidamente.

ALCANCE DIÁRIO (POR MILHÃO) squidoo.com— ford.com—

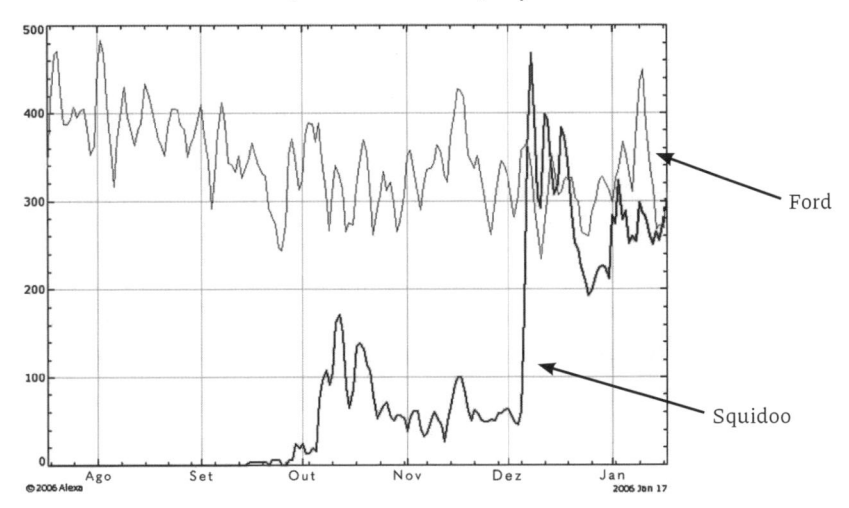

INVERTA O FUNIL

Aqui está uma ideia diferente:

E se invertermos o funil e o transformarmos em um megafone?

E se você descobrisse um meio de usar a internet para empoderar as pessoas que gostam de você, que o respeitam, que têm interesse em seu sucesso? Chamo esse grupo de pessoas — seus amigos, clientes em potencial e clientes dispostos a fazer isso — de seu *fã-clube*.

Um novo conjunto de ferramentas online não só torna essa abordagem uma possibilidade, mas também é essencial para qualquer organização que espera crescer. Dê um megafone ao seu fã-clube e saia do caminho.

ELES NÃO SE IMPORTAM (ELES NÃO PRECISAM)

A maioria de seus amigos e clientes não fala sobre você.

Em muitos casos, é porque não estão impressionados. Em algum ponto ao longo do caminho, a sua organização colocou os lucros à frente dos relacionamentos. Ou você produziu algo que era bom, mas não extraordinário. Ou está em um setor em que os clientes simplesmente não se importam muito. (Quando você falou em clipes para papéis pela última vez?)

E quanto aos clientes que estão impressionados? Para quem eles contam? Eles o fazem com frequência? Exercem uma influência positiva ou suas palavras e boa vontade se dissipam depressa?

O desafio a enfrentar é que as pessoas não se importam com você. Elas se importam consigo mesmas, o que é natural. Assim, é improvável que alguém gaste muito tempo, energia e esforço de marca pessoal para promover o seu produto — é trabalho demais e não há o que ganhar com isso (pelo menos por enquanto).

Ainda assim, depois que superar essas dificuldades, os parcos esforços do seu fã-clube em seu favor (que parecem enormes) raramente decolam. Não são fortes, frequentes e duradouros o suficiente.

ENTÃO VEIO A INTERNET

Graças a Al Gore, a internet muda tudo. Hoje, alguém em posse de um teclado pode atingir milhões. Uma pessoa com uma câmera de vídeo pode contar uma história que percorre o mundo. E outra com um blog pode vender muitos computadores.

O segredo é o seguinte: você precisa dar ao seu fã-clube algum poder, um amplificador — um megafone.

ALCANCE DIÁRIO (POR MILHÃO) del.icio.us— flickr.com—

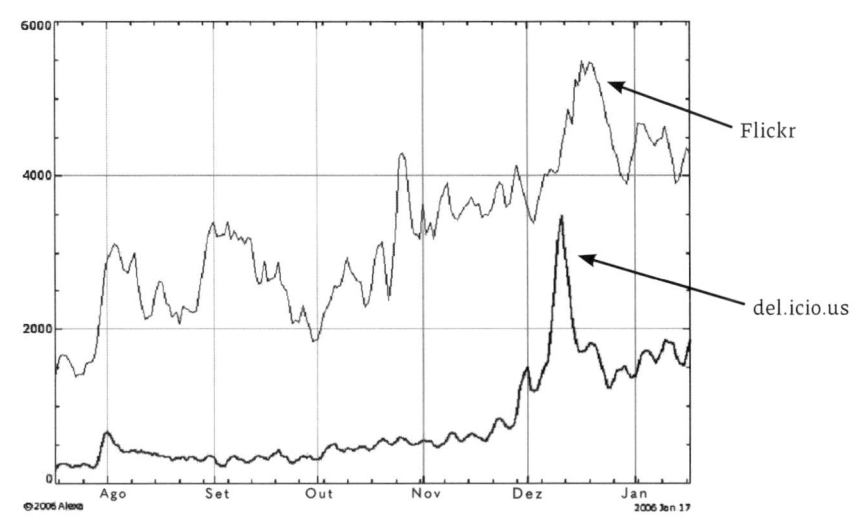

Seus ex-clientes, os descontentes, os críticos, já acharam a web. Eles são os que conseguiram postar relatos detalhados de seus erros e deslizes. Clientes insatisfeitos são motivados e já estão adotando essa mídia.

Um marqueteiro diligente, contudo, também pode facilitar a tarefa de seu fã-clube de falar bem de você. E fazê-lo de modo autêntico, sem controle e honesto.

É surpreendente ver a rapidez com que essa ideia se tornou popular. Dois dos sites mais bem-sucedidos em compartilhamento de informações (Flickr e del.icio.us, veja a tabela acima) têm crescido com uma velocidade fantástica.

O modo mais fácil de entender isso é por meio de exemplos. Descreverei três serviços online que estão na ativa há cerca de um ano e depois um novo que eu desenvolvi e lancei no final de 2005. Todos são gratuitos, eficientes e fáceis de usar.

Del.icio.us: nome chamativo, ideia simples. O site del.icio.us facilita a todos a tarefa de "taguear" páginas da web. Uma *tag* é um simples conjunto de palavras-chave que as pessoas usam para marcar uma página ou um item. O del.icio.us oferece aos usuários registrados uma ferramenta que lhes permite favoritar ou taguear um site com apenas um ou dois cliques.

Fiz uma busca sobre "Sarbanes" porque queria achar informações detalhadas sobre um problema contábil. Os favoritos que tinham sido tagueados me levaram a um site repleto de artigos técnicos — todos escritos por firmas de software e contabilidade que queriam iniciar discussões sobre seus serviços com os clientes.

Não, não é uma descoberta arrasadora. Mas a chance de esse site aparecer em uma busca no Google é pequena — no entanto, como oito pessoas (e não um computador) taguearam essa página, sua popularidade aumentou e ela foi notada.

O que acontece com seu site quando uma dezena de seus melhores clientes começa a taguear as páginas de seus produtos? A IBM tem mais de 1 milhão de páginas em seu site — no entanto, a maioria é essencialmente invisível. Se a empresa facilitasse aos gerentes de TI e empregados começar a taguear páginas, as mensagens mais importantes iriam para o topo.

Por exemplo, a IBM tem um documento com um olhar profundo sobre o código na versão de segurança aperfeiçoada da ASN do Linux. Sem dúvida, isso é interessante para um grande grupo de *geeks* da computação. E, sem dúvida, a IBM se beneficiaria em muito se todos que precisassem lê-lo o fizessem. (Se estiver curioso, veja-o em http://www-128.ibm.com/developerworks/security/library/s-selinux2/.) Mas poucos *geeks* saberão de sua existência porque está enterrado, e se você não souber onde procurar, é invisível.

Porém, se alguns surfistas da internet o tagueassem adequadamente, outros o encontrariam. E a notícia se espalharia.

O grande segredo do del.icio.us é que a porcentagem de usuários que cria as *tags* é minúscula. A maioria do tráfego para o site está à procura de *tags* usadas por uma minoria. Essa é a essência da alavancagem online.

Item de Ação: Descubra quem são os membros mais satisfeitos de seu fã-clube (suponho que você já tenha feito isso). Depois, informe-os sobre o del.icio.us e saia do caminho. Claro, algumas *tags* indicarão seus produtos ou ofertas sem graça. Outras serão mais incisivas do que você gostaria. Aprenda com elas, mas entenda que isso faz parte do negócio.

Blogging (Blogger, TypePad, etc.): acho que se você está lendo isto, sabe o que é *blogging*. (Se você quer meu e-book gratuito sobre o tema, está bem *aqui*[17].) Apesar de 80 mil *novos* blogs serem criados todos os dias, é provável que a maioria não dure muito — o que também é bom. Diante de uma página quase em branco, a maiorias das pessoas escreve coisas chatas, egoístas ou indecifráveis. A maioria dos blogueiros logo perde o interesse e seus blogs desaparecem.

Porém, se você der um modelo às pessoas, descobrirá que elas podem prosperar. Dê-lhes um buraco para encher e elas o encherão.

Imagine criar um blog para o consumidor em que cada um de seus clientes seja convidado a postar um comentário. Sua postagem pode ser algo simples, como "Hoje lançamos o XR–2000. Comente abaixo para sabermos o que pensa a respeito."

Sim, você pode editar os comentários em seu blog, mas não, não exclua os negativos. Livre-se daqueles com palavras de baixo calão, provocações anônimas e comportamento infantil, mas, se pretende dar um megafone aos seus usuários, deve deixar que o usem. Caso contrário, ninguém se dará ao trabalho de ler.

O poder real dos blogs vem do fato de que eles podem ser tão específicos quanto você quiser. É fácil imaginar um blog sobre a procura de um tom ideal de branco na sua fábrica de tintas ou possibilitar uma discussão sobre uma convenção especialmente controversa de código do AJAX. A maioria desses blogs será ignorada, mas alguns (talvez mais que alguns) ganharão seguidores e ajudarão a disseminar as novidades sobre o seu trabalho.

---

17 Na postagem original, um link levava a esta página: https://seths.blog/2005/09/whos_there_the_/. Conteúdo em inglês. A Alta Books não se responsabiliza pelo conteúdo. [N. da T.]

Obviamente, além de permitir comentários em seu blog, a grande jogada ocorre quando membros do fã-clube criam os próprios blogs (ou quando você converte blogueiros em membros do fã-clube!). Hoje, as ferramentas estão disponíveis exatamente para isso.

Flickr: o Flickr é um site de compartilhamento de fotos. É incrivelmente fácil postar e taguear fotos. Fotos de quê? Que tal dos quartos de hotel onde se hospeda ou do jantar de encerramento de sua convenção? E se você enviar câmeras digitais aos senhorios que usam as suas caldeiras ou produtos de limpeza? Não tenho ideia de que multidões de pessoas tirarão fotos (ou em que prestarão atenção), mas está claro que as pessoas gostam de se expressar.

Este fenômeno está ultrapassando as fotos. O Google hoje hospeda vídeos. Recentemente, os Beastie Boys deram cinquenta câmeras de vídeo aos fãs e pediram-lhes que gravassem o mesmo show. Então todo aquele conteúdo foi editado em um filme.

Em cada caso, a ideia é a mesma. Ao facilitar que as pessoas usem fotos, você permite que ocorra uma operação paralela de publicação maciça, divulgando fatos de uma forma que nunca poderia realizar sozinho.

Seu primeiro instinto será você mesmo fazer o upload das fotos para, de algum modo, controlar a disseminação de informações. Mas isso não funciona — não no Flickr ou em qualquer outro serviço semelhante. A comunidade é grande e poderosa demais. Você não pode superá-la: precisa se unir a ela.

A História de Sripraphai: um dos pequenos negócios mais lucrativos no Queens, Nova York, é um pequeno restaurante tailandês que leva o nome da dona. Sripraphai vende uma comida tailandesa fantástica. Sem publicidade, consegue manter o local lotado, noite após noite.

O burburinho sobre o restaurante atingiu tal volume que o todo-poderoso *New York Times* não conseguiu mais ignorar o local — mesmo não estando em Manhattan. Uma avaliação de duas estrelas (quase impensável para um restaurante desse tipo) provocou filas enormes — mesmo depois de ele ter dobrado de tamanho.

Então, qual é o segredo? Como ela conseguiu?

O mérito não foi dela, foi do chowhound.

Sim, a Sra. Sripraphai criou um restaurante fantástico. Mas os visitantes do chowhound.com fizeram a diferença. Durante vários anos, dezenas de nós postamos mensagens sobre o restaurante. Cada prato foi analisado. Argumentos foram apresentados a favor e contra o *jungle curry*. Não havia funil — mas muitos clientes tinham um megafone.

Chowhound.com é exatamente a plataforma de que um negócio sensacional precisa. Mesmo que o design do site não seja merecedor de prêmios, as 350 mil pessoas que chegam todos os meses (querendo ler e ser lidas) são exatamente aquelas que promovem ou detonam um novo restaurante.

Por que isso funciona? Porque as pessoas que postam são conceituadas, têm boa reputação e não são anônimas. E, acima de tudo, elas têm vozes reais, cheias de autenticidade e experiência, dando motivo às pessoas para confiarem nelas. Se você gostou de minhas três recomendações, provavelmente concordará com a quarta.

Infelizmente, o chowhound funciona só para restaurantes, o que não adianta se você vende serviços de consultoria, bananas no atacado ou livros. Por isso me senti compelido a montar uma equipe para criar o Squidoo. É uma plataforma que possibilita às pessoas indicar produtos, serviços e ideias que lhes interessam. O Squidoo é descaradamente baseado em comércio, porque assim é o nosso mundo.

O Squidoo não é uma rede social. É um banco de dados sociais. Veja o que estamos tentando fazer.

Squidoo: o Squidoo é uma plataforma versátil de conteúdo gerado por usuários. Foi projetado para facilitar a cada membro de seu fã-clube construir uma página que destaque o melhor que tem a oferecer.

Uma página do Squidoo contém links para produtos à venda, resenhas, fotos, vídeos, RSS *feeds* e blogs. Uma página do Squidoo, que é chamada de *lente*, é a opinião de uma pessoa sobre um tema.

Uma lente sobre Londres, por exemplo, pode incluir links para cinco restaurantes, com um breve parágrafo sobre cada um. A lente pode incluir a descrição de um hotel preferido, com um link para a página do hotel sobre uma suíte específica. Poderia também apresentar três ou quatro guias de venda na Amazon, algumas recordações para turistas à venda por leilão no eBay e indicações de *posts* do Flickr sobre locais ótimos para visitar.

Só o que as páginas têm em comum é o fato de terem sido criadas *por* pessoas reais *para* pessoas reais. As páginas do Squidoo formam um banco de dados social — um índice humano do melhor material sobre determinado tema.

A mágica do Squidoo se dá pelo efeito de proximidade. Cada lente está perto de várias outras, de modo que o feliz acaso das explorações entra em cena. O Squidoo atrai tráfego de toda a web — as pessoas encontram uma lente na qual estão interessadas e ela as leva a outra ou a um produto ou serviço que desconheciam. A pessoa que entra em uma lente está explorando — procurando novas ideias e soluções — e é exatamente aí que *você* quer estar.

A maior diferença entre o Squidoo e os outros serviços sociais é que ele agrega valor pela justaposição de ideias, de modo que elas se unem com um significado útil. Uma foto do Flickr se torna popular porque é inteligente ou engraçada. A postagem de um blog conquista um público quando outros blogueiros decidem que ele é útil o bastante para indicá-lo em seus blogs. Mas uma lente do Squidoo funciona quando apresenta informações importantes como parte de um todo — quando é um aspecto do quadro geral de significado.

Imagine, por exemplo, se a L.L.Bean facilitasse a tarefa de seus 3 mil clientes em criar lentes Squidoo sobre vestir as crianças no inverno. Uma lente que incluísse links somente para artigos de qualidade — as roupas, a moda, os trenós e os equipamentos para uso ao ar livre certos — pouparia às mães tempo e problemas enormes na seleção online. O valor vem da seleção e da apresentação.

Um exemplo mais sofisticado: uma lente que apresenta links para seis artigos técnicos sobre segurança de dados e criptologia, escritos por pesquisadores seniores da IBM. Esses artigos têm estado no site da IBM há algum tempo, mas apenas apresentando-os juntos, com uma narrativa que os esclarece, o dono da lente pode oferecer uma página que vale a pena visitar.

Aqui estão quatro formas para usar o Squidoo e dar um megafone aos seus fãs:

1. Um blogueiro (veja David Meerman Scott, por exemplo) encoraja seus leitores a ver suas lentes destacando seus posts preferidos e seus livros, dessa forma revelando coisas boas para novos leitores. Essa lente gera tráfego para seu site, o que aumenta downloads de seu e-book, o que leva a mais tráfego nas lentes e assim por diante.

2. Um vendedor de peixes tropicais online facilita aos clientes construírem lentes nas quais cada um descreve o conteúdo de seus aquários, incluindo links a várias espécies e fotos do Flickr. Se só 1% de sua base de clientes (fãs fanáticos de peixes!) aceitá-las, ele aumentará sua exposição na web até mil vezes. Gratuitamente.

3. Um site com uma estratégia de conteúdo usa lentes para expor tal conteúdo. Assim, por exemplo, Martha Stewart poderia construir uma lente sobre biscoitos (www.squidoo.com/cookies), facilitando muito a tarefa de alguém que ainda não é um fã dela descobrir conteúdo que nem sabia que estava procurando.

4. Uma corporação "adota" uma empresa sem fins lucrativos e desafia os clientes e empregados a construir lentes sobre vários temas — com todos os recursos[18] beneficiando a organização beneficente.

5. (E um bônus): Uma empresa pede a cada funcionário que construa uma lente sobre o negócio ou produto preferido que ela oferece. As lentes incluiriam novas formas de ver o item, sonhar com ele ou usá-lo. A lente pode apontar para blogs, recortes de notícias ou fotos.

---

18 Recursos? Sim, há recursos. Cada lente recebe um *royalty* para uma organização beneficente ou seu criador. Os *royalties* vêm de uma parte dos anúncios que aparecem no site e também da receita afiliada auferida diretamente. Um exemplo? Se um admirador de cinema indicar a Netflix e esta registra um novo membro como resultado, a pessoa que criou o site — o criador da lente — ganha até US$10. Crie lentes suficientes, estimule bastante tráfego e o valor aumentará.

Para mais sobre Squidoo, visite:

www.squidoo.com/partnerships (Conteúdo em inglês)

SOBRE COMPROMETIMENTO E INVESTIMENTO

O bom dessas técnicas de funil invertido é que elas não custam nada (na verdade, podem gerar receita). Como resultado, muitas empresas céticas em relação a abordagens novas e baratas não agem de imediato. Talvez elas designem um assistente júnior ou brinquem com alguma coisa em seu tempo livre para ver o que acontece. Já vimos esse filme — é difícil agir diante de uma ótima oportunidade, mas aparentemente é muito mais fácil quando ela envolve o gasto de milhões de dólares.

Que pena.

Veja uma empresa que pretende anunciar durante o Super Bowl. Os US$3 milhões de tempo de transmissão é uma fração dos gastos e do esforço que dedicam ao comercial. A empresa e sua agência gastarão meses planejando o anúncio. Ela contratará um diretor imaginativo e atores adequados, construirão um set em South Beach com ondas quebrando ao fundo. A força de vendas será preparada, os folhetos criados. A empresa provavelmente até montará uma barraca no local do jogo e trará grandes compradores de todo o país — em um jato particular.

E, assim, a empresa gastará milhões em um anúncio que provavelmente não funcionará.

Inverter o funil é diferente, no sentido que realmente funciona, e não custa muito. Mas exige ainda mais comprometimento. Exige um investimento emocional significativo no topo (daí essa frase, que você pode encontrar como um e-book digitando "Flipping the Funnel" no seu site de busca preferido), além de um esforço consistente e mensurado de todos os envolvidos.

É possível que seus fãs não instalem a barra de ferramentas del.icio. us na primeira vez em que os convidar. Quando você enviar um e-mail com um link para construir uma lente Squidoo, eles poderão ignorá-lo. E a primeira vez em que ler um comentário sobre seu blog que o constranger, você se sentirá tentado a desistir.

São todas boas razões para continuar.

O fato de não ser trivialmente fácil que grandes empresas (ou pequenas) adotem essa abordagem é exatamente porque funciona. Ser o primeiro é importante. Ser o primeiro de um modo relevante importa ainda mais.

Tenho certeza de que nos próximos nove meses, uma empresa após outra empoderará seu fã-clube para se manifestar, ser notado e contar as novidades. A questão que continua é: quem será o primeiro e criará uma impressão duradoura, e quem será tímido e ficará para trás, talvez para sempre?

ESSA NÃO É UMA VIRADA INTELIGENTE NO BOCA A BOCA?

Um artigo recente no *New York Times* falou sobre a Associação de Marketing do Boca a Boca (Word of Mouth Marketing Association – WOMMA) e sua recente convenção em Orlando. O tema do artigo (nada surpreendente, já que estava publicado na coluna de anúncios) era que, de alguma forma, o Boca a Boca era um substituto para a publicidade. O artigo sugeria que anunciantes frustrados poderiam ver o fim de seus problemas, porque o boca a boca estava ali para salvar o dia.

Acho que a maioria dos marqueteiros não tem ideia do quanto o boca a boca pode ajudá-los. Acham que precisam *usá-lo*, manipulá-lo, pagá-lo e pô-lo para funcionar.

Talvez eu faça parte da minoria, mas acho que é um pouco mais simples que isso. Acho que todos os consumidores de todos os tipos são bastante inteligentes. Não serão enganados a promover uma empresa que os manipula a fazê-lo. Quando o megafone se torna uma iniciativa corporativa sem visão, falha.

A alternativa está em ser autêntico. Em criar produtos dos quais realmente valha a pena falar. E se desdobrar para investir em experiências que as pessoas escolhem partilhar. Então, sim, por todos os meios, disponibilize as ferramentas. Amplie os fãs satisfeitos. Mas sem a parte essencial da verdade, você terá só uma campanha de produtos embalados de curta duração.

E AGORA?

Começa com essa grande ideia: *você aceita o fato de que pode empoderar seus fãs para se manifestarem?*

Uma vez disposto a assumir esse compromisso, as táticas são simples e diretas. Você pode publicar as ferramentas, construir os links afiliados, criar os RSS *feeds* e começar a envolver seus maiores apoiadores.

Claro, depois de fazer isso, você precisará criar produtos e serviços ainda mais notáveis — para que seus fãs tenham do que falar.

JETBLUE

Você notou que a experiência de áudio muda como você se sente no aeroporto?

Em um terminal lotado, todo mundo fica tenso quando as pessoas que fazem os anúncios dos portões começam a gritar, falar depressa ou parecem em pânico por causa de um voo lotado.

E se as pessoas das companhias aéreas compreendessem que o produto que vendem não é o avião, é a ideia de uma viagem segura e confortável (talvez até divertida)? E se cada anúncio fosse pré-gravado por Clint Eastwood ou J. Lo? Ou se todos os anúncios de bordo fossem tão divertidos quanto o que ouvi hoje. ("JetBlue, seus petiscos estão sendo distribuídos por Tom, que é solteiro e está em busca de um amor. Ei, se você se casar com ele, poderá viajar de graça!") Ainda mais simples, e se cada anúncio fosse calmo, lento e de fácil compreensão? Isso é de graça, mas vale a pena notar.

A Dutch Boy reinventou a lata de tinta. A JetBlue poderia reinventar o que você ouve quando viaja.

JORNALISTAS

Mais de 25 milhões de blogueiros hoje são seguidos por algum serviço online.

Isso representa cerca de 8% da população online ativa e, como parece que a quantidade está dobrando a cada mês, isso é algo significativo.

Você se lembra de como costumava falar mal dos jornalistas? Por serem preguiçosos ou exagerados? O que dizer dessa manchete do *Independent* (jornal do Reino Unido) de hoje:

PRIMEIRA NOITE: CLINTON SOBE AO PALCO PARA A VENDA SUPREMA

Suprema? O que a torna suprema? Um livro de US$30 dificilmente é uma venda suprema, certo?

Mas escolher palavras, manchetes, fotografias — tudo se soma. Quando o *New York Times* admite que coloriu sua reportagem de modo errado ao falar sobre o Iraque, estamos nos referindo a um grande efeito colateral: milhares de mortos.

Agora, todo blogueiro é jornalista. Por exemplo, quando você publica um *post* acusando um político de não ter personalidade, está satisfazendo o desejo do público de eleger uma companhia para o jantar, não um presidente. Quando participa da conversa sobre os assuntos do dia, você é uma ferramenta, não uma nova voz.

Então, chegamos à hora da verdade. Agora que todos que querem *podem* ser jornalistas, a ética irá melhorar... ou piorar?

Sou otimista a maior parte do tempo, mas receio que nessa questão sou realista.

JUSTIN E ASHLEY

Segundo dados governamentais recentes, Justin e Ashley são os dois nomes mais comuns escolhidos para filhos de pais hispânicos em Nova York.

Com pais asiáticos, a história é outra: o nome número um é Emily.

Nomes são algo engraçado. Hoje, chamar uma empresa de Google, Squidoo ou Blueturnip no mundo pontocom não é estranho. É o equivalente a chamar seu filho de Michael.

Um estudo recente do governo descobriu que primeiros nomes distintamente étnicos recebem menos respostas a currículos que, de resto, são idênticos a outros. É justo? Claro que não. Mas também não é surpreendente.

Destacar-se não é o mesmo que ser extraordinário. Destacar-se pode facilmente relegá-lo ao ostracismo. Não acho que ser Roxo é o mesmo de ser diferente.

LETRA CURSIVA VERSUS DIGITAÇÃO

Ontem ouvi no rádio que "cientistas" estão prevendo que o próximo grande avanço na computação será o reconhecimento de voz. Os chips estão se tornando rápidos o bastante para que os computadores logo possam compreender o que dizemos. O que tornará os aeroportos muito barulhentos, mas essa é outra história.

Outro dia, fiz uma viagem de quatro horas de avião sentado ao lado de um agressivo digitador cata-milho. Ele deve ter escrito 3 mil palavras durante o voo, apertando cada tecla com toda força e rapidez que conseguia.

Então cheguei em casa e descobri que estavam ensinando ao meu filho do 3o ano a escrever em letra cursiva.

Tem alguma coisa errada aqui.

A escrita cursiva é fundamentalmente inútil neste século e, se inventássemos o currículo do zero, ela nem mesmo apareceria entre as principais matérias que as crianças precisam aprender. Digitar, por outro lado, está no alto, pelo menos até os "cientistas" aperfeiçoarem o reconhecimento de voz. Os educadores devem se dar conta disso, mas como não testam realmente a eficácia do que ensinam, como não têm um meio óbvio de descobrir em que vale a pena usar o tempo ou não, ainda ensinam a escrita cursiva.

Todas as organizações mudam devagar. Organizações que não medem seus resultados são ainda mais lentas.

LETREIROS QUE MUDAM

Tenho recebido dezenas de e-mails sobre a maneira inteligente pela qual o Google aumenta o armazenamento do Gmail.

Sempre que você entra em sua conta de Gmail, nota que a quantidade de armazenamento a sua disposição subiu.

O mesmo se aplica ao letreiro do banco perto da casa em Buffalo, Nova York, onde cresci. Não importa quantas vezes o vimos antes, sempre olhamos para ele outra vez quando passamos. Por quê?

Porque o tempo e a temperatura sempre mudam!

Por que se incomodar em ler algo se você já sabe o que está escrito?

As melhores histórias mudam ao longo do tempo, de um modo que fascina o consumidor e, mais importante, de um modo divertido ou interessante sobre o qual falar.

MAIS TARDE NÃO É UMA OPÇÃO

Meu amigo Kim lembrou-me de algo que lhe contei há quinze anos: "Se quiser fazer algo, faça-o agora."

O novo marketing exige menos planejamento e mais interação, mais agora e menos mais tarde.

Assim, pegue o telefone, faça uma cópia ou desenhe a página no Photoshop. Mas esperar o mais tarde é inútil.

MARQUE ESTA OPÇÃO

Os jornais estão em dificuldades. O eBay tirou a vida dos classificados. As pessoas pararam de ler jornais. Hoje mais gente lê o *New York Times* online do que na versão impressa.

Seria o futuro dos jornais usar subterfúgios para as pessoas receberem spam?

Minha mulher me enviou um e-mail com o link de um artigo do *Los Angeles Times*. Para lê-lo, tive de me registrar. Aqui está a última parte do processo de registro online:

> ■ De tempos em tempos lhe enviaremos anúncios de novos artigos, produtos e serviços por e-mail do latimes.com e de anunciantes e afiliados selecionados. Enviar-lhe publicidade e anúncios ocasionais é necessário para continuar a proporcionar nosso conteúdo de notícias valioso. Tentaremos limitar a quantidade de anúncios que você recebe. As informações são usadas de acordo com o descrito em nossa Política de Privacidade. Alguns anunciantes preferem contatá-lo diretamente. Marque essa opção caso prefira não receber e-mails diretos de não afiliados ao latimes.com. Você continuará a receber outros e-mails do latimes.com e nossos Afiliados como descrito em nossa Política de Privacidade.
>
> IMPORTANTE: Após completar o registro, **você receberá um e-mail de confirmação de imediato**. Clique no link desse e-mail assim que possível para ativar sua conta para acesso ao site.
>
> Seu navegador DEVE aceitar *cookies* para concretizar o registro e efetuar o login. Talvez você também precise ajustar o *firewall* ou a segurança do navegador.

Note que a opção *não* está marcada. Esse é o símbolo universal para "Somos honestos e queremos sua permissão antes de lhe enviar coisas por e-mail. Assim, caso queira, marque-o aqui". Um apressado vê a opção desmarcada, sorri e continua.

Fiquei satisfeito com isso. Mas então li o texto. Ele diz que uma opção *não* marcada significa que eles *enviarão* spam a menos que você vá lá e a *marque* para avisar que *não* quer receber e-mails não solicitados. (Mesmo sem o itálico que estou acrescentando, ainda é algo confuso.)

Assim, vamos esclarecer algo: a fim de garantir o futuro em um mundo onde todos estão online, um dos grandes jornais do planeta está contando com um truque de segunda (porque uma desistência comum não é desagradável o bastante). Você acha que eles realmente estão obtendo um trunfo aqui? Pode imaginar que daqui a três anos o editor dirá: "Estou satisfeito por termos enganado milhões de pessoas que não puderam argumentar quando enviamos milhares de spam para elas!" Duvido.

MÁXIMO LOCAL, COMO EVITÁ-LO

Eu acho que você tem lutado contra seu Máximo Local.

Se a sua organização ou sua carreira está estagnada, talvez seja por causa deste gráfico.

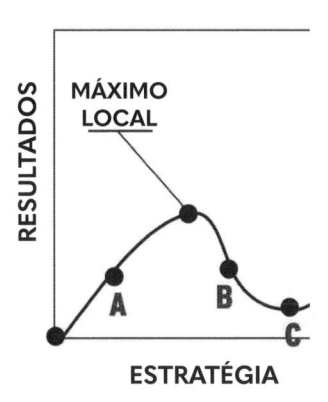

Todos começam no ponto no canto esquerdo inferior. Você não tem êxito nesse ponto porque ainda não começou.

Então tenta algo. Se funcionar, acabará no ponto A.

A é onde você vê resultados diretos de sua estratégia e trabalho duro. A é o trabalho que você consegue depois de investir em um MBA. A são as vendas que realiza depois de publicar um anúncio.

Claro, sendo um capitalista orientado para o sucesso, isso não é o bastante. Então você faz mais. Pressiona, aperfeiçoa e otimiza até acabar no Máximo Local. O Máximo Local é onde seus esforços realmente mostram resultados.

Então você tenta com ainda mais afinco. E acaba no ponto B. O ponto B é uma decepção. O ponto B é um *retrocesso*. O ponto B é onde mais esforço não gera melhores resultados. Então você recua. Volta ao seu Máximo Local.

E é aqui que a maioria das pessoas fica. A maior parte fica presa ao Máximo Local porque mudar a estratégia em qualquer direção (o gráfico na verdade é em 3D, mas eu o achatei em relação à página) leva a resultados piores.

Você tem um ótimo emprego como diretor de arte. Para melhorar, ou tem de mudar para outra empresa, outra cidade, outra profissão ou voltar a estudar. Todas essas opções têm custos e retornos bastante incertos, então você fica onde está.

Você tem centenas de concorrentes em um setor que é uma commodity autodescrita. Usa as mesmas táticas que os concorrentes porque se mudar seus preços ou alterar fundamentalmente sua abordagem de marketing será punido em termos de vendas ou lucros.

Você tem um acampamento que comporta oitenta crianças. Se quiser crescer, aprendeu do jeito difícil que contratar um ou dois funcionários seniores não funciona, porque não tem condições de pagá-los. Então fica com o que tem.

A mentira do Máximo Local é a seguinte: o gráfico está incompleto. Na verdade, ele é assim:

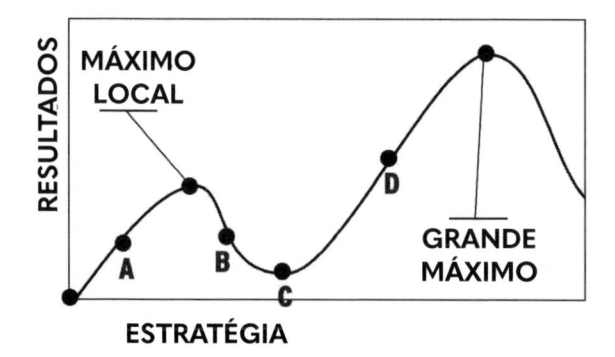

Você descobrirá que o Máximo Local realmente não é o lugar ideal onde parar de tentar, principalmente se você entender que o Grande Máximo não está tão longe assim.

O problema é que para chegar ao Grande Máximo, é preciso passar pelo ponto C, que é um local horrível e assustador de se estar.

Existiam 10 mil hamburguerias isoladas no mundo quando Ray Kroc decidiu construir a gigantesca franquia McDonald's. Qualquer um poderia tê-lo feito. Ninguém o fez. Porque todos que tentaram tinham de passar pelo ponto C para chegar lá. O Colonel Sanders levou mais de uma década de dificuldades para atravessar o ponto C.

Claro, não se trata apenas de aumentar vendas e receitas. O paradoxo do Grande Máximo/Máximo Local afeta tudo, desde educação a empresas sem fins lucrativos, e até a políticos. Se você tem um "Máximo", seja lá o que for que esteja medindo, é provável que você realmente esteja lidando com um Máximo Local, não com o Grande.

Se seu mercado está mudando, é ainda mais importante entender essa ideia, porque mercados em mudança continuamente surgem em novos Grandes Pontos Máximos, e a única forma de chegar até eles é passar pelo sofrimento (sim, é doloroso) do ponto C.

Você só pode reinventar a si mesmo ou a sua organização depois de lidar com o medo do ponto C, e isso é difícil de fazer sem falar nele. Acho que o benefício da curva Máxima Local é que ela facilita a tarefa de você e sua equipe terem essa conversa.

MÁXIMO LOCAL, COMO O NOVO
MARKETING O MUDA

A pergunta óbvia, depois da conversa com sua equipe sobre os pontos B e C e a dificuldade de atingir o Grande Máximo é esta: como trabalharemos para encontrar a oportunidade realmente grande?

A boa notícia é que o novo marketing deixa tudo mais fácil que antes.

O custo de inventar, fazer um protótipo, fabricar e, especialmente, anunciar um novo produto, conceito, serviço ou organização é uma minúscula fração do que costumava ser. Em alguns setores, você pode fazê-lo por 1% do que gastava antes.

Cedo ou tarde, sua equipe precisa aceitar esse fato.

Isso é simples. Você pode usar o dinheiro e o impulso de estar no Máximo Local e investir uma parte dele de modo que uma nova equipe, uma equipe menor, sem as limitações tradicionais, possa avançar e lançar algo novo. Algo que abale o mercado e que até concorra com a nave-mãe.

O mesmo se aplica se estivermos falando de sua carreira. Você não precisa de um curso de MBA, nem deixar o emprego para iniciar um negócio lucrativo ou uma atividade paralela. Pode usar as incríveis ferramentas que existem sem ter de arriscar.

Há dois erros que o pessoal satisfeito com o Máximo Local comete:

1. Acreditar que podem atingir o próximo Máximo de modo linear e indolor
2. Acreditar que a melhor forma de chegar lá é com força bruta (mais produtos, mais vendedores, mais anúncios, mais instalações, mais funcionários…)

Na verdade, o que ocorre é o oposto.

Quanto mais você mimar a sua equipe, mais difícil será para ela achar o novo Máximo.

Essa não é uma aposta assustadora que envolve todo o seu dinheiro ou emprego de tempo integral. É a aposta assustadora que envolve riscos intelectuais e afastar-se de sua zona de conforto para ver o que ocorre quando abala o status quo.

"MCJOB"

As pessoas que criam os dicionários realmente aborreceram o pessoal do McDonald's. Aparentemente, eles decidiram que "McJob" é uma palavra. Uma palavra que significa um emprego servil, fácil de conseguir e abundante. Um emprego que deve deixar quando puder.

McDonald's, não é surpresa, está indignado. Mas é um erro dele, porque confunde duas coisas: o que os clientes pensam e a verdade como ele (McDonald's) a vê.

Se as pessoas chamam um emprego de virar um hambúrguer na chapa de McJob, então, é claro, ele merece estar no dicionário. Se todos acham que "seus rolamentos impedem o funcionamento dos freios", então isso ocorre, independentemente de qual seja a verdade referente ao assunto.

Você não detém o privilégio de decidir o que as pessoas pensam. Se elas pensam, então a verdade delas já está definida.

O desafio do marketing é fazer as ideias se espalharem. Há doze anos, Douglas Coupland usou a palavra "McJob" em seu livro *Generation X* [*Geração X*, em tradução livre] porque ele sabia que todos entenderiam o que queria dizer. Doze anos depois, o McDonald's está zangado por que não é um termo preciso. Claro que é! E daí?

Se você não está satisfeito com as histórias que os consumidores contam, a questão é a história em si — a história que você está disseminando.

MEDIOCRIDADE

Por que se acomodar?

Não é caro fazer pãezinhos de alta qualidade. A receita é simples (mas não fácil), os ingredientes são poucos e não custam um centavo a mais.

Pãezinhos medíocres são mais fáceis e previsíveis. Quando se descobre como fazer um pãozinho medíocre, insosso e murcho, pode-se fazê-lo repetidas vezes. Pãezinhos medíocres podem ser feitos por qualquer um sem muito cuidado. E ninguém faria de tudo para comprar ou consumir um pãozinho medíocre.

Então, por que nos acomodamos? Por que se incomodar em entrar no ramo de alimentação se pretende servir algo do qual não possa se orgulhar? Ganhar um dinheiro a mais é tão importante que todo o orgulho sai pela janela?

Parte da maldição de Wall Street é que o suficiente nunca é suficiente. Assim, o raciocínio de curto prazo se instala. Muitas empresas acham que seus donos (os acionistas) preferem que produzam qualidade inferior e alienem os clientes para aumentar um pouco o lucro — mesmo que fique claro que essa estratégia virtualmente os levará à ruína.

Porém, a verdadeira história aqui não tem nada a ver com o mercado de ações. Tem a ver com a disposição de se acomodar com um produto que simplesmente não é bom — ao mesmo tempo em que gastamos nosso dinheiro em coisas e experiências excepcionais.

MEDO DA PERDA, DESEJO DE GANHO

Eu estava no shopping (ahn?!) neste fim de semana na Lord & Taylor e descobri uma promoção muito estranha.

Depois de ter gasto US$200 em coisas, o vendedor disse: "Você ganhou dois vales-presente no valor de US$40. Sem compromisso. Vá até o andar de cima e os receberá agora mesmo."

Nota: não houve nenhum aviso antes da compra. Nenhuma placa, nenhuma promessa. Os certificados não tinham a intenção de me estimular a comprar algo.

"Por que eles gastariam 20% da receita e talvez 50% do lucro sem motivo?", eu me perguntei.

Fui ao andar superior, esperei dois minutos e recebi meus vales, e assim pude contar aos meus gentis leitores sobre esse esquema maluco. Fui até o departamento de gravatas e comprei US$39 de lindas peças que estavam em promoção e que antes custavam US$100 (ei, sou pão-duro), e pronto.

Na saída, passei por uma mulher que levava quatro sacolas de compras.

Das grandes.

Veja o que ela fez: era a *quarta* vez que usava os vales-presente. Sempre que ganhava US$20, precisava gastá-los de imediato. Ela acabou gastando mais de $100 de cada vez e então voltou para obter mais um ou dois vales, então precisava usá-los e assim por diante. Uma conversa rápida com a pessoa responsável por entregar os vales-presente confirmou que esse comportamento era mais do que normal. Era uma loucura.

Então as pessoas "ganham" o vale-presente e, incapazes de resistir ao medo de perder o que lhes pertence, vão até lá e o pegam. Mas ao obtê-lo, pensam que "é dinheiro gratuito", então vão gastá-lo, e o ciclo continua.

Isso é muito mais eficiente do que um desconto comum.

Aposto que funcionaria ainda melhor online. Imagine o quanto isso poderia ajudar a taxa de conversão do carrinho de compras...

MEIAS

Adoro este site: LittleMissmatch.com

Eles vendem meias que não combinam para meninas de 11 anos. Centenas de variedades, quatro categorias para que não se choquem. Só são vendidas em lotes ímpares. Não se pode comprar um par. Há 133 estilos e nenhum combina.

Pense em como foi fácil fazer isso e o quanto é notável. Pense em quantos comerciantes de meias pensaram nisso e então ficaram receosos e não foram em frente. Entender que transformar meias em um item notável de coleção é óbvio, satisfatório e com chances de sucesso.

Gostaria que tivessem meu tamanho.

Mas por que você deveria se importar com meias? Afinal, faz algo sério, vende para grandes empresas, tem uma fábrica, lida com intangíveis.

Esse é exatamente o motivo pelo qual você *deveria* se importar. Meias costumavam ser um artigo com baixa margem e baixo interesse. A Littlemissmatch.com muda isso, criando uma moda. Então, por que você não pode?

MENSURAÇÃO AUMENTA A VELOCIDADE

Ninguém é perfeito. E nenhuma empresa pode evitar todos os erros. Mas por que elas cometem erros e não fazem nada para remediá-los?

Vou apresentar cinco razões:

1. As pessoas que criam as políticas realmente não trabalham no ramo.
2. As pessoas do ramo não aprendem a capacidade de influenciar a gestão sem parecerem criadores de problemas.

3. Clientes não são encorajados a se manifestar e suas sugestões são ignoradas.
4. É mais fácil criar uma política do que desfazê-la.
5. Os negócios são uma área complicada e, a menos que você encontre um jeito inteligente de medir o impacto das decisões, muitas vezes é difícil saber se é ou não uma boa ideia.

Pensei nessas razões enquanto viajava de um aeroporto a outro nas últimas semanas. Tenho um carinho especial pelas pessoas que trabalham nas companhias aéreas — elas são corajosas, ativas e merecem mais reconhecimento do que recebem. Também apoio totalmente nossos esforços para tornar os voos mais seguros. Dito isso, acho que a questão da segurança das companhias aéreas é uma ótima analogia para o que está errado na maioria das empresas (na sua?).

Primeiro, é óbvio que a maioria de nós não é estimulada a se manifestar sobre segurança no aeroporto. Fazer isso é ser encrenqueiro ou antipatriótico. Assim como uma companhia constrói uma cultura que dificulta críticas a decisões tomadas pela matriz, ficou claro para nós que especialistas estão no comando e que devemos calar a boca e apoiar qualquer esforço de impedir os "maus sujeitos" de voar.

Mas os especialistas *não estão* no comando! Muitas das mudanças implementadas não são nada além de superstições. Uma pessoa decide que cortadores de unha são perigosos, mas canetas esferográficas, não, e aeroportos em todo o país começam a confiscar cortadores de unhas. Não existe um sistema para medir se essa política é ou não eficaz, se vale os milhares de horas e dólares gastos em seu cumprimento. E sem um meio de medir o efeito, podemos ter certeza de que ela durará muito tempo.

O *USA Today* de hoje diz que um denunciante está acusando a AFA (Administração Federal de Aviação) de não realizar os testes de segurança e ignorar os maus resultados quando eles são realizados. Isso já ocorreu em sua empresa?

Devido à falta de uma mensuração consistente, também descobrimos inconsistências no sistema. No aeroporto de Montrose, Colorado, seus sapatos passam pelos raios X e você precisa remover a blusa de lã (*se* tiver zíper). Contudo, em Nova York, está tudo bem com os sapatos, assim como com casacos esporte e de lã de qualquer tipo. Em um aeroporto, os guardas confiscaram todas as pilhas Duracell, mas permitiram a passagem de baterias de notebook muito maiores. Por quê? Por causa da superstição. Porque não havia um sistema de mensuração. Porque a pessoa que inventou a política não estava envolvida e não descobriu se ela funcionava ou não. Parece óbvio que, se é importante passar os sapatos pelos raios X no Colorado, é importante fazê-lo em Nova York.

Um último exemplo e uma sugestão: Em Los Angeles, descobri que não é possível passar pela segurança com uma garrafa aberta de água mineral na mão. Você precisa dar um gole para provar que não é ácido ou algo semelhante. Mas porque um mau sujeito simplesmente não coloca a garrafa na bagagem de mão? Sei, não devo perguntar porque isso abalaria o sistema, mas... tenha dó!

E minha sugestão? Aqui vai: vamos colocar um endereço de e-mail em todos aparelhos de raios X do país. E ele deve dizer o seguinte: Você sabe como melhorar nosso sistema de segurança? Mande sua ideia!" Agora, imagine centenas de milhares de homens de negócios muito inteligentes, todos viajantes, muitos deles especialistas, consultores ou seja lá o que for em segurança, constantemente melhorando o sistema, apresentando sugestões, detectando erros ou aumentado a coerência.

Imagine que a pessoa que faz a sugestão e o operador que a lê receberiam um bônus a cada sugestão passada pelo sistema e posta em prática. Eu poderia enviar uma menagem elogiando a rapidez, o rigor e a gentileza da moça que me fez passar pela triagem ou descrever três formas de fazer o sistema em West Palm Beach fluir melhor. O sistema evoluiria — depressa. Ei, ele pode até funcionar em sua empresa!

Por que é tão difícil aceitar uma ideia óbvia como esta (evoluir rapidamente usando ciclos de feedback baseados em dados)? Porque gestores gostam de tomar decisões. Porque gestores gostam de estar certos. Porque funcionários foram treinados para querer que os gestores tomem as decisões e que haja estabilidade nas políticas com que trabalham.

À medida que nosso mundo caminha mais depressa, precisamos evoluir mais rápido. Se não o fizermos, a concorrência o fará.

MINNESOTA NÃO É AKRON

A meio caminho de uma viagem recente para Minnesota, percebi como a experiência me agradava.

Além de pessoas extremamente legais, arquitetura inspiradora, uma comunidade artística vibrante e comida surpreendentemente boa, há uma energia no ar em relação ao trabalho que as pessoas fazem. Esse lugar está cheio de organizações que trabalham duro para criar coisas extraordinárias.

Que diferença radical de tantos outros lugares que visitei recentemente, áreas cheias de fileiras de lojas e centros comerciais de grau inferior, com pessoas desanimadas fazendo as mesmas coisas e tentando reduzir custos. Essas são organizações de marketing focadas no consumidor e nos negócios que decidiram que a melhor forma de ganhar uma grana é nivelar por baixo, ter o menor preço ou chegar mais depressa ao mercado. Não é preciso se preocupar com um carpete velho ou com um produto que gere lixo industrial com efeitos colaterais. Essas são as pessoas que pegam atalhos durante o dia para poder ganhar dinheiro suficiente para comprar o que quiserem à noite.

Notei o mesmo contraste no ar. A American Airlines está nivelando por baixo o máximo que pode. Os funcionários desistiram. Nada de sorrisos, bom atendimento ou esforço. Poupar dinheiro é a ordem do dia. A JetBlue, por outro lado, continua a lutar para chegar ao topo, desde o Wi-Fi grátis oferecido no JFK, em Nova York, ao terminal que querem construir ali e até aos petiscos (eles até sugerem combinações — criadas usando, por exemplo, biscoitos em formato de bichos e *pretzels*, e misturando-os — mesmo que isso signifique que as pessoas comam duas vezes mais).

Então, acho que entendo o que acontece quando você vence no nivelamento por cima. Acaba tendo uma força de trabalho saudável e motivada que foca em adicionar criatividade e alegria a seus produtos. Você acaba tendo lucros, uma parcela do mercado e uma comunidade satisfeita com sua existência.

Porém, o que ocorre quando você vence no nivelamento por baixo?

MISSÃO

Declaração de missão típica: "Promover a total satisfação do cliente, atendendo seus desejos de entretenimento pessoal e informação."

Declarações de missão costumavam ter um objetivo. Era obrigar a gerência a tomar decisões difíceis sobre o que a empresa representava. Uma decisão difícil significa desistir de uma coisa em prol de outra.

Ao longo do caminho, quando diante de dificuldades, muitos gerentes simplesmente evitavam a questão e criavam declarações de missão como a anterior. Uma declaração de missão que diz tudo, não diz nada.

MITOS

Existem muitos mitos que há muito perduram além dos dados que provaram que estavam errados. (A Terra é plana; objetos pesados caem mais depressa que os leves; e a Arca de Noé... todos nos vêm à mente.) O mito mais caro em voga hoje, porém, poderia ser os US$220 milhões gastos em publicidade não mensurada todos os anos — só nos Estados Unidos.

Randall Rothenberg quase sempre está certo, e está correto outra vez quando declara que todas as empresas de mídia estão na iminência de acabar, porque os anunciantes só agora (cinquenta anos depois) estão percebendo que quase todo dinheiro gasto em anúncios é desperdiçado. Mas, agora, eles sabem que parte funciona.

Naturalmente, mitos despertam as emoções das pessoas, e certamente haverá muita ansiedade antes que a discussão sobre publicidade seja concluída. Em última análise, é um desafio simples: você apostaria seu futuro em um processo que está ficando menos eficiente a cada dia que passa?

MONOPÓLIOS E A MORTE DA ESCASSEZ

Por que a Nike não pode cobrar US$500 por um par de tênis? Porque existem substitutos fáceis. Em quase todos os ramos, os consumidores têm inúmeras opções. E, a menos que o produto seja realmente único, eles gastarão seu dinheiro em outro lugar.

O ramo da mídia sempre foi diferente. Em seu cerne, o negócio da mídia trata, realmente, da perspectiva de se tornar um monopólio — e de ganhar muito mais que seus produtos custam para ser fabricados. Há pouco tempo, se um fanático por televisão quisesse assisti-la o tempo todo, havia somente três canais entre os quais escolher. Se o adepto de cinema quisesse ver *Butch Cassidy*, havia apenas a versão de William Goldman e era preciso comprar um ingresso para assisti-la.

A questão é essa: o ramo da mídia foi construído sobre a escassez. Escassez de espectro. Escassez de sucessos. Escassez causada por direitos autorais e espaço limitado nas prateleiras. Consumidores detestam escassez. Mas você e eu sabemos que monopolistas adoram escassez. Quando os consumidores têm menos opções, o monopólio prospera.

A escassez facilitava a abundância e a satisfação. Mas quase que de um dia para o outro, a escassez com que os monopólios da mídia eram construídos começou a desaparecer. De repente, existem cerca de bilhões de canais disponíveis na web. Há um *movie theater* em cada casa com um DVD *player*. A Amazon tem espaço de prateleira infinito, então o poder do mercado de varejo hoje é um mito. É difícil cobrar preços do tipo pegar-ou-largar quando o consumidor pode simplesmente largar.

E se você já tentou anunciar algo ou interromper alguém, precisa tomar cuidado com isso. Porque sem um monopólio de onde comprar atenção, você vai ter muito mais dificuldades.

Não há escassez de espectro ou de espaço de varejo. E agora não há escassez de meios fáceis de duplicar algo que já foi comprado. É fácil compartilhar com amigos (e estranhos). O resultado: só porque as empresas de mídia ficavam oitenta ou noventa anos no poder, não significa que durará para sempre. Acabou.

O governo tem uma longa história de tentar ajudar monopolistas. E, por mais que tentasse, em cada caso, o Congresso falhou. Por quê? A tecnologia, o capitalismo e a demanda de consumo destroem praticamente qualquer monopólio que pode ser destruído. A legislação pode prolongar o sofrimento, mas, cedo ou tarde, o monopólio perde. A lição fascinante é que quando os monopólios desaparecem, quase sempre são substituídos por mercados mais lucrativos para mais empresas (e melhor para mais consumidores) do que o velho mercado monopolizado jamais foi.

Analise o mercado da música por um segundo. Aqui vai a boa notícia: os artistas podem gravar um disco praticamente sem dinheiro. Varejistas online têm espaço de prateleira infinito. Há milhares de estações de rádio na internet que consomem a força de um pequeno número de diretores de programas. O compartilhamento quase instantâneo de arquivos ajuda a disseminar uma ótima canção pelo mundo. (Confira o www.cdbaby.com para ver esse sistema operando maravilhas — conteúdo em inglês.)

Por que esse não é um cenário para uma tremenda inovação comercial? Não é possível que haverá mais música, a um custo menor, para mais consumidores? Não é provável que muitas pessoas que nunca gravaram um álbum o façam agora?

Existem muitos vencedores neste novo mundo. Rickie Lee Jones vence quando consegue lançar de forma totalmente independente seu novo CD (o CD que ela realmente queria gravar, não o CD superproduzido de sucessos ao vivo da Warner Bros.) em www.rickieleejones. com. Se ela vender 20 mil cópias, estará muito à frente do que estaria se tivesse sido lançado pela Warner Bros. Melhor ainda, Jones e sua equipe puderam construir um negócio totalmente novo e diferente, onde a música é gratuita, mas os ingressos para os shows são pagos. Com 1 milhão de fãs ao redor do mundo (até participantes de seu fã--clube), ela poderia esgotar os ingressos em qualquer lugar do planeta.

Ou pense nesta possibilidade: posso estar errado! Talvez não haja meios para ela fazer fortuna. Talvez precise conseguir um emprego. Isso a obrigará (e a milhares que gostariam de estar no lugar dela) a se aposentar? De algum modo, não acredito que extrair dinheiro do ramo da música eliminará os músicos. Acho, porém, que mudará os intermediários.

Você não vai fechar as portas amanhã. As estruturas que construiu e aperfeiçoou se manterão por muito tempo. Mas as coisas não vão melhorar, ficar mais lucrativas ou divertidas. Elas só vão piorar.

A não ser que você comece a usar regras diferentes.

MUROS, PENHASCOS E TIJOLOS

Sempre que você tenta fazer um consumidor em potencial, um cliente, um aluno ou um empregado passar por um processo, corre o risco de perdê-lo. Você perde alguns a cada passo. Às vezes, só alguns em uma centena desistem ao longo do caminho. Às vezes, porém, a quantidade é bem maior.

Com muita frequência, esquecemo-nos de medir, de descobrir o muro, o passo no processo que perde uma grande porção da população. Talvez, se ignorarmos esse passo, ganharemos um pouco menos dos poucos, mas ganharemos mais de um grande grupo de pessoas.

Pediram-me para registrar um produto da Apple enquanto o software estava sendo instalado. Cheguei à etapa 5 e eles queriam saber não só o tipo de produto, mas o "número da peça de marketing".

Desisti.

Os benefícios de ser registrado (discutíveis, na melhor das hipóteses) foram superados pela dificuldade em encontrar esse número. Tchau.

Agora, os gurus de marketing da Apple *não* conseguem dados dos clientes em vez de a *maioria* dos dados. Aposto que isso é um muro, um lugar em que uma imensa porcentagem de pessoas abandona o processo.

O mesmo ocorre quando as pessoas aprendem trigonometria, se candidatam a um emprego em uma firma ou decidem ler ou não sobre seus novos produtos. Se cada etapa aumenta a chance de obter benefícios e não é muito difícil, o usuário irá superar todas as barreiras. Mas assim que se veem diante de uma etapa muito difícil, demorada ou que oferece muito pouco, as pessoas param.

NADA DE EFEITOS COLATERAIS

Barry Schwartz me mostrou que eu não deveria falar sobre efeitos colaterais. Marqueteiros não autênticos e sem visão escondem os efeitos colaterais de seus produtos dos compradores. Esse comportamento fraudulento inevitavelmente volta para assombrá-los. Mas Barry ressalta que esses não são, de fato, "efeitos colaterais".

Existem só efeitos.

Quando você faz ou vende algo, isso afeta o mundo ao redor. Alguns desses efeitos são desejáveis. Os outros, os negativos, são involuntários, mas ainda reais. Esses efeitos desagradáveis são tão importantes quanto os bons. E marqueteiros inteligentes são honestos sobre eles.

NÃO!

"Desenvolvi uma série de nãos. Não para luz sofisticada, não para composições evidentes, não à sedução das poses ou da narrativa. E todos esses nãos obrigam-me a chegar ao 'sim'. Tenho um fundo branco, tenho a pessoa em quem estou interessado e a coisa que ocorre entre nós."

— Richard Avedon

Você tem um não?

NÃO CURSE ADMINISTRAÇÃO DE EMPRESAS

Eu pensei em abrir uma escola de administração de empresas. Isso é especialmente irônico, considerando meu passado: nenhum aluno na história da Stanford Graduate School of Business chegou mais perto de não receber um MBA do que este que vos fala.

Quando frequentei Stanford (parece que foi há décadas — provavelmente porque foi), achei o ambiente ali fantástico e realmente gostava de algumas das minhas aulas. Mas antes de iniciar o segundo ano, recebi uma proposta de emprego irresistível — que me motivou a frequentar as aulas e trabalhar ao mesmo tempo. As aulas eram em Palo Alto e o emprego, em Boston, mas graças a uma ajuda da TWA e uma disposição bizarra de minha parte de voar à noite, consegui ir e vir durante um semestre. Depois disso, um professor gentil decidiu pôr fim à loucura e simplesmente me dar o resto de meus créditos, e assim eu me formei.

Apesar do meu recorde de frequência menos que brilhante na escola de administração, desde então achei que ensinar administração é fantástico. Eu dei aulas a alunos do segundo ano na NYU neste ano e descobri que irritar noventa jovens prestes a se formar é muito divertido. Na verdade, eu me diverti tanto que comecei a pensar sobre o que era a escola de administração, em que ela é boa — e em que não é boa de jeito nenhum.

Até onde sei, há somente três motivos para frequentar uma escola de administração. A minha nova escola fictícia, a Nova Administração Alternativa (NAdA), se concentrará em todos os três.

Primeiro, a escola de administração oferece uma tremenda exposição para futuros empregadores. Se você, por exemplo, frequenta a Harvard Business School, está investindo em uma marca pessoal e tem a garantia de uma entrevista de emprego — no mínimo — em praticamente qualquer lugar o mundo. Quando se trata de negócios, Columbia, Stanford, Wharton e algumas outras escolas aspiram atingir o nível de Harvard. Em alguns ramos, elas até a ultrapassam.

Assim como investidores da internet aprenderam com sucesso a olhar para além do presente e investir em empresas que têm um ótimo futuro, alguns empregadores perceberam que esperar alguém se formar em uma dessas respeitáveis instituições é perda de tempo. Em vez de contratar alunos depois de terminarem as aulas, por que não contratá-los assim que são aceitos na escola de administração?

O aluno que deixa o curso depois de ser aceito, mas antes de começar as aulas poupa US$55 mil em mensalidades — além de outros US$180 mil em custo de oportunidade. Acrescente a isso as opções de ações e a chance de mudar o mundo bem mais cedo e você verá porque essa é uma questão fácil de resolver para todos os envolvidos.

Na NAdA, oferecemos um programa especial apenas para esse tipo de aluno. Basicamente, é o programa de admissão à escola de administração mais exclusivo do país. Garantimos que apenas um em cada mil candidatos será aceito em nossa escola. E garantimos que depois da admissão, todos receberão pelo menos três ofertas de emprego — cada uma com um salário de, no mínimo, US$95 mil por ano.

A taxa para ter a sua inscrição avaliada é de US$300. Afinal, como uma instituição baseada em admissões — na verdade, como uma instituição *só* de admissões — temos de fazer um ótimo trabalho, então são US$300 bem gastos.

Há poucas aulas. Nada de diploma. Você se inscreve. Você entra (ou, mais provavelmente, não). É isso. Feito. (Ah, a propósito, as margens de lucro são enormes! Mas você já descobriu isso.)

Pense no prestígio associado ao fato de ser um em mil. Pense no orgulho em saber que você é uma das poucas pessoas inteligentes, motivadas e loucas o bastante para ingressar em uma escola tão exclusiva. Ficar preso em um emprego sem futuro? Trabalhe feito louco em seus GMATs (Graduate Management Admission Test – Teste de Admissão para Formação em Administração) e em sua dissertação e você, também, poderá atravessar essa multidão de candidatos e se tornar um destaque na NAdA.

O segundo motivo para as pessoas irem para a escola de administração é criar uma rede de contatos. Há uma política de seguro social entre os alunos. Se alguém de sua classe for bem-sucedido ou conseguir um emprego de prestígio, os demais têm a quem pedir um favor ou até dinheiro.

Chega a ser surpreendente como as redes de contatos podem ser poderosas. Um investidor que conheço prefere empresas cujos funcionários incluem ex-alunos do Acampamento Tahigwa. Os funcionários não precisam necessariamente ter ido ao acampamento na mesma época que o investidor — só precisam conhecer as mesmas canções.

Na NAdA, oferecemos um programa concentrado, metade do qual foca exatamente esse tipo de relacionamento. Em vez de esperar que os relacionamentos ocorram por meio de uma osmose aleatória — por meio de eventos imprevisíveis como trabalhar junto em um projeto de Contabilidade de Custos 1 — os alunos da NAdA se reúnem por duas semanas a cada seis meses para trabalhar em uma intensa formação de equipes. Eles praticam remo. Jogam xadrez. Constroem casas para os desfavorecidos. Ficam acordados a noite toda para colocar um Fusca no telhado da casa de Larry Ellison.

O terceiro (e menos importante) motivo para frequentar a escola de administração de empresas é, de fato, aprender algo. E é aqui que as escolas tradicionais falham. O currículo principal dessa formação é quase tão irrelevante quanto você imagina. Se tentarmos criar uma série de cursos que garantam tudo, menos que os alunos tenham conhecimento sobre como administrar uma empresa, o currículo atual dessas instituições seria um ótimo modelo para nós.

Assim, eliminar o currículo pode ser uma ótima ideia. Mas cedo ou tarde a ilusão de uma instituição próspera e útil desaparecerá se a escola de administração não oferecer nenhum curso. Pergunte às pessoas que estão prosperando na economia atual para citar cinco coisas que as ajudaram a ter êxito e elas provavelmente darão uma lista parecida com esta:

1. Encontrar, contratar e gerir pessoas excelentes
2. Adotar mudanças e avançar rapidamente
3. Compreender e se destacar no desenvolvimento dos negócios e em fazer negócios com outras empresas
4. Priorizar tarefas em um emprego que muda todos os dias

5. Vender — para pessoas, empresas e mercados

Há outras habilidades que podem surgir na lista — por exemplo, equilibrar a vida no longo prazo, trabalhar com investidores de risco e outros tipos de fontes de recursos, ser criativo e entender o impacto das novas tecnologias — mas este é um bom ponto de partida.

Agora, dê uma olhada no currículo básico de um MBA de US$55 mil.

Você não encontrará praticamente nenhum foco em qualquer um desses cinco itens. Meus alunos de MBA na NYU nunca fizeram um curso de vendas, nunca aprenderam a fazer uma apresentação, mas eram especialistas em contabilidade de custos, em compreender a eficiência da produção e em aplicar a Fórmula de Precificação de Opções de Black e Scholes.

As pessoas no mundo real compram livros de "como fazer" para descobrir como ser bem-sucedidas. Assim, o currículo da NAdA inclui só cursos que podem ser tema de best-sellers. E, sempre que possível, os próprios autores ministram as aulas. (Na verdade, brincadeiras à parte, você pode aprender todo o currículo de um MBA em casa, em um mês, apenas lendo livros. E digo mais: posso condensar a apresentação de uma hora de aula em dez páginas de um livro. Se você tiver disciplina para ler, pode liberar dois anos de sua vida para fazer coisas realmente boas!)

A última coisa a considerar sobre escolas de administração de empresas é que em muito casos são frequentadas pelas pessoas erradas. Em vez de encher as classes com pessoas gentis demais para cursarem a faculdade de direito, as escolas de administração deveriam achar pessoas que já estão no mundo dos negócios, mas que estão com medo por não saberem tanto quanto gostariam de saber. Em vez de procurar pessoas que estão trabalhando há dois anos em um emprego entendiante em um banco enquanto esperam conseguir entrar em uma empresa importante, as escolas deveriam procurar empresários que estão impacientes para abrir sua firma.

Há dois tipos de pessoas que não devem ir para a escola de administração: as talentosas que têm muita pressa para perder tempo estudando e os tolos que não têm nada melhor para fazer.

O paradoxo, é claro, é que as melhores pessoas não estão preparadas para deixar dois anos de suas vidas para trás. Elas têm pressa.

Assim, na NAdA, os alunos só precisam assistir às aulas durante quatro semanas a cada seis meses. O resto da escola funciona online por duas horas todos os dias. E o MBA é completado em menos de um ano.

Durante as quatro semanas de aulas presenciais, todos vamos a um resort de esqui fora de temporada, com comida excelente, bons quartos e uma piscina olímpica. As aulas vão das 8h até a meia-noite, três dias por semana. O resto da semana os alunos ensinam uns aos outros histórias da vida real. Partilhar experiências de vida prepara as pessoas para o surgimento de eventos inesperados.

O "corpo docente" não é realmente um corpo docente. Não há Ph.Ds no grupo — nenhum. Em vez disso, nossos professores são palestrantes convincentes, o tipo de pessoa que é aplaudida de pé. Pessoas como Zig Ziglar em vendas, Tom Peters sobre adoção de mudanças e Regis McKenna em relações públicas.

Parece uma experiência poderosa? É totalmente não credenciada. Não há burocracia. Um reitor. Saia quando quiser. Participe para aprender, não pelas notas. Todos são motivados como você. Conclua o processo em nove meses. Saia com uma ótima credencial e uma centena de amigos para a vida toda.

A NAdA é mais um exercício de raciocínio bizarro de minha parte? Provavelmente. Depende de quantos de vocês enviarão a taxa de inscrição de US$300 não reembolsáveis para a Caixa Postal 305, Irvington, Nova York, 10533. Envie antes da meia-noite — antes que você esqueça!

Vale a pena considerar a NAdA. Antes de ir para uma escola de administração, antes de decidir que um MBA sofisticado é o que está entre você e o sucesso, pense com carinho no motivo pelo qual está indo e no que vai aprender.

E isso, é claro, vale em dobro para qualquer empresa ansiosa para contratar o mais novo portador de um MBA. Talvez, em vez de deixar que uma instituição de 300 anos faça o levantamento para você, funde a sua escola de administração. Traga cem jovens. Faça-os passar pelo currículo verdadeiro em quatro semanas. Fique com a metade e pague à outra metade meio ano de rescisão (ou faça-os lamber envelopes até acharem outro emprego).

É fácil esquecer que a escola de administração é um fenômeno totalmente moderno — que não está enraizado nos antigos cânones de Shakespeare ou até Madame Curie. A maioria das escolas de administração de empresas foi fundada nos anos de 1960. Seu tempo veio e se foi. Portanto, diga adeus e envie seus US$300 para a NAdA. Aqui o endereço de novo…

NÃO IMPORTA QUEM VOCÊ CONHECE

Certa vez escrevi: "O que você sabe é mais importante do que o que faz", e rotulei isso como uma das maiores mentiras contadas para manter o status quo. Um dia depois, recebi um e-mail que dizia: "Estou iniciando um negócio do zero agora. Parece que não consigo abrir *nenhuma* porta, a menos que eu conheça alguém. Por favor, qual é sua opinião?"

Eis porque escrevi o que escrevi:

Quando sua ideia está ganhando tração, a coisa natural e óbvia a fazer é recear não ter êxito porque não conhece as pessoas certas. Afinal, vemos Donald Trump entrar na porta da NBC e vemos um autor famoso em um *talk show* ou um astro de rock com um vídeo na MTV vinte anos depois de seu primeiro sucesso. *Só não parece justo ou certo que muitas vezes o acesso é determinado com base em relacionamentos ou glórias passadas, não em alguma outra medida de qualidade.*

Sou totalmente a favor da tração gerada para um criador quando ele define uma marca ou um hit. Mas os fatos contradizem a desculpa de que quem você conhece importa. Você pode detestar o fato de não conhecer ninguém, mas não pode colocar a culpa do seu fracasso nisso.

A Microsoft, por exemplo, quase sempre falha quando lança algo novo. A maioria dos sucessos (em livros, música, filmes, política, empresas sem fins lucrativos etc.) não vem de onde o senso comum nos diz que virá. Nenhuma aposta em Phish, Boing Boing, Google ou Dan Brown.

Sim, parece que os grandes sujeitos (McKinsey Consulting, Stephen King, General Foods) sempre conseguem vencer, mas o que realmente acontece é que os grandes caras desaparecem devagar e o verdadeiro crescimento vem de onde não se espera.

Em um mundo em que as coisas viralizam, é mais provável que você tenha êxito com uma rede passiva (estranhos recomendando você) do que o tipo ativo da velha guarda. Em outras palavras, faça coisas ótimas, faça a lição de casa, conquiste seu público e, quando tiver algo sobre o qual valha a pena falar, as pessoas falarão.

NOMES

Greg Harrington escreveu: "Ultimamente, tenho pensado muito em um assunto — como escolher um bom nome para uma empresa — e procurado algumas ideias. Reli vários de seus livros, mas não acho nada que trate do assunto com profundidade."

Eu acho o seguinte. Primeiro, o ponto principal: o nome de uma marca é um cabide onde as pessoas penduram todos os atributos do negócio. Quanto *menos* ele tiver a ver com seu ramo, melhor.

Se você escolher Consultor Postal Internacional, sobra pouco espaço para pendurar outros atributos. Alguns nomes de que eu gosto? Starbucks.

Nike. Apple.

Segundo, escolha um nome verdadeiramente inglês ou um grupo deles. Axelon e Altus são ruins. JetBlue, Ambient e Amazon são bons.

Terceiro, certifique-se de que seja fácil de escrever *e* pronunciar. Prius é um nome ruim. Não posso dizer a ninguém que compre um Prius porque receio errar na pronúncia.

Quarto, não fique obcecado em encontrar um nome curto para a web. Se quiser chamar sua empresa de capital de risco de Nickel (um ótimo nome, em minha modesta opinião), então poderá ter o domínio www.NickelVenture.com, o que seria bom. A única forma de transformar isso em um problema é se o dono atual da URL for um concorrente (o que não acontecerá se você escolher um nome não óbvio, como recomendei no ponto principal).

Se você seguir esses conselhos, descobrirá que há literalmente milhões de nomes entre os quais escolher. (Lemonpie [Torta de Limão], por exemplo, é perfeito para uma empresa de excursões de mergulho. Assim como Orangepie, Melonpie e Kiwipie.) Você terá menos dificuldade em registrar a marca. Não terá problemas em encontrar um nome legal que não signifique nada e no qual seja fácil colar uma boa marca. E se divertirá.

Mas não se esqueça de criar um slogan incrível. "Lemonpie, o jeito fácil de aprender a mergulhar", por exemplo.

P.S.: Mais algumas dicas:

1. Use um CD de banco de imagens e escolha fotografias legais *antes* de escolher o nome. Se você não conseguir achar um monte de imagens de US$30 que combinem bem com o nome, pegue as fotografias e *então* escolha o nome.
2. Não dê ouvidos aos outros. Todos os seus amigos detestarão. *Ótimo*. Eles teriam detestado Starbucks, também (você quer o nome de sua loja tirado de *Moby Dick*!?). Se seus amigos gostarem, fuja.[19]

---

19 Escrito em junho de 2003 — dois anos antes da sequência, a seguir.

NOMES, AS NOVAS REGRAS PARA ESCOLHER

Durante muito tempo, eu não gostava do meu nome. Passei mais de trinta anos escrevendo nome e sobrenome na escola e no telefone. O fato de eu ter um pouco de problemas com minha letra S quando criança não ajudou.

Claro, hoje acho ótimo meu avô ter sido mais convincente do que minha mãe quando ela quis me chamar de Scott. (Acho que ele tinha problemas com a marca de um papel higiênico, mas essa é outra história.)

"Scott" é um nome difícil no mundo do Google. "Mark" é ainda pior. Provavelmente, "Michael" é o mais difícil de todos. Procure "Mark" no Google e quem sabe o que encontrará. "Seth", por outro lado, o levará direto a mim.

Tivemos muitas dificuldades em achar um nome para minha nova empresa, Squidoo. Eu me dei conta, ao explicar o processo para um amigo no outro dia, de que a mesma lógica se aplica a qualquer produto, serviço ou empresa em nosso mundo em que as coisas funcionam de baixo para cima, então lá vai:

Há muito tempo, o objetivo do nome era captar a essência de sua posição. Entregar uma posição de vendas única (USP, sigla em inglês) de modo a definir supremacia em seu espaço apenas com seu nome. International Business Machines e Shredded Wheat foram bons esforços dessa abordagem.

Contudo, logo ficou claro que nomes descritivos eram genéricos demais, então o objetivo era cunhar um nome defensável que adquiriria um significado secundário e pudesse ser usado durante anos. É por isso que "JetBlue" é muito melhor do que "Southwest" [sudoeste] e porque "Starbucks" é tão melhor que "Dunkin' Donuts".

"Empresas criadoras de nomes" floresceram, cobrando centenas de milhares de dólares para inventar nomes como Altria."

E então vieram os nomes de domínio. De repente, as pessoas cobravam (não estou inventando) US$300 mil por goggles.com. A ideia era que se você pudesse conseguir um bom nome de domínio (há somente um goggles.com em todo o mundo), então as pessoas o encontrariam com facilidade.

Acho que muitas dessas regras mudaram, principalmente por causa da forma com que as pessoas usam o Google.

Se você quer JetBlue, IKEA ou outra marca, é só digitar o nome da marca no Google para obter o nome do domínio. Em resumo, nós realmente acrescentamos um passo ao processo de encontrar alguém online. (De que outro jeito alguém encontraria del.icio.us?)

Isso significa que ter um ótimo nome de domínio é bom, mas é *muito* mais importante ter um nome que funcione em technorati.com, Yahoo! e Google quando alguém o está procurando. É uma espécie de estratégia de otimização de ferramenta de busca integrada.

Ao escolher o nome certo, único e fácil de lembrar e escrever — *e que tenha probabilidade de colocá-lo no topo dos resultados da ferramenta de busca quando as pessoas o digitam* —, você consegue um fluxo confiável de possíveis compradores.

Flickr é um bom nome. Também 37signals. A empresa de design Number 17, porém, não é. Answers.com, About.com, Hotels.com, and Business.com são ótimos URLs, mas não funcionam muito bem quando alguém se esquece de digitar o ".com". Faça uma busca de "radar" no Yahoo! e não encontrará a revista ou o site da web em construção, e se fizer uma busca por "simple" (simples, em português), não acabará no domínio bem caro simple.com.

Pense nisso por um momento. Você pode gastar 1 milhão de dólares para comprar simple.com, mas quando alguém digita "simple" em uma ferramenta de busca, ele não será encontrado.

Se você quer ser notado como um blogueiro, usar um nome como Doc, Scoble ou Seth é uma forma muito mais simples de estabelecer uma plataforma do que chamar seu blog de "Blog do Mike".

Parece óbvio? Claro que sim. Mas livros ainda recebem títulos como *Chip Kidd, Work: 1986–2006, Book One.*

Voltando para mim e minha aventura com o Squidoo. Então, essa foi a primeira tarefa, encontrar um nome que chegasse perto de zero combinações no Google. As únicas combinações em língua inglesa que encontrei para Squidoo foram para uma isca de pescaria (compramos um total de seis).

Se eu pudesse escolher entre um nome de domínio espetacular com uma palavra genérica ou uma palavra excelente que levasse a um nome de domínio longe de perfeito, escolheria a palavra excelente, sempre.

O segundo aspecto que ocorre com a explosão de nomes inventados e únicos é que hoje a própria estrutura da palavra comunica seu significado. A arquitetura dos sons importa. Nomes da Web 2.0 muitas vezes têm vogais faltando (ou a mais). O "oo" duplo é um ótimo jeito de comunicar determinada coisa sobre uma empresa da internet.

"HRKom" não soa como o mesmo tipo de empresa que, por exemplo, "Jeteye". São coisas muito irracionais e pretensamente artísticas, mas também importantes.

Altria, Achieva, Factiva e Kalera também parecem nomes de empresas inventados. O que é um ótimo sinal a ser enviado para Wall Street, mas nada que você gostaria de dar ao seu filho ou a sua empresa Web 2.0. A estrutura do nome é, pelo menos, tão importante quanto o que ele diz.

A mudança, então, é do que as palavras *significam* para o que elas lhe *lembram*. A estrutura das palavras, o seu som e os memes que lembram se juntam para formar um ótimo nome. Starbucks é formado por duas palavras que nada têm a ver com café e a referência a *Moby Dick* é fraca para a maioria de nós. Mas, com o tempo, a forma das letras, o modo como soam e a qualidade única da palavra a aproximam da perfeição.

Assim, ao usar o fantástico serviço NameBoy (www.name boy.com — conteúdo em inglês), achei milhares de domínios disponíveis que tinham o som certo e eram únicos. Levei mais de um mês. Ao longo do caminho, quase comprei FishEye.com, mas o dono (que tem um barco de aluguel nas Ilhas Caimã) não estava muito interessado.

Quero só lhe dizer mais isso: depois de achar o nome que funciona no mundo do Google, é fácil de escrever e lembrar e é estruturado de modo a apoiar a sua história, você precisa vendê-lo *internamente*. Lembre-se de dois fatores ao lidar com sua organização:

1. Não use um nome provisório enquanto procura pelo verdadeiro. As pessoas se apaixonarão pelo substituto, o que não é útil. Ache seu nome, use-o, e ponto final.

2. Não dê ouvidos ao que amigos, vizinhos e colegas falam sobre o nome. Nós tínhamos um nome provisório (credo), eu tive de mudá-lo e todos detestaram o novo nome. Durante semanas! Mas hoje parece que ele não poderia ser diferente. O objetivo do "significado secundário" é que o primeiro não importa (principalmente se você escolheu um nome sem significado, para começar). Em um período surpreendentemente curto, seu nome exclusivo, principalmente se tiver o som certo, logo será o primeiro e único.

NUNCA, FAÇA O

Aqui está um jeito simpático de inventar uma nova Vaca Roxa.

Descubra qual é o *sempre*. E então faça algo diferente.

Pasta de dente sempre vem em um tubo flexível.

Viajantes a negócios sempre usam uma agência de viagens.

Políticos sempre fazem sua equipe selecionar suas ligações.

Descubra qual é o sempre, depois faça exatamente o contrário. *Faça o nunca.*

O BRANDING ESTÁ MORTO; VIDA LONGA AO BRANDING

Aqui está a minha ideia:

1. Os dados são irrefutáveis. A quantidade de megamarcas e seu valor (em termos do quanto os consumidores privilegiados estão dispostos a pagar) está diminuindo rapidamente. Não se pode cobrar o mesmo que antes por um aparelho de DVD da Sony ou um maço de Marlboro.

2. A quantidade de microbandas está explodindo. O blogger Hugh MacLeod, fundador da gapingvoid.com, hoje é uma marca. Se definirmos a palavra "marca" como a abreviação de um conjunto de atributos comerciais, emoções, histórias e outras coisas mais, então qualquer blogger com seguidores tem uma marca. E o mesmo se aplica para os milhares de produtos de microcervejaria, perfumaria e molho de pimenta. Todos são marcas, todos lotam as prateleiras de nossa mente.

3. Há uma diferença entre marcas e *branding*. Marcas existem, quer você queira ou não. As marcas não vão desaparecer tão cedo. Elas são um atalho para um artigo complicado em uma organização. *Branding*, por outro lado, é algo que você faz. E como uma atividade, é problemático. O *branding* é impreciso, geralmente vazio, muitas vezes caro e totalmente imprevisível. Você não deve desejar ser alguém que faz *branding*.

Mercados se envolvem em conversas, mas o marketing, não. A realidade é que a maioria das marcas realmente participa de monólogos, não diálogos. Uma conversa pode criar uma marca melhor, mais forte e mais útil, mas, infelizmente, a maioria das organizações não consegue lidar com a verdade. Assim, dão o seu melhor para fazer do jeito antigo.

Grandes marcas estão morrendo. Pequenas marcas estão se saindo muito bem. *Branding* é uma tarefa estranha.

Pois, então. Esperemos que essas frases ajudem um pouco a minha marca.

O CLUBE SOY LUCK

O Clube Soy Luck, meu lugar preferido em Nova York, acaba de anunciar um clube do café da manhã. Pague cerca de US$40 e tenha café da manhã por um mês. Chama "Pegue e leve". Se Vivian vender cem assinaturas, estará vencendo. Com US$4 mil, ela certamente comprará muitos *bagels* integrais e grapefruit, e acabará criando um grupo de clientes superfiéis. *O melhor de tudo, ela começará a encontrar produtos para seus clientes em vez de encontrar clientes para seus produtos.*

Imagine uma nova cadeia de cafés que oferece um clube de café. Por uma taxa fixa, você terá todo o Wi-Fi e *lattes* que conseguir tomar. Com o aumento de ambos, o dono se dará bem e as pessoas se sentirão mal sempre que forem a outro estabelecimento.

Eles dizem para ignorar custos irrecuperáveis. Mas as pessoas são terríveis nesse aspecto.

O COQUETEL DO MCDONALD'S

Stephanie Howard, da Leo Alliance, Inc. me enviou esse recorte da *AdAge:*

NOVA YORK (AdAge.com) — Declarando que o marketing de massas não funciona mais e que "nenhum anúncio conta toda a história", Larry Light, diretor de marketing da McDonald Corp., disse que a empresa adotou uma nova técnica de marketing que apelidou de "jornalismo de marca" (*brand journalism*)".

Falando na AdWatch: Conferência Outlook 2004 no Sheraton Hotel and Towers de Nova York, o Sr. Light descreveu o conceito como marcando "o fim do posicionamento de marca como o conhecem". Ele continuou e disse que o marketing efetivo deve usar muitas histórias em vez de uma mensagem para atingir a todos. Na verdade, declarou que o McDonald's estava abandonando o conceito de mensagem universal.

"Qualquer anúncio, comercial ou promoção não é um resumo de nossa estratégia. Eles não representam a mensagem da marca", disse ele. "Não precisamos da grande execução de uma grande ideia. Precisamos de uma grande ideia que pode ser usada de modo multidimensional, multicamadas e multifacetado."

Ele definiu o jornalismo de marca, que também chamou de narrativa de marca ou crônica de marca, como um meio de registrar "o que acontece com uma marca no mundo" e criar a comunicação de anúncios que, ao longo do tempo, podem contar toda a história de uma marca.

Minha opinião? Ótimo para Larry perceber que o marketing monolítico se quebrou.

Porém, duas coisas me preocupam:

1. Mudar o marketing sem mudar os princípios dos negócios é quase sempre uma estratégia ruim. Se todas as pessoas, os sistemas, o imóvel, as fábricas e os cardápios forem organizados ao redor de um marketing monolítico, jogar um jornalismo de marca no topo não vai funcionar muito bem.

2. O marqueteiro não conduz a conversa. Realmente, não é jornalismo de marca que está ocorrendo, entende? É *um coquetel de marca*! Você põe a mesa e chama o primeiro grupo de convidados, mas depois disso a conversa acontecerá com ou sem você.

Tenho quatro ideias irreverentes para o McDonald's:

1. Crie a sua própria marca de chá gelado levemente adoçado, descafeinado. Use 10% do açúcar que põem na Coca. Gere um lucro quatro vezes maior. Crie uma marca que possa ser sua. Um jeito de impactar significativamente a saúde do mundo. Desfaça-se totalmente da Coca. Use os lucros no resultado financeiro final. Conte uma história diferente.

2. Ofereça um DVD de brinde do documentário premiado *Super Size Me: A Dieta do Palhaço* com todo o chá gelado vendido. (Não, não estou brincando.)

3. Desafie cada loja a oferecer algo novo, local e extraordinário no cardápio. Diversifique centenas de vezes.

4. Esforce-se e promova encontros (visite www.meetup.com, para detalhes — conteúdo em inglês) em suas lojas. Continue oferecendo Wi-Fi grátis. Patrocine times de futebol, as Escoteiras e o clube de astronomia local. Coloque tabuleiros de xadrez nos jogos americanos. Use vantagens imobiliárias para criar um local em que as pessoas possam se reunir.

O FUTURO NÃO É MAIS O QUE COSTUMAVA SER

Infelizmente, o futuro não é o que costumava ser. Nós nos acostumamos com sonhos menores e uma realidade mais dura. Um brinde às metas inatingíveis!

Lembra os carros-foguete? Na minha infância, a melhor forma de evocar o futuro era representar uma ou duas pessoas (não famílias, não peruas!) voando por aí em um carro-foguete com capota em forma de bolha saído diretamente da Terra do Amanhã. E, aparentemente, era consenso que ele faria parte de nosso futuro. Mas hoje, infelizmente, os carros-foguete se foram — com os voos de ida e volta para a Lua, servos-robôs, máquinas automáticas de comida (programadas para criar qualquer prato que você pudesse imaginar) e invasores de Marte.

Durante um longo período, nosso futuro era descrito por autores de ficção científica. Arthur C. Clarke inventou o satélite de comunicações. Isaac Asimov desenvolveu o robô. Robert Heinlein foi responsável pelos *"waldoes"* (manipuladores remotos), aquelas luvas automatizadas que os cientistas usavam para manipular itens perigosos por controle remoto. Todos esses objetos tornaram-se reais (até certo ponto) durante as vidas das pessoas que os criaram como pura fantasia. Ironicamente, um dos motivos pelo qual foi tão fácil inventar o futuro na época foi o fato de ele parecer tão improvável. Você não precisava se preocupar com os detalhes exigidos para a implementação de uma estação no espaço porque, é claro, ninguém ia realmente construir uma.

Durante meio século, nossa visão do futuro foi inspirada por capas de revista, romances, filmes e televisão.

Em algum ponto do caminho, o futuro mudou. A realidade nos alcançou e descobrimos que, de fato, não havia homens na Lua, que robôs não dominariam a Terra e que fazer um computador falar era um pouco diferente de fazê-lo pensar.

Ao mesmo tempo em que nossas bolhas explodiam, descobrimos que algumas áreas cresciam muito mais depressa do que esperávamos. A tecnologia foi um sucesso e precisamos de toda nossa energia para acompanhar seu ritmo. Paramos de falar e pensar sobre o futuro distante e começamos a falar sobre o amanhã. E como o amanhã estava logo ali, grande parte da poesia e da coragem escapou à nossa visão. Afinal, nada do que se imaginava poderia realmente ocorrer.

O futuro tornou-se entediante e previsível. A revolução dos chips de computadores (a potência de um computador dobra a cada dezoito meses) significava que havia sempre outro milagre tecnológico prestes a se concretizar. Não gosta dessa agenda eletrônica portátil? Bem, em alguns meses, surgirá uma versão mais fina, leve, potente e barata. Então, em vez de falar sobre os grandes avanços conceituais que poderiam produzir levitação, transmissão de partículas ou armas de raios, preocupamo-nos sobre quando a Escient finalmente fará o upgrade de seu sistema operacional. (Já se foi mais de um ano!)

Infelizmente, nossos sonhos foram entregues aos MBAs. E, francamente, eles são muito ruins no que se refere a sonhos. Durante o boom da internet, MBAs recém-saídos das melhores faculdades fizeram fila para conseguir empregos nas mais recentes pontocom. Com a habilidade muito limitada de três anos de olhar adiante, eles tinham certeza de que essa era a próxima grande novidade e estavam ansiosos para experimentar.

Os MBAs tornaram a internet algo trivial. Eles sonharam sonhos pequenos — e a maioria nem mesmo chegou a ser realizada. Quando IPOs estavam na ordem do dia, o horizonte de tempo era curto; hoje, as IPOs perderam seu lugar e o horizonte de tempo (se possível) é ainda mais curto. Abril passado, quando a Nasdaq caiu, os novos MBAs a acompanharam. Um artigo de janeiro de 2001 do *New York Times* falou sobre como as pontocom tinham ficado fora de moda com bons MBAs. Isso não foi surpresa! Afinal, as chances de ganhar algum dinheiro em um tempo próximo tinham caído drasticamente.

Se você for um investidor, agora é a hora de descobrir para onde estão indo esses MBAs — e então vender as ações nesse setor. O horizonte cada vez mais limitado que homens de negócios estão usando causarão problemas para todos em breve.

Sem uma meta grande, difícil e audaciosa é muito fácil se distrair por contratempos momentâneos. Se seu objetivo era abrir o capital em 2000, você já falhou. Entretanto, se sua meta é conectar cada pessoa no planeta com comunicação digital instantânea (um plano digno de alguns de meus autores de ficção científica preferidos), então está no caminho certo — com ou sem IPO.

Harry Harrison é um grande pensador. Ele é o cara que escreveu o livro que se transformou no filme *No Mundo de 2020*. Nele, Charlton Heston vive em um futuro distante e descobre que os líderes da Terra vêm lidando com a superpopulação de modo não muito palatável: transformam mortos em uma substância semelhante a tofu chamada Soylent Green e com ela alimentam as pessoas. Ei, o gosto não era bom, mas funcionava!

Espero que ninguém esteja trabalhando neste projeto, mas aqui estão alguns objetivos grandes, difíceis e audaciosos que poderíamos usar para restaurar nossa visão sobre o futuro:

1. Um dispositivo que converta mudanças na temperatura ambiente em eletricidade
2. A capacidade de transportar matéria por teletransporte
3. Um chip de celular implantado no ouvido para que se possa conversar sem emitir nenhum som — subvocalizando
4. Criar fazendas no oceano
5. Células solares eficientes que gerem eletricidade "gratuita"
6. Uma solução para o aquecimento global
7. Dispositivos antigravidade
8. Vacinas e curas para todas as doenças degenerativas
9. Lentes de contato permanentes com lentes telefoto variáveis

10. Controle de natalidade fácil e eficaz
11. Alimento que eliminasse a necessidade de rebanhos
12. Modificação de comportamento para criminosos que eliminaria a necessidade de prisões
13. Viagens mais rápidas que a luz em nosso sistema solar
14. Viagens no tempo (futuro e passado) ou, no mínimo, "filmes" de não ficção feitos por câmeras viajantes no tempo
15. Submarinos pessoais e casas de férias localizadas no fundo do mar
16. Processos que revertam décadas de poluição em localidades do Superfund da EPA (Agência de Proteção Ambiental)
17. Um campo de força de abrangência mundial que desative pistolas e armas nucleares
18. Computadores que real e verdadeiramente pensem

Algumas dessas ideias não têm sentido, são claramente impossíveis e não merecedoras de atenção. Mas assim eram os chats da ICQ, a viagem para a Lua e o aparelho de fax.

Qual o objetivo dessas visões? Intencionalmente, tentei pintar algumas metas inatingíveis, como Isaac Asimov fez com sua visão de robôs inteligentes, gentis e úteis. Mudanças tecnológicas estão acelerando e, francamente, nossos devaneios não estão acompanhando seu ritmo. Precisamos realmente dobrar a velocidade de um computador só para ver se conseguimos jogar Donkey Kong mais depressa?

Quando um computador é rápido o suficiente, por que não teria consciência? Ou poderia um computador muito rápido escanear meu cérebro, saber o que sei e agir como eu ajo? E, se isso fosse possível, por que não apenas enviar essa estrutura de dados para uma reunião em Hong Kong ou outro planeta?

Era divertido assistir a *Os Jetsons,* principalmente porque sabíamos que esse futuro estava muito longe, era certamente fantasioso e provavelmente impossível. No entanto, enquanto escrevo isto, Dennis Tito acaba de voltar depois de uma semana no espaço — nosso primeiro turista espacial. E ele o fez em menos de quarenta anos depois que Hanna e Barbera inventaram Elroy, Judy, George e Jane, sua esposa. Então, em que você está trabalhando?

ONIPRESENÇA

Quer sopa? A melhor sopa do mundo é servida por Al Yaganeh, dono da Soup Kitchen International na West Fifty-fifth Street, em Nova York. Difamada em uma notória paródia em um episódio de *Seinfeld*, o restaurante de Al está mais movimentado do que nunca. Algumas das pessoas na fila de espera de 30 minutos (para comprar uma tigela de US$6) são idiotas insensíveis que viram o programa e querem experimentar a verdadeira celebridade do momento. Outros são clientes antigos dispostos a enfrentar o frio para tomar a verdadeira sopa.

Ao mesmo tempo em que centenas de pessoas famintas esperam para conseguir uma única tigela de sopa de Al, milhões estão almoçando no restaurante mais onipresente do mundo: o McDonald's. Na verdade, todos os dias, o McDonald's serve uma refeição para um entre quatro norte-americanos.

Dê um passeio por Illinois — onde está a matriz do McDonald's — e talvez descubra que muitas das cidades pelas quais passou não têm nenhum restaurante "de verdade". Nenhuma lanchonete, nenhum lugar sofisticado para ir à noite. Só a Hardee's, um Pizza Hut e, é claro, um McDonald's. Esse não é um fenômeno limitado a cidades pequenas perto de Springfield. Há milhares de franquias do McDonald's em todo o país, e cadeias como a Arby's, o Subway, o T.G.I. Friday's e inúmeros outros vendendo refeições anônimas esquecíveis para pessoas apressadas. Ei, foi o que pedimos.

Então, qual é o problema em esquecer os princípios? É um paradoxo, mas parece que quando você se torna popular, também se torna muito impopular. De repente, as pessoas informadas não sentem mais admiração por Wolfgang Puck — não quando seu nome é exibido nos maiores aeroportos do país. Elas torcem o nariz para Yo-Yo-Ma. Desdenham Andy Warhol.

O que há com a onipresença que gera desprezo?

Todos os dias, empresários de sucesso têm de fazer escolhas difíceis sobre expansão, abrir uma nova filial, vender franquias ou licenças.

Quando você descobre uma estratégia vencedora, parece mais que racional lucrar deixando que o mercado tenha o que quer: mais de você!

Contanto que você dê ao mercado o que ele quer, qual é o problema? Se um *pouco* é bom, *mais* não é melhor?

Eis o problema: no momento em que você pega o seu produto especial, autêntico, em edição limitada e o alavanca, torna-o amplamente disponível e comum, as mesmas pessoas que o adoravam com certeza se rebelarão. "A Starbucks não é o que costumava ser", elas dirão. Os influenciadores de tendências que causaram seu sucesso no início virarão as costas quando sentirem que você não é mais autêntico.

Quando um produto está em todos os lugares, quando tem sucesso na mídia e anúncios nas laterais dos ônibus, às vezes parece que ele existe e tem êxito *porque* está em todos os lugares. Antes da onipresença, quando parecia que o produto (ou seu criador) não estava interessado apenas no dinheiro, de algum modo ele parecia mais real, mais especial e mais autêntico.

O marketing sempre foi um dos aspectos mais desprezados dos negócios. Marcas, logos, vendas, posição e grupos focais ganharam a reputação de insinceridade e ganância corporativa. A maior parte disso vem do desejo das pessoas de ter algo real — e de obtê-lo de alguém que não está tentando vendê-lo com tanto empenho.

Fomos autênticos alguma vez? O queijo fresco de cabra é feito em pequenos lotes em uma fazenda na França, diferente dos imensos tonéis produzidos pela Kraft em algum lugar de Wisconsin e entregue toda semana ao seu mercado local? E se você não conseguisse diferenciá-los em um teste de paladar?

Claro, as paisagens, o cheiro das ovelhas e a empolgação de uma verdadeira descoberta fazem o primeiro tipo de queijo parecer ter um sabor muito melhor que o segundo. Mas isso não é apenas mais uma forma de marketing? Por que a intenção do criador tem tanta influência em nossa percepção do produto?

Se você tiver sorte em criar algo autêntico, tem opções reais. Decida o quanto é importante ser real, quanto de si mesmo está associado à experiência autêntica que criou. Acima de tudo, decida o que gostaria de fazer todos os dias. Alguns de nós ficam satisfeitos com o sabor de hoje e em vendê-lo feito doidos. Outros precisam ter uma relação mais profunda com sua atividade, algo que estabeleça uma conexão entre eles e o produto. Se você algum dia tomar uma tigela de sopa de Al, olhe em seus olhos. E verá o que quero dizer.

Pessoas que criam algo autêntico e então vendem tudo quase sempre acabam infelizes. Por quê? Porque depois de vender tudo, qualquer novo sucesso não virá de sua autenticidade. Você está em um negócio agora. Ken Burns é tão autêntico quanto sempre foi. Mas ele não é recompensado por isso. É recompensado pela onipresença. Você ficaria feliz com isso?

Antes de dar o sinal, vender tudo e escalar, pense em algumas questões: ser grande é melhor do que ser (percebido como) real? A divulgação é mais importante que ser admirado por um círculo minúsculo de fãs verdadeiramente dedicados? As recompensas financeiras vêm para os que fazem coisas boas para as massas?

Você ficaria feliz em praticar sua tarefa autêntica pelo resto da vida?

Se você ficar grande, não praticará a autenticidade pelo resto da vida. Quando vende tudo, está fazendo uma troca. O grande mercado quer confiabilidade e conformidade. O grande mercado não o recompensará por ser autêntico.

Autenticidade. Se puder falsificar isso, o resto cuidará de si mesmo.

ONTEM, MUDEI DE IDEIA

Na verdade, mudei muito.

Como leitores atentos sabem, fiquei enfurnado todo o verão, trabalhando em um novo projeto que será lançado no próximo outono. Temos uma equipe de pessoas excepcionais e o processo de invenção tem sido renovador, fascinante e completamente energizante.

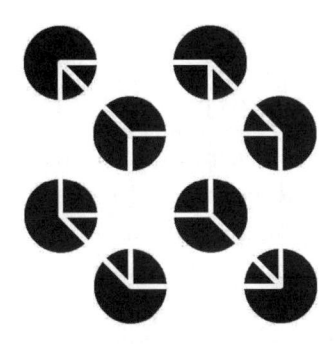

Qual canto do cubo está mais perto de você? Consegue virá-lo?

Ontem foi o segundo dia de uma maratona de reuniões com onze pessoas. Começamos no ponto A e trabalhamos até o ponto Z, considerando características, estratégias e histórias de tudo que estamos construindo. E eu me observei mudando de ideia não uma, mas muitas vezes.

Não sei o que ocorre com você, mas no meu caso, quando mudo de ideia, acontece algo químico. Eu vou de um estado mental a outro e sinto alguma coisa virar. O que é interessante (e especialmente relevante para você e seus clientes) é que uma pessoa pode facilmente se isolar dessa virada. Se não *quiser* mudar de ideia, as chances são de que não mudará.

Muitas vezes, gastamos muito tempo tentando convencer uma pessoa a enxergar um ponto de vista diferente, mas ela não é convencida. Se a pessoa para quem está falando (ou vendendo) se dispõe a *não* mudar de ideia, é muito improvável que isso ocorra.

Recentemente tive de voar até Buffalo. O voo estava lotado e fiquei na espera — segundo da lista. Era um voo barato e eu realmente precisava chegar à reunião em Buffalo. Achei que valia a pena pagar US$200 a mais para embarcar nesse voo. Tudo que eu precisava era convencer duas pessoas a me ceder seu lugar e eu ficaria bem.

As novas regras dos aeroportos dificultam essa tarefa — quando um assento lhe é designado, eles não deixam que tome o voo seguinte

— mas acontece que se alguém à sua frente na fila de espera consegue um lugar no avião, mas decide não aceitá-lo, pode cedê-lo. Assim, acampei ali à espera de que os passageiros fossem chamados.

A primeira pessoa, com cerca de 20 anos, obviamente uma estudante, foi chamada. Eu só precisava convencê-la a me ceder seu lugar. O próximo voo (para o qual ela tinha a passagem) sairia em noventa minutos. "Oi", cumprimentei, calmamente tirando US$100 de minha carteira. "Eu lhe pagarei US$100 para tomar o próximo voo — no qual você já tem um lugar — para que eu possa tomar este e chegar a tempo para uma reunião."

Bem, acho que essa moça raramente tinha recebido US$65 a hora para sentar-se em um aeroporto, assistir a TV ou ler um livro. Mas foi exatamente o que ela recusou sem pensar duas vezes. Sorriu, disse, não, obrigada, e entrou no avião.

Os dois outros sujeitos na fila de espera tiveram exatamente a mesma reação. Não tomei o avião.

Tenho a impressão de que poderia ter oferecido US$1 mil e não teria feito diferença.

Por quê? Por que US$1 mil é tão insignificante no aeroporto e tão valioso quando um mendigo pede uma moeda ou quando você atravessa a rua para poupar 10 centavos em um hambúrguer?

Eis o motivo: porque durante duas horas as pessoas na fila de espera tinham imaginado que conseguiriam tomar o voo anterior. Elas caíram na armadilha humana de acreditar que o esforço mental pode causar um impacto mágico nos eventos externos. Funcionou! Toda essa esperança os colocou no voo.

Assim, quando o seu sonho realmente se concretizou, elas queriam vê-lo tornar-se realidade. Trabalharam duro para conseguir embarcar nesse voo! Elas o mereceram. Não havia como fazer alguém mudar de ideia após uma conversa breve comigo. Não porque minha oferta não era boa, minha apresentação deixava a desejar ou eu não era confiável. Não, porque elas já tinham decidido e não seriam convencidas a mudar de ideia.

Esse fenômeno é absolutamente crítico em sua organização. Não existe sentido algum em fazer uma reunião destinada a gerar mudanças se a mente dos participantes está protegida contra elas. Supor que seus colegas de trabalho estão abertos a mudanças é um erro. É essencial que você pratique os exercícios projetados para afrouxar o músculo da virada.

Quando foi a última vez em que você mudou de ideia em uma sala de conferências? Ironicamente, o ambiente e o tom em uma sala de conferências criam exatamente uma atmosfera em que as pessoas ficam pouco à vontade em mudar de posição. Reuniões de negócios (e visitas de vendas) são customizadas para fracassar. As pessoas entram e são lembradas de que aquele é o lugar de se manter firme, onde bons argumentos levam ao sucesso e constroem carreiras e as carreiras de pessoas fracas e indecisas vão mal. Uma sala de conferências é uma arena, e as pessoas vêm armadas e prontas para apoiar suas ideias (e o status quo).

Minha recomendação? Como grupo, comece mudando a sua ideia (e a de todos) sobre algo espantosamente simples, óbvio e insignificante. Estabelecer um padrão em que as pessoas dão uma virada (não falham, só dão uma virada) é o primeiro passo para criar uma atmosfera em que as coisas realmente são feitas.

E fora de sua organização? De que forma você vai vender algo a alguém que não conhece, não escolhe a sala de conferências, não tem o poder de insistir em uma mudança?

Bem, você pode argumentar contra a natureza humana ou pode seguir uma estratégia de duas partes:

1. Venda para pessoas já dispostas a mudar. Escolha um público que, por diversos motivos externos, está aberto a mudar de ideia, como pessoas que acabaram de mudar para uma nova cidade, acabaram

de entrar na faculdade, conseguiram um novo emprego ou apenas compraram um carro novo. O valor desses grupos é bem entendido, mas ainda subestimado. Pessoas que estão lendo revistas sobre novas ideias são muito mais receptivas a coisas novas do que aquelas correndo para tomar o trem para o trabalho.

2. Inicie uma cascata de pequenas viradas. A Apple argumentou durante anos que as pessoas deveriam abandonar a plataforma Windows e mudar para o Mac. É melhor. É mais rápido. É mais legal. É comprovado. Sem chance. Principalmente porque os usuários do Windows se recusavam até a considerar uma mudança. *Mas*, quando se tratou de música, conseguir que alguém mudasse de um Walkman para um iPod foi muito mais fácil. E então, aos poucos, à medida que as pessoas se abrem para mudar os outros eletrônicos em sua vida, a Apple tem uma voz nessa conversa.

Espero conseguir fazer com que você mude de ideia sobre mudar de ideia. Se for uma dessas pessoas predispostas a mudanças, faça-se as seguintes perguntas antes de tentar convencer alguém de alguma coisa:

Essa pessoa se encontra em uma situação (emocional, profissional ou organizacional) em que está predisposta a mudar?

E, *como conseguir que ela dê uma pequena virada? E depois outra?*

Estar certo não é a questão. Ser persuasivo também não parece importar muito. Estar certo, ser persuasivo e estar com a pessoa certa quando ela está predisposta a mudar de ideia — é aí que as coisas acontecem.

OPRAH? QUANTO VOCÊ PAGARIA PARA ESTAR NO PROGRAMA DELA?

O que aconteceria com sua organização se você tivesse dez minutos inteiros com Sua Majestade? Que benefícios receberia se pudesse contar a sua história a milhões de pessoas na televisão? Claro, você não pode pagar para estar no programa da Oprah, mas se pudesse, com certeza pagaria.

Esse simples exercício de pensamento expõe um paradoxo que encontramos online.

Escritores devem ser pagos para colocar sua obra no Google Print, o serviço online que lhe permite procurar informações em um livro?

Como medir o quanto investir em um blog?

O repórter persistente que conversou comigo no outro dia não parava de me fazer a mesma pergunta: "Que porcentagem de suas vendas anuais são diretamente atribuídas ao seu blog?" Talvez você tenha ouvido a mesma pergunta de seu chefe. Eles buscam provas! A gerência não quer investir em novas mídias sem entender qual é o lucro de curto prazo. Escritores não querem "revelar" conteúdo sem provas de que valerá a pena.

Mas todos pagariam para estar na *Oprah*.

Aquele jornal local, que luta para obter assinaturas e vendas nas bancas todos os dias, quer que você se inscreva antes de ler um artigo online. E quer saber muito a seu respeito (seu sexo, sua data de nascimento) antes de permitir que você dê atenção ao site.

A mesma empresa que publica anúncios na esperança que você compre um jornal que custa mais para imprimir do que para vender monta barricadas para impedi-lo de ler online.

Espere.

"Preste atenção" são as palavras-chave. O consumidor já está pagando. Ele paga com uma commodity preciosa chamada atenção. Em vez de afastá-lo ou contê-lo, talvez o jornal devesse facilitar sua tarefa de dispensar sua preciosa atenção.

Uma avaliação rápida provavelmente confirmará o que muitos de nós já imagina: a quantidade de canais de comunicação continuará a aumentar. E ou você terá um canal, ou não. Ou terá acesso à atenção das pessoas com quem precisa falar (note que eu não disse "a quem se dirigir"), ou não.

Assim, a questão real não é "Quanto vou receber para falar com essas pessoas?", mas sim "Quanto eu *pagarei* para falar com essas pessoas?"

OPT-IN[20]

∎▮▮

Já lutei essa batalha muitas vezes, estou um pouco cansado dela, mas, ei, aqui vai:

Opt-out[21] = spam. O *opt-out* se aproveita da preguiça, inércia e excesso de informação para saturar as pessoas com coisas que elas não querem. O *opt-out* não é o jeito de criar uma grande empresa. Se você anunciar, nunca compre anúncios *opt-out*. Eles não funcionam tão bem e, mais importante, você aborrecerá as pessoas.

Tenho vergonha disso. A maioria das empresas online tem novidades e ofertas que as pessoas lerão de boa vontade. Esse é o caminho a seguir. Esse é o modo para construir um negócio sustentável e lucrativo. O *opt-out* é um erro. É mesmo uma pena.

---

20   Autorização dada pelo cliente para receber conteúdo da empresa. [N. da T.]

21   O oposto de *opt-in*. [N. da T.]

O QUE VOCÊ FEZ DURANTE OS ANOS 2000?

A retrospectiva é de 20/20. As pessoas já olham para os anos 1990 e desejam ter tido mais coragem. Quando você volta o olhar para esta década, agora já na metade, o que tem a dizer a si mesmo?

Aqui está a pergunta que você deve recortar e colar no espelho do banheiro. Ela pode lhe poupar muita angústia nos quinze anos futuros. A pergunta é: "O que você fez quando as taxas de juros estavam em seu nível mais baixo em quinze anos, a taxa de criminalidade estava perto de zero, ótimos funcionários procuravam bons empregos, computadores facilitavam o desenvolvimento de produtos e o marketing ao máximo e quase não havia concorrência para boas novas sobre ótimas ideias?"

Muitas pessoas responderão dizendo: "Passei meu tempo esperando, choramingando, me preocupando e desejando." Porque é isso que parece estar ocorrendo agora. Felizmente, porém, nem todos precisam confessar ter feito essa má escolha.

Enquanto a sua empresa esperava a economia se recuperar, a Reebok lançou Travel Trainers, um tênis muito bonito e leve para viajantes. As vendas estão se esgotando no Japão — em máquinas de vendas e aeroportos!

Enquanto as empresas automobilísticas de Detroit estavam reclamando sobre os preços dos combustíveis e a publicidade ruim para SUVs (SUVs estão entre os produtos mais lucrativos), a Honda se ocupava em fabricar carros que parecem SUVs, mas consomem a metade do combustível. O Honda Pilot é tão popular que tem uma lista de espera. E a Toyota, é claro, está vencendo a indústria com o Prius.

Enquanto a situação econômica na África gera bastante preocupação, uma pequena startup chamada KickStar está fazendo algo a respeito. A nova renda que seus produtos geram é responsável por 0,5% de todo o PIB do Quênia. Como? A KickStar fabrica um dispositivo de US\$75 muito parecido com um StairMaster[22]. Mas não é para exer-

---

22   Aparelho simulador de escadas. [N. da T.]

cícios. Em vez disso, ela o vende a agricultores de subsistência que usam a funcionalidade de degraus para irrigar a terra. Pessoas que o compram podem passar da produção de subsistência para a venda dos produtos excedentes que a terra produz — e triplicar sua renda anual no primeiro ano de uso.

Enquanto você esperou a inspiração de começar algo grande, milhares de empresários usaram o senso prevalecente de incerteza para começar empresas realmente notáveis. Negócios lucrativos na web, catálogos de ferramentas bem-sucedidos, firmas de RP de rápido crescimento — todas começaram com orçamento limitado e todas tiveram lucro antes do programado. A web morreu, certo? Bem, tente dizer isso ao Meetup, um site que ajuda a organizar encontros em qualquer lugar e sobre qualquer assunto. Ele tem 200 mil usuários registrados — e ainda aumentando.

Talvez você já tenha um recorte no espelho que lhe pergunte o que fez nos anos 1990. Qual é seu maior arrependimento *daquela* década? Deseja que tivesse começado, se associado a, investido em ou construído algo? Continua a desejar que, pelo menos, houvesse tido a coragem de tentar? Relembrando, os anos 1990 foram os bons velhos tempos. No entanto, muitas pessoas os deixaram passar. Por quê? Porque é sempre possível encontrar um motivo para ficar onde se está, deixar a oportunidade passar ou recusar uma oferta. E, no entanto, pensando no passado, é difícil lembrar por que dissemos não e fácil desejar termos dito sim.

É o seguinte, ainda vivemos em um mundo cheio de oportunidades. Na verdade, temos mais que uma oportunidade — temos uma obrigação. A obrigação de passar nosso tempo fazendo grandes coisas. De encontrar ideias que importam e partilhá-las. Motivar a nós mesmos e às pessoas a nossa volta a demonstrar gratidão, insight e inspiração. De assumir riscos e melhorar o mundo sendo surpreendente.

Esses são tempos loucos? Pode apostar que sim. Mas assim também eram os dias quando fazíamos exercícios de sobrevivência para ataques nucleares na escola, ou o medo de acidentes como o de Three Mile Island e Love Canal. Sempre haverá tempos loucos.

Então pare de pensar sobre quão loucos os tempos são e comece a pensar o que esses tempos exigem. Nunca houve uma época pior para os negócios comuns. Negócios comuns certamente falharão, decepcionarão, amortecerão nossos sonhos. É por isso que nunca houve uma época melhor para o novo. Seus concorrentes estão receosos demais para gastar dinheiro em novas ferramentas de produtividade. Seus banqueiros não têm ideia de onde investir com segurança. Seus funcionários em potencial estão procurando desesperadamente algo estimulante, algo apaixonante, algo em que possam realmente se envolver.

Você deve fazer uma escolha. Na verdade, refaça-a todos os dias. Nunca é tarde para escolher o otimismo, a ação, a excelência. Leva só um instante — um segundo — para decidir.

Antes de terminar este parágrafo, você tem o poder de mudar tudo o que está por vir. E pode fazer isso perguntado-se (e aos seus colegas) o que toda organização e cada indivíduo faz hoje: por que não ser ótimo?

OS DOIS SEGREDOS ÓBVIOS DE CADA EMPRESA DE SERVIÇOS

1. Assuma a responsabilidade
2. Preste atenção a detalhes

É surpreendente como pouca atenção é dispensada a esses dois aspectos e a frequência com que vemos pessoas (empresa a empresa ou B2C) que os ignoram totalmente.

Você ficaria espantado em ver um funcionário de hotel roubando dinheiro do caixa, um barman quebrando garrafas ou um consultor administrativo desenhando na parede do cliente com uma caneta hidrográfica. Mas, todos os dias, escuto: "Isso não é meu trabalho" ou "Nosso serviço de internet é terceirizado; é culpa deles". Mais sutis, porém mais importantes, são todos os pequenos detalhes não vistos.

Todos os anúncios em revistas do mundo não conseguirão anular um recepcionista ruim.

Todos os negócios são negócios de serviços e a experiência é o produto.

OTIMISMO

Dê uma rápida olhada em qualquer fonte de notícias sobre o mundo dos negócios e é provável que fique assustado ou deprimido. Parece que todos são vigaristas. O que essas pessoas estão pensando? O capitalismo está condenado?

Pessoalmente, aposto nas pequenas empresas. Elas são onde as pessoas que trabalham também tomam as decisões. Sou muito otimista sobre a capacidade do ser humano de ganhar dinheiro resolvendo os problemas dos outros. Parece que somente quando criamos um novo tipo de realeza — uma nova classe dominante não eleita — essas empresas entram em dificuldades.

Mal posso esperar para ver as coisas novas que estão sendo inventadas na garagem de alguém nesse momento.

OXIMOROS, UMA PALAVRA SOBRE

Cada artigo sobre podcasting menciona Adam Curry (o que faz sentido, já que a ideia foi dele). E cada artigo escrito sobre Adam Curry menciona que ele foi VJ da MTV (estamos falando de quase 100 mil resultados do Google). Não sabemos o porquê.

E, cada artigo sobre o Google (até recentemente) incluía a frase "E os funcionários almoçam em uma lanchonete onde a comida é preparada por um *chef* que já trabalhou para a Grateful Dead"[23] (estamos falando de 25.600 correspondências). Não sabemos o porquê.

O que eles têm em comum é bastante óbvio: oximoros. É uma chocante justaposição de fatos que ninguém espera, mas que é muito fácil de lembrar. Oximoros facilitam a tarefa de contar histórias. Você conhece algum?

PALAVRAS

Em 2004, os esforços para mudar o seguro social giraram em torno de duas palavras.

Parece que "privatização" não foi bem na votação. Assim, os favoráveis à privatização não usam mais esse nome.

"Reforma", por outro lado, está em marcha. "Reforma" é uma ótima palavra em termos de estabelecer uma estrutura para debate, porque assume que algo está quebrado, e como alguém pode ser contra consertar o que está quebrado?

Não minimize o impacto da palavra certa.

PALAVRAS CURTAS E OS COMPRADORES DO KMART

Outro dia, no aeroporto, cada anúncio foi precedido com (no mais alto volume) "Atenção, todos os funcionários". Às vezes, eles o repetiam duas vezes.

A verdade é esta: assim que você anuncia algo em alto volume, já conseguiu minha atenção. Declarar que quer minha atenção não me faz prestar mais atenção, faz eu prestar *menos*.

---

23   Foi uma banda norte-americana formada em 1965 em São Francisco. [N. da T.]

Não só "Atenção" é inútil, a palavra "todos" também não ajuda muito. Afinal, todo o aeroporto está ouvindo. E "funcionários" é uma palavra sofisticada e burocrática que não significa nada. Eles estão dizendo que só os trabalhadores remunerados devem ouvir? Funcionários remunerados do aeroporto?

Toco nesse assunto não porque você é o pateta que fez o anunciante falar dessa forma importuna, mas porque um dia poderá se encontrar em uma situação em que esteja escrevendo um blog, uma carta ou um e-mail, qualquer coisa, e se verá tentado a encher o espaço.

Não faça isso.

Frases curtas são lidas.

Não as longas.

Já que estamos falando disso: palavras curtas são melhores que as longas.

PALHAÇO, VOCÊ É UM?

Quando se trata da saúde de sua organização, é hora de parar de fazer palhaçadas.

Ser chamado de palhaço raramente é um elogio. A menos que você queira se juntar ao circo, não é bem um objetivo de carreira. Além do óbvio — maquiagem malfeita e sapatos enormes — todos os palhaços têm muita coisa em comum, devido a uma simples verdade: palhaços são baseados em pessoas reais. Eles personificam o que há de errado na natureza humana, só que um pouco ampliado.

Você é um palhaço? Trabalha com palhaços? Eu divido o grupo de palhaços em quatro características comuns:

1. Palhaços Ignoram a Ciência: quer seja a mágica de colocar dezesseis palhaços adultos em um Fusca ou a constante luta entre os palhaços e a gravidade, o conflito inútil entre o real e o que o palhaço deseja é um acessório na sua encenação.

Organizações (e políticos) tendem a acreditar que a ciência é opcional. Não é. Se você publicar anúncios e eles não derem resultado, não importa o que você diga, não funcionaram. Se seu ramo está mudando devido a um avanço tecnológico, não importa se você acredita nele; ele continuará ali. Todos podemos ter vários tipos de razões tecnológicas e de negócios para desafiar uma hipótese científica, mas negar a realidade nunca leva a um resultado positivo.

A Kodak, por exemplo, passou anos negando, ignorando ou fugindo à realidade da fotografia digital e seu impacto inevitável na produção de filmes. E, quando, recentemente, anunciou planos de despedir 1/5 de sua já pequena força de trabalho, foi impossível não gritar, "Seus palhaços! Só agora vocês se deram conta de que as câmeras digitais pegariam?" Senti muito pelos inocentes que perderam seus empregos porque a alta gerência estava ocupada em colocar o narigão vermelho.

Palhaços se recusam a medir seus resultados, porque medidas implicam na aceitação da realidade do mundo exterior. Acreditar em uma ilusão não substitui o mundo real. Só palhaços fazem isso.

2. Palhaços não Planejam com Antecedência: palhaços provocam muitas risadas quando se chocam contra uma parede de tijolos ou correm para alcançar um carro que partiu sem eles.

Naturalmente, esquilos e artêmias também não planejam com antecedência. Os humanos são a única espécie que regularmente faz previsões, mas o fazemos apenas de vez em quando. As pessoas ficam satisfeitas em criar dívidas no cartão de crédito para aproveitar o presente (e não o futuro, os próximos trinta anos), e trabalham duro para manter a ilusão de que tudo está ótimo — até não estar. É só dar uma olhada para o pessoal apresentando agora um recorde nos déficits federais.

3. Palhaços Reagem com Exagero a Notícias Ruins (e Boas): todos nos lembramos de um palhaço caindo em prantos quando machuca o dedão do pé ou derruba o sorvete. Esses mesmos palhaços frenéticos são tomados por alegria e risos quando algo dá certo para eles.

Às vezes, também nos comportamos dessa forma nessas situações. Observe a drástica queda nas pesquisas de Howard Dean depois do grito fora de hora, o quase desaparecimento do Audi depois de uma reportagem do *60 Minutes* que questionava sua segurança, as alterações irracionais do mercado de ações.

4. Palhaços Não São Muito Legais Uns com os Outros: dos Três Patetas aos personagens coloridos do circo Ringling Bros, palhaços são famosos por intencionalmente fazerem mal aos seus colegas. Parece que o jeito mais fácil de provocar boas risadas é com um alicate. Se não encontrar um, uma garrafa de água gaseificada também servirá.

Por que é tão incomum achar uma empresa em que o dono se importa com os empregados? Por que é ainda mais incomum achar uma força de trabalho em que o trabalho em equipe supere naturalmente o egoísmo? Por que focamos batalhas de aquisições, demissões que chamam muita atenção e políticas de ataque em vez do progresso gradual e inexorável que ocorre quando pessoas com uma meta em comum trabalham juntas para atingi-la?

Se agir como palhaços é nosso estado natural (e achamos que deve ser), então a alternativa deve ser o antipalhaço. O sucesso está em rejeitar seu palhaço interior e adotar uma visão ampla do mundo (mesmo que seja apenas cinco minutos mais longa do que a de seus pares).

Deveríamos produzir pequenos narizes de borracha vermelhos para todos que leem este livro. Eles são maleáveis e você pode mantê-los em sua carteira. Sempre que estiver em uma reunião e alguém começar a agir como um verdadeiro palhaço, silenciosamente pegue o nariz e o coloque. Imagine o impacto de cinco ou dez vice-presidentes confrontando o CEO com narizes de borracha vermelhos no rosto. Imagine vinte parlamentares usando os deles enquanto combatem o gasto desmedido com emendas orçamentárias.

O que Krusty faria? Ou Arrelia? Bozo? Descubra o comportamento de um palhaço real — e faça o contrário.

PENSANDO GRANDE

Acabo de proferir uma palestra para um grupo de quatrocentos executivos poderosos (com alta alavancagem, altos ganhos) do setor de cartões de crédito. Quando saí do hotel, passei por uma sala muito menor onde era apresentado um seminário para contadores locais.

O lanche não parecia tão bom. Os livretos também não eram muito interessantes. Mas ocorreu-me que as pessoas naquela sala eram tão inteligentes e talentosas quanto os executivos da outra.

O primeiro grupo estava usufruindo os benefícios de buscar objetivos elevados. Eles não conseguiram esses cargos porque eram mais inteligentes, tinham melhores conexões ou frequentaram Harvard. Não, estavam começando com a mesma matéria-prima do grupo na segunda sala. Acho que a diferença foi que, muito tempo atrás, as pessoas na segunda sala tomaram uma decisão sobre o que mereciam, o que eram capazes de fazer ou com que iriam se contentar. E foi uma decisão ruim.

Não, nem todos devem ser executivos de banco. Mas ninguém que queira ser um deles deve se contentar com menos por causa de uma decisão feita muito tempo atrás. Em um mundo em que o passado tem menos importância do que antigamente, onde é mais fácil do que nunca apertar o botão de *reset*, é triste ver alguém optar por ficar preso. Então, se você quiser, mude.

Ei, e os petiscos são melhores.

PERGUNTA ERRADA

Durante os últimos seis anos, as pessoas na grande mídia têm feito uma pergunta: "Como a nova mídia funcionará para os grandes anunciantes?"

Embora faça parte da natureza humana focar *suas* questões de modo egoísta, existe uma tendência implícita na pergunta que é fatal para toda a discussão. A pergunta não deveria ser "Como usar diferentes mídias para substituir a mídia (para grandes anunciantes) que faliu?".

A pergunta certa é: "Como essa nova mídia muda o jogo para todos os jogadores?" Como ela se moverá em um caminho ascendente e influenciará tudo, desde o que é feito, para quem o faz, até a quanto é cobrado etc.?

O mundo dos blogs pode ajudar a Budweiser? Somente nas margens. O mundo da nova mídia não é o local para lançar a próxima megamarca de tamanho único, tampouco é o lugar para escorar uma marca enfraquecida como esta.

Em vez de a nova mídia ajudar a promover o próximo filme da Disney ou de Julia Roberts, ela permite que se façam filmes como *Walmart: The High Cost of Low Price* (*Walmart: Os Altos Custos do Preço Baixo*).

Em vez de promover marcas como a Budweiser, a nova mídia permite que a mesma megacervejaria lance marcas que contem histórias muito mais verticais, focadas e poderosas a um pequeno grupo de pessoas.

Em vez de promover partidos políticos e ideias dominantes, ela promove doações e apoio vocal às margens.

Não acho que a nova mídia necessariamente nos leva a produtos melhores, mais saudáveis ou honestos. Acho que ela claramente nos leva a produtos (e histórias sobre eles) muito mais focados. Não só não há custo para a especialização, mas agora ela oferece benefícios. Foco não é mais caro. A massa é.

PERMISSÃO

Acabei entrando em uma livraria de uma grande rede ontem. Não consegui me conter — comprei cinco livros. Depois de passar pelo caixa, a funcionária perguntou: "Posso anotar seu e-mail para enviar nossos boletins informativos?"

Por reflexo, eu disse não. Spam demais, pouca confiança, nenhuma necessidade real de ler o boletim deles. Então, claro, fiquei curioso.

— Muitas pessoas recusam? — perguntei.

— Na verdade, quase todo mundo — ela respondeu. Era óbvio que perguntar não foi ideia dela.

Nos velhos tempos, quando permissão era algo novo, você só precisava perguntar. Agora, parece que não é tão fácil.

E se, em vez disso, ela tivesse perguntado: "Ei, veja isso! Você acabou de ganhar um vale-presente de US$20. Gostaria que o mandasse para você por e-mail? Você também receberá uma lista de livros especiais seis vezes por ano..."

É uma oferta totalmente diferente, certo? Tem a ver *comigo*, não com eles. Algo que posso usar agora mesmo. Uma promessa definitiva do que receberei (e não receberei) por e-mail.

PEZ E DISCOS DE LITUANO

Outro dia, sentei-me ao lado de Robert Klein em *Spamalot*[24]. Quando eu era um adolescente desolado, passava horas ouvindo seus álbuns de comédia. Memorizei o que dizia ("a cada disco gravado... dirigimos um caminhão à sua casa"). Resisti à tentação e não recitei tudo a ele no sábado, embora eu ainda saiba de cor. "Discos em Lituano!"

---

24   Comédia musical. [N. da T.]

Por um longo período, eu achava que o inevitável estava prestes a acontecer. Que cada disco já gravado encontraria seu lugar online e, se você tivesse um *hardrive* grande o suficiente, poderia ter todos.

Mark Fraunfelder, em Boing Boing, nos mostra o Tofu Hut onde se encontra um guia cuidadosamente criado de centenas de sites que levam a quase 1 milhão de MP3s, todos gratuitos.

Não acredito mais que se possa ter todos os discos gravados. Hoje sei, com certeza, que quando eles dirigirem o caminhão até sua casa, mil novos discos já terão sido gravados.

Quando todos podem fazer tudo, a quantidade de desordem atinge um nível totalmente novo. Quando todos podem fazer tudo (faça uma busca no Yahoo! sobre dispensadores artesanais customizados Pez, por exemplo), a ideia toda de desordem nesse nível impressionante muda seu modo de pensar sobre oferta e procura.

A Warner Bros. é hoje um anacronismo em um mundo com música em excesso.

PLACEBO, O EFEITO[25]

∎∎∎

Todos conhecem o poder da mente. Tome uma pílula de açúcar que supostamente é um remédio potente e observe seus sintomas sumirem. Veja um cirurgião realizar uma cirurgia cardíaca falsa em você e observe a angina que o incapacitava desaparecer.

O efeito placebo não age mais só em pessoas doentes.

Por que algumas ideias têm mais aceitação que outras? Porque achamos que devem. Quando Chris Anderson ou Malcolm Gladwell escrevem sobre algo, a ideia deles é melhor porque *eles* escreveram a respeito.

Mesmo quando nossa cultura de ideias e marketing entra na era de publicação em massa do cauda longa, código aberto, *low-barrier* e

---

25   O jeito de criar placebos.

todo-mundo-tem-um-blog, ainda precisamos de filtros. O som de seu iPod seria mais suave se todos os outros tivessem um Rio? O seu Manolo Blahniks seria tão legal se todos os demais usassem Keds?

Arthur Anderson auditou milhares de empresas e essas auditorias nos fizeram confiar nelas, fizeram com que *parecessem* mais sólidas, o que, não é de surpreender, as *tornou* mais sólidas. Então, depois do escândalo da Enron, o efeito placebo desapareceu. As mesmas empresas, os mesmos auditores, mas, de repente, elas *pareceram* menos sólidas, o que as deixou menos sólidas.

A mágica do efeito placebo reside no fato de que você não pode fazer com que funcione em si mesmo. Precisa de um cúmplice, alguém com autoridade que lhe contará a história voluntariamente.

Isso é que os marqueteiros fazem. Temos o efeito placebo. Claro, precisamos nos convencer de que é moral, ética e financeiramente certo participar de algo tão imensurável quanto esse efeito. Ele é controverso e praticamente implícito. Raramente participamos de uma reunião e dizemos: "Bem, aqui está o nosso novo PBX legal para empresas listadas entre as mil melhores na *Fortune*. É exatamente igual ao modelo anterior, exceto que os telefones são desenhados pela Frog Design, então são mais modernos e acessíveis e é mais provável que as pessoas invistam alguns minutos em aprender a usá-los, de modo que a satisfação do cliente aumentará e venderemos mais, apesar de ser a mesma tecnologia que vendemos ontem."

Raramente pedimos que marqueteiros de vodca contem a verdade e digam: "Aqui está a nossa nova vodca, que compramos a granel na mesma destilaria que produz vodca a US$8 a garrafa. A nossa custará US$35 e virá em uma garrafa muito bonita, e nossos anúncios convencerão os rapazes de que isso os ajudará quando o assunto for namoro. (Hein, hein, entendeu o que eu disse, hein, hein?)"

Seria surpreendente encontrar um monge, um estudioso do Talmude ou um pastor que dissesse: "Sim, queimamos incenso (ou diminuímos as luzes, tocamos sinetas ou acendemos essas velas) como meio de criar um clima em que as pessoas tenham mais probabilidade de acreditar em nossas orações", mas claro que é exatamente isso que estão fazendo. (E sabe de uma coisa? Não há nada de errado nisso.)

É mais fácil conseguir que as pessoas participem de uma reunião sobre a frequência do relógio e análise da perda da garantia do que de uma sessão sobre storytelling.

Não gostamos de admitir que contamos histórias, que estamos no negócio dos placebos. Em vez disso, falamos sobre características e benefícios como meio de racionalizar nosso desejo de ajudar os clientes permitindo que eles mintam para si mesmos.

O design de seu blog, pacote ou traje não é nada além de uma forma de criar o efeito placebo. O som que a garrafa de água Dasani faz quando é aberta é a mesma coisa. É tudo narrativa. É tudo mentira.

Não que haja algo de errado nisso.

Na verdade, o seu mercado insiste nisso.

PODCAST, POR QUE NÃO TENHO UM

As pessoas me perguntam algumas vezes por dia quando terei um podcast. Minha resposta provavelmente é: não tão cedo.

A boa notícia para podcasters é que a capacidade de os usuários ouvirem podcast está aumentando extraordinariamente. Quarenta e oito horas depois de habilitarem podcasts no iTunes, a quantidade de ouvintes aumentou em mais de um milhão.

Mas há um monte de más notícias.

Primeiro, você não pode navegar em um podcast. Isso significa que não sabe se gostará até ouvi-lo. Significa uma assinatura, em muitos casos. Essa é, claro, uma boa notícia, porque os assinantes são mais fiéis do que os navegadores. Mas são, principalmente, más notícias, porque isso significa que muito poucos podcasts serão ouvidos por um grande número de pessoas.

Exemplo: se existem mil blogs e mil leitores, cedo ou tarde todos os blogs serão experimentados por todos os leitores. *Mas*, se há mil podcasts e mil ouvintes, é improvável que o seu seja experimentado por mais de dez ou vinte ouvintes. Por quê? Porque o custo dessa experimentação (tempo investido) é muito alto. Quando suas necessidades são atendidas, você para de ouvir.

Segundo, ouvir é um compromisso em tempo real. Posso surfar por trezentos blogs no mesmo tempo necessário para ouvir somente um podcast. Isso não significa que podcasts são ruins. Na verdade, são muito mais poderosos do que blogs em provocar e vender emoções. Mas isso significa que será mais difícil encontrar um grande público.

O que nos leva às últimas más notícias: Você pode publicar uma postagem em um blog em dois minutos, mas leva uma hora para fazer um podcast. Assim, os criadores irão querer grandes públicos ou muito dinheiro se forem investir nessa mídia. E é difícil ver os dois chegando em um futuro próximo.

Minha pequena contribuição.

POILÂNE, LEMBRANDO DE[26]

▪▮▪

Lionel Poilâne foi o melhor padeiro do mundo. Ele também era uma personalidade extraordinária, um empreendedor visionário e um homem gentil e atencioso.

Eu deveria almoçar com ele em algumas semanas — e almoçar com Lionel sempre era um prazer. Ele personificava praticamente tudo que venho escrevendo nos últimos anos. Era extraordinário. Seu pão estava presente em praticamente todo restaurante de duas e três estrelas em Paris — porque era diferente. Foi muito criticado no início (ele se recusava a fazer baguetes, por exemplo), mas as qualidades incríveis de seu pão (e sua personalidade esfuziante) superaram as críticas. Não temos empreendedores corajosos em número suficiente no mundo e agora há um a menos.

---

26 Escrevi isto em 2003. E ainda menciono Lionel, com sua fotografia, em cada palestra que apresento. Obrigado, Lionel.

Em minha primeira visita (eu fui o turista norte-americano esquisito que se recusava a deixar a loja sem levar um pouco de massa crua para transformar em fermento natural em casa), ele me convidou para o café da manhã, me mostrou a maior coleção de livros de receitas de pães do mundo e me pediu conselhos sobre a internet. Penso nele sempre que ponho um pedaço de pão na boca ou vejo uma nova ideia de negócios sofisticada.

Sentirei falta de Lionel.

POLCA

Esta placa está exatamente ao lado do elevador no centro de convenções em Milwaukee.

Não custa muito, mas transforma o comum em memorável. Isso, e a possibilidade de ouvir polca em todo o trajeto.

POMBOS SUPERSTICIOSOS

▪▪▪

O que acontece quando seu chefe começa a pensar como um pombo?

B. F. Skinner estava certo: você pode fazer um pombo ficar supersticioso. É só colocá-lo em uma gaiola e fazer a comida aparecer em intervalos regulares. O que quer que ele esteja fazendo quando a comida chega — girando, balançando a cabeça, qualquer coisa — ele continuará a fazer repetidas vezes na esperança de que foi sua dança que fez a comida aparecer. O pombo presumirá uma relação de causa e efeito que realmente não existe.

Isso é o que chamamos de superstição: uma compulsão de agir que não tem verdadeira influência no resultado desejado. Pombos são supersticiosos, e receio que a maioria de nós também é. Há muita coisa que fazemos — muitas que sempre fizemos — que nada a têm a ver com o que realmente funciona. Mas quando nos decidimos, somos como os pombos. Não queremos mudar nosso comportamento, independentemente de quantos dados apoiam uma alternativa nova e melhor. É mais fácil ser supersticioso, esperar que a comida simplesmente saia do dispensador quando giramos sem parar.

Não esperamos que um pombo fique esperto e mude seu comportamento. Mas e quanto ao seu chefe? Você já teve um chefe que disse: "Procurei todas as melhores ideias sobre (insira o tema aqui: ampliação de fábrica, demissões, aquecimento global, pesquisa de células-tronco, comércio exterior) e vou mudar de opinião; minha posição antiga estava errada e isso é o que devemos fazer em seu lugar"? Ou o seu chefe é, bem, mais parecido com um pombo?

Não tenho nada contra pombos. O problema surge quando as pessoas em posição de poder são supersticiosas — quando a superstição se torna parte do sistema operacional de grandes empresas e outras instituições importantes.

Pessoas em posição de poder querem continuar onde estão. E creem que uma das maneiras de fazer isso acontecer é impor uma rígida adesão a uma série de princípios que acreditam ser responsáveis pelo sucesso da organização. Ao exigir que os funcionários se submetam a essas superstições — mais conhecidas como políticas da empresa — em vez de examinar os fatos, elas criam organizações que parecem eficientes. Na verdade, estão condenadas.

Pense nesses gerentes como exemplos da recente safra de fundamentalistas que surge em todo o mundo — inclusive no mundo dos negócios. Acho que essas pessoas são definidas por duas características. Primeira: vivem segundo um grande conjunto de superstições. Segunda: acreditam que estão certas e todos os demais, errados. Elas acham que descobriram a única verdade e não toleram mudar velhas regras diante de novos dados. *Fundamentalistas decidem se podem aceitar uma nova informação baseados em como isso afetará seu sistema de crenças anterior, não se ela é, de fato, verdadeira.*

É muito mais fácil efetuar mudanças quando não é necessário abolir uma superstição primeiro. Por exemplo, ninguém questionou a lei da gravidade. Isso porque não havia uma teoria concorrente integrada aos sistemas sociais dominantes da época. Ninguém era ameaçado pela gravidade, portanto ela foi logo aceita como um fato. Um dos motivos pelos quais o e-mail decolou tão depressa foi porque ele não substituiu o telefone ou o carteiro. Era um terceiro método de comunicação, algo novo. Mas achar um lugar para crescer onde já não existe uma superstição predominante é raro.

Quando conheço alguém disposto a desconsiderar uma verdade óbvia só porque contradiz sua visão do mundo, fico curioso sobre seu julgamento. Pergunto-me que outras verdades ele está disposto a ignorar a fim de preservar suas superstições. Quando essa pessoa está no comando, fico muito preocupado. Acho que somos obrigados a apontar as superstições no trabalho, na política — em qualquer lugar em que a encontramos. Superstições são os vestígios finais da humanidade pré-científica e elas tornam o local de trabalho (e o mundo) assustador.

O problema é que desafiar as crenças de alguém (quando estão arruinando sua organização) também é assustador. Aqui vai um insight possivelmente útil: é muito mais fácil lidar com essa aversão a mudanças racionais quando sabemos como chamá-la. Em uma reunião, dizemos: "Somos supersticiosos sobre fechar essa fábrica e, em vez disso, contratar pessoas para criar software? Ou há uma análise real que nos ajudará a decidir?" Podemos nos reunir com um colega de trabalho ou cliente e falar não sobre o que acreditamos irracionalmente, mas sobre os fatos que sugerem que deveríamos tentar fazer as coisas de um jeito diferente.

Meu sonho é descobrir nossa obrigação de identificar os fundamentalistas e fazê-los encarar a verdade. Independentemente da organização — sem fins lucrativos, grupo de trabalho de fábrica ou partido político, não faz diferença — agora não temos opção além de mostrar a diferença entre pensamento racional e atitudes supersticiosas como as de um pombo.

POR FAVOR, NÃO FAÇA EU ME SENTIR TÃO IDIOTA

Acabo de comprar um monitor cardíaco Polar. Essa coisa deveria permitir que eu acompanhasse minha frequência cardíaca enquanto me exercito. É realmente um produto notável na medida em que muda o jeito de pensar sobre algo que você faz durante meia hora por dia. Mas, infelizmente, ele está tendo muitos problemas em atingir consumidores além de um pequeno subconjunto do mundo de pessoas que realmente se exercitam. Por quê?

Bem, talvez esta citação do manual surpreendentemente sofrível lhe dê uma dica: "Ao usar um modo de exercícios, você pode ver todas as mesmas informações do modo UsoBásico." Ou, que tal, "Exe. Tempo->RecoHR/Reco Tempo->Tot. Tempo->Limites1->ZonaInterna/Acima/Abaixo1..." (toda pontuação é gravada como escrito)?

Tenho vergonha por não entender como usar esse produto. Tanta vergonha que não conto o fato aos meus amigos, tampouco vou recomendá-lo aos outros.

O que a Polar poderia fazer? Que tal um modo totalmente óbvio de iniciação rápida que desligue 90% das funcionalidades e apenas faça o monitor funcionar?!

POR QUÊ (PERGUNTAR POR QUÊ?)

A mulher ao meu lado no voo tinha saltos finos e pontiagudos, dois deles, 20 centímetros de altura. Eles são chamados de agulhas de tricô, e são permitidos no avião. O cara do outro lado estava ressentido pelo fato de terem tirado todos os seus cortadores de unhas.

A criancinha na fila 8 teve de andar 35 fileiras até o fim do avião para usar o banheiro porque é uma grave falha na segurança ele usar o banheiro vazio 7 filas à frente.

Eles fazem o raio X de tênis em LaGuardia.

O hotel mandou que eu descesse a rua até uma academia de ginástica porque a do hotel estava em reforma. Só pude usar as instalações da academia depois de preencher um formulário com meu nome, endereço completo e informações de contato. Por quê? Regulamentos do seguro. Aparentemente, esse também é o motivo pelo qual não se pode assistir ao mecânico consertar seu carro ou visitar a cozinha de um restaurante.

O consultório do meu médico não tem um aparelho de fax.

O excepcional café Maison de Chocolate em Nova York não serve chá de ervas.

O governo de Nova York tornou ilegal comprar vinho pela internet.

Se seu pessoal de linha de frente não sabe responder uma pergunta, o que você diz para fazerem?

A maioria das burocracias não quer essas questões subindo cadeia acima. A maioria das burocracias encoraja seu pessoal a ser a primeira e única linha de defesa. "Essa é nossa política." "Sinto muito, mas não posso fazer nada a respeito." "Regulamentos do seguro, senhor." A meta é fazer o cliente (questionador) ir embora.

Ir embora.

Eles querem que você vá embora.

Isso faz algum sentido? A técnica mais eficiente (e de baixo custo) para melhorar suas operações é responder perguntas com "por quê". Aproxime-se dessas pessoas, não as mande embora.

"Eu não sei porque o senhor tem de fazer isso. Mas posso lhe dizer que descobrirei antes do final do dia."

PRÊMIO GRATUITO

O Prêmio Gratuito é uma experiência de atendimento no Ritz-Carlton, quando o que você pagou foi uma boa noite de sono.

O Prêmio Gratuito é a máquina que conta moedas no Commerce Bank, quando o que você precisava era uma conta-corrente.

O Prêmio Gratuito é a fila no quiosque de sopa de Al Yaganeh, quando o que você queria era a sopa.

O Prêmio Gratuito é a caixa de leite que hospedou os primeiros 10 mil exemplares de *A Vaca Roxa*.

O Prêmio Gratuito é o que você sente quanto abre a caixinha azul da Tiffany's.

O Prêmio Gratuito está na expressão do manobrista quando você chega em um Hummer.

O Prêmio Gratuito é a iluminação e o teto do novo Boeing 77e.

O Prêmio Gratuito é o teclado iluminado nos novos Mac Power-Books.

O Prêmio Gratuito é o aroma no interior de uma padaria.

O Prêmio Gratuito é a fila para uma volta no Space Mountain na Disney World.

O Prêmio Gratuito é o frasco em que vem o lava-louças Method.

O Prêmio Gratuito é o design externo da máquina de lavar louças Maytag Neptune.

O Prêmio Gratuito é o som oco que os relês emitem quando você liga o amplificador Mark Levinson (que custa US$4 mil).

O Prêmio Gratuito é como você pode acomodar os cigarros na lateral do maço antes de fumá-los.

PROGRESSO?

Vivemos em um mundo surpreendente. Informações voando por aí à velocidade da luz. Curas ou tratamentos para muitas doenças graves. Aviões. Comida para muitos, se não para todos. Ração para gatos com gosto de patê.

Parece quase indelicado reclamar.

Mas a verdade é a seguinte: quase tudo é malfeito.

Claro, está bem melhor do que era. Com certeza, é um milagre.

Mas está tudo tão bem quanto poderia estar?

Talvez uma xícara de café da Starbucks ou uma tigela de cereal estejam. Mas quase tudo o mais precisa de muito trabalho.

Aquela canoa poderia pesar a metade do que pesa. Não há motivo para esperar uma hora para embarcar em um avião. O desenvolvimento de software deveria ser duas vezes mais rápido pela metade do preço.

E o layout do teclado? Eles inventaram o teclado há um século, decidiram que era bom o bastante e então pararam! Santo túnel do carpo, Batman.

Tenho alguns capítulos sobre este tema, mas aqui estão minhas duas ideias principais:

1. Os seres humanos costumam trabalhar em um problema até obter uma solução boa o suficiente, não uma solução ideal.

2. Muitas vezes, o mercado recompensa soluções mais baratas e boas o suficiente em vez de investir em uma solução que prometa levar à resposta correta.

Tudo isso parece pessimista. Estamos condenados a produtos ineficientes, computadores precários, serviços superfaturados e novos aparelhos que funcionam por algum tempo e então quebram?

Acho que não. Acho que a natureza aberta da web e o ambiente supercompetitivo da concorrência mundial estão empurrando as coisas em duas direções diferentes ao mesmo tempo. Primeiro, para artigos de má qualidade superbaratos que lojas de descontos e outros querem vender no atacado. E, segundo, para a busca implacável por um melhor (RPB, sigla em inglês). A RPB é o oposto de bom o suficiente. Não é a bobagem do Seis Sigma de Jack Welch, por meio do qual os engenheiros codificam a mediocridade. É uma postura consistente de mudar as regras de maneira contínua.

David Neeleman, CEO da JetBlue, falou recentemente sobre a forma com que dirige a companhia aérea. Por qualquer medida, é boa o suficiente. Ei, ela é, de longe, a melhor companhia aérea dos Estados Unidos. Mas ele não está nem perto de se acomodar. Comentou sobre transformar um dos três banheiros nos aviões em um exclusivo para mulheres. Uma ideia ótima. Custo baixo. Rápido. E adota a RPB.

Eu lhe perguntei porque não aumenta o preço dos 20 mil lugares que a JetBlue gerencia entre Nova York e Flórida (todos os dias). Se ele aumentasse o preço em US$10, lucraria mais US$1 milhão por ano! Sem perder nenhum cliente.

Ele disse: "Podemos fazer isso mais tarde. No momento, fazer por menos nos mantém focados, ansiosos e eficientes."

PROMOÇÕES

Os leitores sabem o quanto gosto de promoções e acho que a web é o melhor local para encontrá-las.

Bem, a Amazon me fez sorrir hoje. Ali, sem alarde, no canto direito superior da página, está um pequeno ícone dourado.

Clique nele e verá uma oferta especial. Você pode descartá-la (para sempre — impossível voltar) e ir para a próxima (há cinco por dia) ou efetuar a compra.

Fui fisgado. Vi todas as cinco. Amanhã verei outras.

O segredo é que as ofertas devem ser relevantes e honestas. Não é uma oferta se não se poupa muito dinheiro. Se for para algo em que não estou interessado, é um desperdício. Se for só um chamariz promocional, não funcionará. Em vez disso, elas precisam ser especiais.

O legal é que, se funcionar (e acho que irá), os fabricantes deverão estar dispostos a pagar caro para participar. E acho que a Amazon provavelmente passará algum dinheiro para nós, os clientes nunca satisfeitos.

Só um pequeno ajuste: eu deixaria a pessoa mandar a oferta por e-mail a um amigo se não a quisesse.

P.S.: Parei de voltar. As ofertas não eram "genuínas" o bastante. Não muito relevantes, tampouco capazes de proporcionar grande economia. Minha opinião? É muito difícil que fabricantes e distribuidores pensem neste programa. Claro, eles entendem o Clube de Preço e até o Woot.com. Mas quando se fala em oferecer valores excepcionais para milhares de microcomunidades, eles se unem contra a proposta.

PROSTITUIÇÃO

Por que ficamos tão incomodados quando marqueteiros tentam subverter o processo viral da ideia e se infiltram em nossas vidas?

Os mecanismos de marketing da indústria automobilística decidiram desprezar a ideia de um marketing viral autêntico e estão trabalhando duro para criar ideias virais falsas o mais rápido que podem.

É esquisito quando nos deparamos com alguém com uma tatuagem na testa escrita "Scion"[27]. Quando percebemos que a pessoa foi paga para fazê-la, sentimo-nos usados. Talvez seja apenas eu, mas acho que há uma grande diferença entre o famoso filme da Honda (ou da BMW) e a campanha manipuladora do Scion. Nos primeiros casos, as empresas automobilísticas criaram algo sobre o qual vale a pena falar. No segundo, o fabricante apenas comprou a conversa.

Por que isso nos incomoda? Exatamente porque parece muito intencional. Porque representa uma intrusão indesejada, uma demonstração de poder. Na verdade, é muito parecido com o spam.

Com mais de 55 mil downloads até hoje, a campanha da BMW é, com certeza, um sucesso. É difícil imaginar que o Scion possa comprar um número de tatuagens chamativas como essas para fazer a diferença. Se o marketing de permissão tratar de encontros, então comprar essas conversas é nada mais que prostituição.

P.S.: E a bzzagent.com? Sim, eles são pagos para ajudar a iniciar conversas. Mas uma parte essencial de seu modelo de negócios é que não pagam os envolvidos. Os *bzzagents* trabalham de graça. Precisa ser assim para funcionar.

É uma linha tênue? Sem dúvida. Assim como encontros, para falar a verdade! A mágica e a arte vêm de criar produtos notáveis que não ultrapassam esse limite — produtos sobre os quais simplesmente vale a pena falar, não conversas pagas.

PROVINCETOWN, UM INSIGHT SOBRE CAPACETES

Ontem, tive uma pequena epifania. Na verdade, foi mais um insight.

Pedalando em Provincetown (um dia lindo, fechando um casamento no final de semana movido a Yoyodine, que é mais do que você desejaria saber), mencionei à minha esposa que todos os casais pelos

---

27   Modelo de carro da Toyota. [N. da T.]

quais passamos (héteros, gays, lésbicas, não importa) tinham sincronizado seus hábitos de uso do capacete.

Ou ambos usavam capacete, ou nenhum o fazia.

No início, atribuí o Insight do Capacete de Provincetown (ICP) a algum tipo de sinal evolucionário sutil. As pessoas devem ser atraídas por outras com sensibilidade semelhante em relação a capacetes. Se você fosse um tolo atrevido, talvez pudesse identificar essa característica em um parceiro em potencial. Quando ambos vão à loja de bicicletas, *voilà*, os dois farão a mesma escolha quanto ao capacete.

Mais pesquisas na loja (incluindo alguma vigilância e uma entrevista com o gerente) demonstrariam que essa teoria é falsa.

Na verdade, o que realmente ocorre é o seguinte: um casal chega à recepção da locadora e o atendente pergunta: "Vocês querem capacetes? Custam US$1 cada." Uma pessoa começa a responder, mas olha para a outra. Então começa uma forma sutil de bullying.

Em geral, uma pessoa diz: "Não, acho que não", e a outra, que estava prestes a dizer sim, fica intimidada e concorda: "Eu também não." Às vezes, funciona ao contrário. "Ah, nunca andamos sem capacetes", uma diz, e a outra concorda.

Então?

Então, é isso que realmente ocorre com o seu produto e serviço todos os dias. *Este* é o momento da verdade, quer você venda seguros, consultoria, ioiôs ou quartos de motel. Uma pessoa hesita, a outra toma a frente e a decisão é tomada. Em um nanosegundo, todo o seu marketing, sua publicidade e seu esforço de vendas desaparece.

O que fazer a respeito?

Bem, para um produto barato e básico como capacetes de bicicleta, a resposta é simples. Eu criaria um incentivo por meio de pressão. "Aqui estão dois capacetes", diz o vendedor, enquanto os entrega aos dois clientes. "Eles só custam US$1 cada e quase todo mundo os usa. É a coisa mais esperta a fazer."

Agora que *ambos* os ciclistas já estão segurando os capacetes, é fácil para o cliente inclinado a aceitá-lo tomar a decisão. Tudo que ele tem a fazer é experimentá-lo (o que é natural) e a discussão termina. O vendedor está usando o ICP a seu favor.

Creio que o mesmo raciocínio funciona quando se vende um contrato de consultoria de US$2 milhões. A ideia de trabalhar com indivíduos do comitê de compras antes da reunião, de fazer com que cada um lhe dê o benefício da dúvida, de descobrir suas características ou opiniões, uma por uma, e então organizar essas informações para o comitê é o mesmo que entregar esses capacetes. Se é mais fácil para cada pessoa dizer "Claro, por que não?" do que "Acho que não", então você tem o ICP ao seu lado. Um empurrãozinho nesse momento de alta alavancagem poder exercer um impacto enorme.

PROXIMIDADE, O EFEITO

Imagine um editor aborrecido porque os livros de sua editora estão sendo colocados ao lado dos do concorrente sobre o mesmo tema.

Na verdade, livros vendem mais nas livrarias do que em feiras do livro, supermercados ou tavernas. Espero que isso não seja novidade para você.

E quanto aos blogs? Eles são muito mais lidos agora do que há alguns anos, quando havia apenas alguns entre os quais escolher. E as pessoas que visitam a Technorati (que indica milhões de blogs) têm maior probabilidade de descobrir e ler um blog do que alguém que, por exemplo, encontra um link por acaso para o eBay.

E atum? Atuns vendem mais na peixaria, estendidos um ao lado do outro, os menores no gelo.

Muitas vezes, somos derrubados por serviços de comparação de preços e empresas emitindo RFP [Pedidos de Proposta] e compradores de commodities que não perdem tempo para ouvir a nossa história. Muitas vezes, marqueteiros frustrados acreditam que se sairiam melhor se não tivessem nenhuma concorrência.

Na verdade, o efeito proximidade pode agir em seu favor. Geralmente ocorre se seu produto ou serviço for especial. O efeito proximidade dá confiança ao consumidor. Cria uma categoria onde antes não existia nenhuma. Ele deixa você vender a diferença, em comparação com o todo.

Em um bar, você não precisa fazer propaganda da vodca — o cliente já quer tomá-la. Deveria apenas vender a ideia de por que a sua vodca conta uma história melhor do que a do outro sujeito.

Online, esse efeito é profundo. Ferramentas de busca agregam valor quando apresentam uma série de opções, porque a proximidade de seu "concorrente" à atenção do leitor beneficia a ambos.

QUALIDADE

Em setores cercados por mudanças externas (e falo de música, livros, companhias aéreas, produtos farmacêuticos, TI, telecomunicações etc), você descobrirá que taxas extras cobradas pelas empresas antigas e pequenas *não* se guiam pela qualidade. Elas são apoiadas pelo status quo.

É por isso que CDs custam US$18 e a JetBlue é a melhor companhia aérea da América.

QUEM É QUEM?

Todos os sinais que usamos para descobrir quem é real e quem não é parecem estar desaparecendo.

Anos atrás, existiam livros "verdadeiros" e livros autopublicados. Valia a pena comprar e ler os livros reais, enquanto os autopublicados vinham de editoras de vaidade. Hoje, é claro, algumas das melhores obras são autopublicadas, seja um livro ou um blog.

O marketing multinível costumava ser apenas um pouco assustador. Vitaminas e cosméticos eram vendidos por MLM. Hoje, é claro, não é surpresa ouvir que empresas de automóveis ou até médicos recompensam as pessoas com dinheiro ou serviços em troca de indicações.

O Partido Republicano acaba de anunciar que pagará uma comissão de 30% para qualquer pessoa com um site que angarie fundos para ele. Esse tipo de tática costumava ser reservado a novas startups ou pequenas organizações de base (*grassroots organizations*).

Usar um terno elegante que cai bem era um ótimo sinal de que você era bem-sucedido e poderoso, e que estava prestes a fazer algo acontecer. Hoje, é igualmente provável que seu sócio em potencial apareça de jeans e blusa de gola rolê.

As contas do Hotmail costumavam indicar anonimato e conferiam uma aura suspeita às pessoas que as usavam. Você queria que o endereço de e-mail de pessoas com quem interagia tivesse permanência — coisas como ford.com. Hoje, é claro, o Gmail (que não é nada além de Hotmail 2.0) é a escolha do dia para poderosos e influentes. Pessoas famosas e executivos têm endereços de Gmail.

Ter a matriz em Manhattan costumava significar um sinal de verdadeiro sucesso. As pessoas até faziam negócios vendendo caixas postais no Empire State Building. Hoje, é mais provável que você encontre empresas agressivas e responsáveis surgindo no Colorado, em Dubai e Singapura.

Os melhores sites (pertencentes às melhores organizações) costumavam ser desenhados por Razorfish, Organic ou Scient. Eles eram grandes, sofisticados, caros e complexos. Hoje, não é surpresa encontrar um negócio bem-sucedido com um site de uma página que custou US$300 para ser criado.

A publicidade costumava ser grandes anúncios na revista *New York Times*. Hoje, anúncios só de texto da AdWords no Google provavelmente se pagam sozinhos.

Costumava ser verdade que abrir o capital e ser comercializado na bolsa de valores de Nova York era um sinal de permanência e ética.

Hoje, depois da Enron, da United e da Xerox, são as empresas antes desconhecidas (e privadas) que podem ser as melhores para negociar.

Então, como diferenciar os bons dos ruins? Em um mundo conectado, onde as pessoas não usam papel timbrado, não usam ternos (talvez nem os tenham), trabalham em pequenas salas de escritório (ou na sala de casa), têm um site simples e compram só AdWords, têm uma secretária eletrônica em vez de um PBX, não têm uma recepcionista ou uma escultura na entrada — neste mundo, como saber?

Quando nos livramos de muitas despesas não essenciais e mecanismos de sinalização, estamos em uma corrida para o fundo (se "fundo" significar bruto, não ruim)? Não posso mais contar com os melhores livros vindo de uma grande editora, os melhores artigos publicados nas maiores revistas (na verdade, geralmente suponho que se for a matéria de capa de uma revista importante, será insípida). Não posso mais supor que alguém com um currículo rascunhado ou um site simples na web não tem intenções sérias.

Há dez anos, havia um processo simples e organizado para empresas que queriam abrir o capital e vender ações. Ele começava com algum tempo passado como alunos em Standford e prosseguia em um almoço com os investidores de risco certos. Havia pessoas para ver e ingressos para serem perfurados. Havia também um processo padronizado para autores, vendedores, administradores de empresas sem fins lucrativos, professores e quase todo o mundo. Mas hoje, furar a fila parece ser a melhor forma de conseguir o que se quer.

Neste ponto de minha história, eu deveria inserir um insight fabuloso, algo que irá virar a sua cabeça e fazer tudo ter sentido. Não sei se posso. Acho que talvez o insight aqui seja só que tempos confusos nos esperam.

Bem-vindo aos tempos misturados. O momento em que o grande encontra o pequeno. Estamos vendo a justaposição do impermanente e o permanente, o aceito e o falso. Por um momento, será extremamente confuso. Seremos roubados, perderemos tempo, nos tornaremos até mais céticos do que antes.

Mas eu acho que logo sairemos do outro lado.

Não tenho certeza do que haverá do outro lado, mas sei que os vencedores serão os que trataram seus clientes e integrantes com respeito e com honestidade. Confiança e respeito são dois aspectos para os quais ainda não encontramos um atalho.

RECEITA?, VOCÊ ESQUECEU A

Tomo muito chá. Na verdade, chá de ervas. Toneladas de diferentes tipos. Ocorreu-me que do lado de quase todas as caixas de chá, a empresa lhe dá uma receita. A receita de como preparar uma xícara de chá.

Existe alguém que não saiba fazer chá? Entre os que não sabem, alguém pensa em procurar pela receita na caixa? Se ela não estiver lá, eles a procuram em um livro de receitas?

Não há atenção suficiente para atender a todos. Não desperdice uma gota.

REFORÇO

"Godin reforça o que bons marqueteiros sabem."

— *New York Times*

Estou lisonjeado! Não tinha certeza de que sabia o que todos os bons marqueteiros sabem. Acho que agora eu sei. Afinal, um jornal consolidado o disse. Mas, supondo que você é como eu e o resto das pessoas que conheço (o que significa que não descobriu tudo o que existe para saber sobre marketing), aqui está uma lista para começar.

- Publicidade prevista, pessoal e relevante sempre é melhor que lixo não solicitado.
- Fazer promessas e cumpri-las é um ótimo jeito de construir uma marca.

- Seus melhores clientes valem muito mais que seus clientes comuns.

- A fatia de gastos é uma medida de sucesso mais fácil, lucrativa e, por fim, eficaz do que a fatia do mercado.

- O marketing começa antes da criação do produto.

- Publicidade é só um sintoma, uma tática. Marketing é muito mais que isso.

- Preço baixo é um ótimo jeito de vender um bem. Mas isso não é marketing, é eficiência.

- Conversas entre as pessoas de seu mercado ocorrem quer você goste ou não. O bom marketing encoraja o tipo certo de conversas.

- Produtos notáveis inspiram conversas.

- Marketing é o jeito com que seu pessoal atende o telefone, a composição das suas contas e a sua política de devolução.

- Você não pode enganar todas as pessoas, nem mesmo parte do tempo. E quando o pegarem, falarão de você.

- Se você estiver fazendo marketing com base em um orçamento anual relativamente estático, está encarando-o como uma despesa. Bons marqueteiros compreendem que ele é um investimento.

- As pessoas não compram o que precisam. Elas compram o que querem.

- Você não está no controle. E seus clientes em potencial não se importam com você.

- As pessoas querem o bônus emocional extra que obtêm quando compram algo que adoram.

- O marketing *business-to-business* é só marketing para consumidores que têm uma empresa para pagar pelo que compram.

- Meios tradicionais de interromper consumidores (anúncios de TV, estandes em feiras de negócios, lixo eletrônico) estão perdendo sua rentabilidade; ao mesmo tempo, novas formas de disseminar ideias (blogs, informações RSS baseadas em permissão, fã-clubes de consumidores) estão rapidamente provando o quanto funcionam bem.

- Pessoas em todo o mundo e de todos os níveis de renda respondem ao marketing que promete e entrega os desejos básicos do ser humano.

- Bons marqueteiros contam uma história.

- As pessoas são egoístas, preguiçosas, desinformadas e impacientes. Comece por aí e ficará agradavelmente surpreso com o que encontrar.

- O marketing que funciona é o que as pessoas escolhem notar.

- Histórias eficientes correspondem à visão de mundo das pessoas para quem você está contando uma história.

- Escolha seus clientes. Desfaça-se dos que prejudicam sua capacidade de entregar a história certa aos demais.

- Um produto para todos raramente atinge todo mundo.

- Viver e respirar uma história autêntica é a melhor forma de sobreviver em um mundo rico em conversas.

- Marqueteiros também são responsáveis pelos efeitos colaterais causados por seus produtos.

- Lembrar ao consumidor uma história que ele conhece e confia é um atalho poderoso.

- Bons marqueteiros medem.

- O marketing não é uma emergência. É um exercício planejado, minucioso, que começou há muito tempo e não termina enquanto você não chega ao fim.

- Um cliente decepcionado vale tanto quanto dez satisfeitos.

É óbvio que saber o que fazer é muito diferente de realmente fazê-lo.

Aviso irônico: como a inspiração para o que escrevi aqui foi mal interpretada algumas vezes, quero esclarecer que o *New York Times* não estava tentando ser legal quando disse o que disse. Embora pareça legal para você e para mim, eles não tiveram essa intenção. E esta lista não apareceu no *Times*, mas foi inspirada por sua tentativa de serem sarcásticos. Obrigado.

REFRIGERANTE (ELES ATÉ TÊM SABOR DE PURÊ DE BATATAS)

"A realidade é que os consumidores não precisam de nosso produto", diz Peter van Stolk, fundador, presidente e CEO da Jones Soda, em uma transcrição de uma entrevista com Ryan Underwood postada no site da *Fast Company*. Ele diz que esse é o insight simples que o tornou um marqueteiro melhor. Segundo ele, "Você não está ouvindo seu cliente ao dizer 'Você precisa de mim'. Ouve seu cliente ao dizer 'Você realmente não precisa de mim'".

REGRAS, JOGANDO CONFORME AS

Líderes de mercado criam as regras. Eles estabelecem os sistemas, as convenções e os *benchmarks* a que o mercado obedecerá. E, sim, um líder de mercado pode ser uma igreja, um partido político ou uma empresa sem fins lucrativos.

Se você jogar conforme essas regras, quase certamente perderá.

Afinal, é por isso que líderes de mercado criam as regras. Eles criam um jogo que podem vencer repetidas vezes contra concorrentes menores e mais novos.

A alternativa é óbvia e assustadora: mudar as regras.

Recém-chegados e malsucedidos só se beneficiam quando elas mudam. As coisas seguras a fazer parecem muito arriscadas porque envolvem jogar com uma série fundamentalmente diferente de suposições. Mas, na verdade, mudar o jogo drasticamente é o mais seguro se você quiser crescer.

RELAXE... QUER DIZER, AJA SOBRE O DIFÍCIL

Relaxe. Não trabalhe tanto. Descanse um pouco. Esfrie a cabeça!

Para entender porque este é o melhor conselho para patrões e funcionários, é preciso saber sobre a Biblioteca Pública Kalihi-Palama em Honolulu, no Havaí.

A biblioteca fica aberta até as 17h na maioria dos dias. Anos atrás, quando a única forma de pesquisar assuntos era perguntando às pessoas (e não usar a web), este era um fato muito importante para mim e muitas pessoas na Costa Leste. Por quê? Porque naquela época, se você estivesse trabalhando em uma proposta às 22h, horário de Nova York, a biblioteca do Havaí ainda estava aberta. Era possível ligar, e um bibliotecário alegremente responderia a sua pergunta, por mais complicada que fosse.

Uma das consequências menos agradáveis da nova economia tem sido uma desconsideração quase total por sono, família e tempo pessoal. Empresas machistas marchando em direção aos IPOs se orgulham de seu exército de empregados totalmente comprometidos, todos satisfeitos demais em suportar noites insones e tomar duchas no trabalho.

Quando trabalhei no lançamento de meu primeiro produto há uns vinte anos, uma equipe de quarenta de nós ficou no escritório à noite e o dia todo por cerca de um mês. Dormíamos no chão (quando dormíamos) e somente deixávamos o escritório para um ocasional banho. E, se me lembro bem, as duchas eram bastante eventuais.

Cumprimos o prazo (por pouco — tivemos que subornar o cara da UPS com champanhe a fim de tirar as últimas cem unidades da linha de montagem) e salvamos a empresa. Eu me lembro do orgulho perverso que todos tivemos de nossa dedicação insana. A camaradagem que criamos durante aquelas noites longas dura até hoje.

Mas isso quase me custou minha namorada (acabei casando com ela, que é o fato realmente positivo aqui) e definitivamente me custou a saúde: fiquei doente por seis meses.

Se você está balançando a cabeça em sinal de compreensão ou concordância, precisamos conversar. Não há correlação nenhuma entre sucesso e horas trabalhadas. As pessoas que dirigem grandes corporações, governos superpoderosos e propriedades minúsculas e insanamente lucrativas estão trabalhando menos horas que você. É hora de parar com a loucura e ajustar seu relógio interior.

Acho que a insônia começou quando saímos das plantações. Claro, há algumas semanas no ano de horas bem longas nas fazendas, quando é melhor cuidar das colheitas ou elas morrerão. Mas há uma quantidade limitada de produtos a serem colhidos, e contratar cada vez mais imigrantes e trabalhar ainda mais horas não vai valer a pena de modo linear. Cedo ou tarde, você ficará sem grãos.

Contudo, isso não ocorria em fábricas ou minas. Esse tipo de trabalho duro tinha um mantra simples: trabalhe mais, produza mais. Você suava de tanto trabalhar e quanto mais suasse, mais produzia. Melhor ainda, fazer seus empregados trabalhar mais horas gerava mais dinheiro para você — sem suor (pelo menos, não o seu).

É compreensível que os trabalhadores do mundo tenham se unido. Eles se deram conta de que a gerência ganhava mais, mas eles não. Consequentemente, foi criada a semana útil de quarenta horas.

De repente, chegou a nova economia, empresários, freelancers, agentes independentes, rapidez em comercializar, vantagem de antecipação, IPOs e concorrência acirrada em um mundo em que o vencedor leva tudo. Os trabalhadores conseguiram o que queriam: eles se sentiram proprietários e tudo ficou imprevisível.

Tenha cuidado com o que deseja, pois você pode consegui-lo. Cheque seu e-mail. Há pessoas que lhe enviam mensagens à meia-noite ou às 4h. Uma de minhas melhores amigas me liga do trabalho às 9h, horário de Nova York, o que estaria bem, caso ela não morasse na Califórnia. A equipe original do Macintosh pode ter recebido ótimas mensagens e a melhor alimentação, mas trabalhou feito burro de carga por mais de um ano.

Muitas vezes, uma empresa no Vale do Silício programa importantes reuniões de estratégia para as 18h. Claro, nesse horário, a maioria das pessoas chega atrasada, então as reuniões começam entre 19h e 20h. O que gera as seguintes conclusões: primeiro, só os realmente dedicados aparecem. O pessoal que não se importa muito está em casa com a família, preparando o jantar. Os verdadeiros fiéis — pelo menos, em relação à cultura da empresa — ainda estão no trabalho. Segundo, todo mundo está cansado e mal-humorado, o que garante que o raciocínio vivo e analítico estará em falta. E, terceiro e mais importante, mesmo os obstinados estão começando a pensar em ir para casa, de modo que não haverá muita discórdia, a menos que a decisão a ser tomada seja realmente tola ou importante!

Claro, mesmo que você não esteja no trabalho, fica em contato. Usa seu PDA para checar o e-mail dentro do táxi. Você se certifica de colocar os fones para poder conversar enquanto está levando a família para férias no Grand Canyon.

Por um momento, tudo isso pareceu fazer sentido. Era como se trabalhar longas horas fizesse a empresa avançar mais depressa, e o avanço acelerado promovesse seu sucesso.

Bem, agora que a NASDAQ se acalmou e que vimos que talvez, só talvez, a nova economia não favoreça a atitude da velocidade em chegar ao mercado, a vantagem de antecipação, o IPO, a mentalidade de que o vencedor leva tudo, é hora de reavaliar essa ética de trabalho. Mas, ironicamente, em vez de nos fazer desafiar o mito do trabalho duro, a instabilidade da NASDAQ deixou muitas pessoas receosas demais para agir com inteligência.

O que é ser inteligente? Na verdade, as empresas que tomaram boas decisões um ano atrás ou mesmo há cinco anos estão prosperando. Suas ações podem estar em baixa, mas as empresas ainda estão em curso.

Infelizmente, entre os que não tomaram as decisões certas, a estratégia não é recuar um passo e começar a tomar decisões melhores, mas trabalhar ainda mais, ignorando o fato de que as empresas podem estar trabalhando duro nas coisas erradas!

Algumas pessoas acham que o chefe, o chefe do chefe, ou Wall Street querem ouvir: "Bem, simplesmente abaixaremos a cabeça e trabalharemos ainda mais." Errado! Acho que o problema é que as pessoas não dizem: "Aprendemos com nossos erros. Aqui estão as decisões inteligentes que nos levarão aonde queremos chegar agora."

Há uma enorme diferença entre trabalhar em uma mina, uma fábrica e fazer o que *você* faz para viver. Antigamente, as pessoas faziam coisas. *Você não faz coisas. Você toma decisões.*

E, quando se trata de tomar decisões, as melhores não serão tomadas se você trabalhar mais horas. Você não escreve um código melhor, não fecha melhores acordos de desenvolvimento de negócios, não faz melhores esforços de vendas nem inventa interfaces mais legais se trabalhar mais horas.

Enfrentemos os fatos: a cultura atual da maratona de trabalho não é nada além de uma desculpa para evitar tomar as decisões difíceis.

Pense na última vez em que se viu diante de um prazo final no trabalho. Provavelmente você o cumpriu — por pouco. Agora imagine se tivesse mais um dia de prazo. Você ainda o teria cumprido. Seu trabalho teria sido igualmente bom. E as palavras "por pouco" ainda seriam associadas ao projeto.

É uma velha máxima, mas ainda se aplica à nova economia: o trabalho se estende de acordo com o tempo destinado a ele.

Se você destinar doze horas ao trabalho todos os dias, gastará doze horas. Mas tomará mais decisões? Decisões melhores?

Vamos fazer um pequeno exercício de história. Lembre-se de cinco histórias de sucesso da década passada. Pense em empresas como a Cisco, a Palm, o Yahoo!, a Starbucks e a JetBlue.

Agora liste seis decisões que cada uma tomou que a transformaram em sucesso. Há seis medidas que cada uma decidiu implementar que as transformaram de empresas comuns em sucessos extraordinários? Pode até ser menos que seis.

Tudo o mais que essas empresas fizeram em torno das decisões não passa de comentários. Sim, houve operações importantes realizadas para validar as decisões. Mas essas operações não foram essenciais ao sucesso. Como diz o estrategista Gary Hamel, no futuro, a inovação no modelo de negócios será um fator de sucesso primordial.

E não se trata apenas de coisas sofisticadas relacionadas a estratégias corporativas. Ótimos programadores sabem que 80% do sucesso ou fracasso de um software depende das decisões tomadas durante as primeiras quatro semanas da arquitetura do sistema. Acerte nessa parte e não precisará lutar uma batalha difícil durante o resto do projeto.

Converse com qualquer advogado realmente bem-sucedido — o tipo com ótimos clientes, excelente reputação e muito dinheiro. Você descobrirá que o segredo de seu sucesso não está em trabalhar a noite toda antes de uma reunião com o cliente ou um julgamento importante. O segredo está em entender as principais questões e decidir como agir em relação a elas. Nunca alguém contratou uma firma de advocacia por ficar impressionado com o capricho com que os memorandos foram grampeados.

Agora pense em sua empresa. As pessoas estão tão ocupadas implementando, defendendo, construindo e trabalhando até tarde que ficam sem o tempo que deveria ser usado na tomada de decisões?

Pense no futuro. Ao escrever a história de sua empresa daqui a dois anos, que decisões realmente terão importado? Quais serão os momentos essenciais que o terão levado a todo esse sucesso?

É nisso que você deve gastar seu tempo. Tomar decisões certas é muito mais importante que responder ao centésimo terceiro e-mail ou hackear aquele novo código.

Na *Reader's Digest* nos anos 1950, Lila Wallace costumava andar de escritório a escritório e dizer: "Está um dia lindo. Apague as luzes e vá para casa." E eram 16h! Talvez se você deixasse o escritório às 16h uma vez por semana, as decisões tomadas no dia seguinte seriam muito melhores. Vá para casa. Jante com a família. Você ficará satisfeito se o fizer.

Minha recomendação: se a única forma de não ser demitido no atual ambiente de trabalho for trabalhar o tempo todo, então, seja demitido. Mesmo sob o regime atual, a taxa de desemprego ainda é inferior a 6% e, se você é esperto o bastante para ler este livro, bem, há muitos empregos por aí que o recompensarão por isso — não por cavar todo o carvão da mina.

RESPEITO E O VENDEDOR DA FULLER BRUSH[28]

O vendedor da Fuller Brush sabia o que estava fazendo. Antigamente, os vendedores de porta a porta aprendiam uma regra básica: depois de tocar a campainha, recue um ou dois passos. Dessa forma, a mulher da casa não se sentiria intimidada abrindo a porta para um estranho.

Não era apenas uma tática, era uma estratégia — projetada para a empresa melhorar o tratamento respeitoso com as pessoas, ao contrário dos vendedores rivais, que aprendiam a impedir o fechamento da porta com o pé.

Imagine o vendedor da Fuller Brush tentando ganhar a vida hoje no telemarketing, espalhando spam ou como qualquer vendedor pressionado que enfia seu pé eletrônico na porta das pessoas. Ele duraria três minutos. Não é egoísta ou ansioso o suficiente para roubar o tempo do cliente. Uma pena, mas na batalha para fazer nosso negócio crescer, esquecemo-nos de respeitar as pessoas que pagam as nossas contas.

Deixamos essas pessoas — nossos clientes — zangadas. Na corrida para ganhar todo o dinheiro possível o mais depressa que pudermos, aprendemos a usar pessoas e recursos de um jeito rápido. Perdemos de vista o que significa tratar os clientes com respeito. Também desrespeitamos nossos acionistas, nossos funcionários e nosso governo — mas é tudo parte do mesmo problema.

---

28   Empresa de venda de escovas nos Estados Unidos. [N. da T.]

E o tempo para fazer algo a respeito está acabando. Ironicamente, as táticas obsoletas do vendedor da Fuller Brush podem ser exatamente o que precisamos para uma virada.

O surpreendente é que respeito não custa nada. Recuar dois passos depois de tocar a campainha não só é gratuito, é lucrativo. Em vez de enviar spam para o mundo, venda para pessoas que querem ouvir de você. Não são só boas maneiras, é lucro. Todos querem ser tratados com respeito — o tempo todo. Na verdade, quando tratamos as pessoas com respeito, elas têm maior probabilidade de fazer o que queremos.

Alguns lhe dirão que tratar pessoas com respeito é só um conceito antiquado. A ética dos negócios pode ser um oximoro — o marketing respeitoso também é? Não precisamos ligar para as pessoas durante o jantar ou enganá-las com letras miúdas para ter algum lucro? TODOS OS TERNOS US$299 (ou mais), diz o aviso na loja de roupas. E as letras miúdas entre parênteses eram *muito* miúdas. Eles o estavam atraindo para entrar na loja, esperando que comprasse um terno de US$1 mil — por engano. Isso vale a pena?

Na verdade, acredito que a única forma de ter um lucro duradouro é respeitando as pessoas. Há evidências crescentes de que os velhos e limitados modos de obter lucro estão se tornando menos eficientes. As pessoas estão se livrando de ataques de marketing com TiVo e Telezappes. Mais de doze pessoas por *segundo* assinaram a lista de Não Perturbe da Comissão Federal de Comércio no primeiro dia. Os consumidores estão votando com seus *pocketbooks*, optando por visitar os varejistas que os tratam com respeito, sem ganância.

Alguns marqueteiros até entendem o quanto acabar com a confiança do consumidor está lhes custando, mas a maioria não quer recuar dois passos de volta aos bons e velhos tempos. Em vez disso, estão lutando as batalhas erradas. Estão prontos para processar a TiVo, porque o dispositivo facilita em muito a tarefa de pular anúncios. Estão falsificando o assunto do spam que enviam para passar pelos filtros. Estão fazendo lobby no Congresso para dar fim à lista de Não Perturbe.

Mas quando uma empresa envia spam, deixa claro a sua falta de respeito. Quando uma companhia aérea coloca um "te peguei" nas letras miúdas de um anúncio de página inteira, está desrespeitando a inteligência do consumidor. Gerir um negócio que só sobrevive com engano e desrespeito não é nosso direito — nosso direito é perceber o caminho sem saída e escolher um negócio melhor e mais respeitoso.

Acredito que isso está prestes a desabar nos marqueteiros destrutivos. Os consumidores (especialmente compradores B2B), estão ficando mais espertos, cuidadosos e sofisticados. Eles não ficam quietos enquanto os marqueteiros roubam seu tempo, atenção e dinheiro. Faça-se esta pergunta simples: se todos os nossos clientes fossem bem informados, faríamos melhor — ou pior? Para muitas empresas, a resposta é sombria. O McDonald's foi abalado ao ser pego introduzindo sabor de carne em suas fritas supostamente veganas. E o Kmart foi à falência pelo desprezo que demonstrou pelos consumidores, dizendo a eles: "Ei, é barato. O que você esperava?"

Karl Marx (provavelmente sendo citado pela primeira vez em um livro de marketing) fez uma pergunta simples: "Quem se beneficia?" Eu acho que essa é a questão principal. Empresas que trabalham para beneficiar seus clientes não terão dificuldades em tratar os novos consumidores com respeito. É uma consequência natural para marqueteiros cujo objetivo é servir. Por outro lado, os que trabalham para enganar e coagir os clientes têm tudo a perder e muito pouco a ganhar.

RESPONSABILIDADE

Grandes empresas e a web estão acabando com a civilidade dos negócios. Você está preparado para aceitar a responsabilidade e sacrificar o anonimato?

Quase fui morto a caminho do trabalho hoje. As pessoas que me conhecem sabem que meus breves encontros com a morte são bastante comuns, mas este foi instrutivo. Eu estava dirigindo na rua quando uma caminhonete da Verizon disparou para fora de uma garagem, por pouco não atingiu meu para-choque e atravessou duas faixas de trânsito. A motorista se afastou rapidamente, mas não o bastante para impedir que eu anotasse o número da placa.

Com o celular na mão, eu estava pronto para ligar para o supervisor dela. Não se tratava apenas do aborrecimento causado pela Verizon aos moradores do subúrbio — tratava-se de uma real direção imprudente. Uma questão de vida ou morte! Infelizmente, não pude telefonar: não havia nenhum adesivo de COMO ESTOU DIRIGINDO? no para-choque. Nenhum número para o qual ligar.

Você já notou que há menor probabilidade de conhecidos cortarem a sua frente no trânsito, xingá-lo ou ocupar sua vaga no estacionamento do que estranhos? Há um motivo: o anonimato é inimigo da civilidade.

Eu me pergunto se a motorista da Verizon teria tido outro comportamento se o para-choque exibisse esse adesivo.

Em uma cidade de duzentos habitantes, é impossível ficar impune por mau comportamento. Cedo ou tarde, até os valentões precisam da ajuda dos que os cercam — e até eles sabem que seu mau comportamento os impedirá de conseguir ajuda. Vizinhos são uma ferramenta eficiente para mudança de comportamento — quando as pessoas o conhecem, você age de modo diferente.

Com privacidade total e um manto de invisibilidade, muitas pessoas se tornam rudes. São capazes de atos egoístas — atos que não praticariam na presença de um amigo (ou de uma câmera de vídeo). Salas de chats pornográficos online ficariam vazias se os usuários tivessem que se registrar com o nome verdadeiro. Poluir o rio Hudson seria muito mais difícil se você encontrasse um amigo e tivesse que explicar que foi *sua* decisão descartar ali suas placas de vídeo.

Eis o problema: críticos obcecados por George Orwell queixam-se de que estamos ingressando na era do Grande Irmão, em que não há segredos e os comerciantes sabem tudo que há para saber sobre nós. Eu digo que estamos entrando em uma era de anonimato. Uma era em que é fácil se esconder.

As grandes empresas são uma das culpadas. Uma grande companhia pode fazer coisas que um vizinho nem sonharia em fazer — porque ela pode se ocultar atrás do correio de voz e das "políticas". Quando ficamos realmente zangados com o mau atendimento de uma empresa (lembre-se do cancelamento de voos pela United como tática de negociação trabalhista) ou quebras de promessa seguidas (lembre-se da instalação de sua internet), isso ocorre porque completos estranhos tornaram nossa vida horrível. As pessoas conseguem lidar com decepções, mas merecem a satisfação de olhar o responsável nos olhos.

Outra força que age contra a responsabilidade pessoal é a internet. Não sei quem foi responsável por torná-la um local anônimo, mas foi mesmo uma péssima ideia. Quem sofre com as vielas escuras e com a falta de responsabilidade que vêm com o anonimato online? Vamos dar uma olhada:

- Serviços de leilões online como o eBay funcionam mal em um ambiente anônimo e, como vimos, apesar de seus melhores esforços, o anonimato pode levar a roubos e lances fraudulentos.

- O e-mail está se desintegrando, em grande parte devido ao spam. A enxurrada de mensagens anônimas que abarrotam nossas caixas de entrada desapareceria em menos de 24 horas se todas pudessem ser rastreadas até os indivíduos que as enviaram — com um uma conta mandada para eles pelos custos incorridos.

- A troca de informações está cada vez mais comprometida devido a boatos anônimos. Tudo, de dicas sobre ações a notícias nacionais e à decisão de entrar em guerra, se torna suspeito quando não conseguimos saber quem disse o quê.

- Grupos de notícias tornam-se inúteis porque pessoas aparecem, reclamam, discutem e, assim, perturbam uma conversa proveitosa — e não há nada que possamos fazer a respeito, porque não sabemos quem é quem e não conseguimos excluir as pessoas quando elas podem mudar o nome de usuário e retornar.

Pare um minuto e pense em como os equivalentes desses serviços no mundo real funcionam bem e como funcionariam melhor em um ambiente online sem anonimato.

Você consegue imaginar um local de trabalho onde todos chegassem usando uma máscara? As pessoas se sentariam em qualquer lugar, pegariam o que lhes interessasse, diriam o que tivessem vontade — e então desapareceriam, possivelmente para sempre. Nada seria feito.

Aqui vai uma humilde sugestão: vamos construir uma internet paralela onde só será bem-vindo quem apresentar uma identidade verificável. Vamos exigir que todos assumam a responsabilidade por seus atos se quiserem participar de nossa nova sociedade online.

Qual internet você gostaria de visitar, a anônima ou aquela em que todos estão seguros sobre com quem estão lidando?

Mas a privacidade não vai descer pelo ralo em um mundo sem anonimato?

Anonimato e privacidade não são sinônimos. Anos atrás, tínhamos muito menos anonimato e muito mais privacidade. Embora a internet e as defesas construídas em volta de grandes corporações tenham aumentado o anonimato, parece que a privacidade não aumentou. E, a propósito, a privacidade é mesmo algo tão bom?

E se não existisse privacidade? E se todos soubessem quanto você ganha, quanto paga de imposto, o que doa para a caridade e quantos cachorros tem? Vamos adicionar mais duas hipóteses ao conjunto. Um: o governo não é deposto e substituído por soldados de capacetes azuis controladores de pensamentos que implementam uma nova ordem mundial. Dois: estamos todos igualmente expostos. Você não tem anonimato ou privacidade — mas ninguém mais tem.

O que aconteceria? Não estou sugerindo que quero um mundo assim — mas acho que vale a pena discutir a ideia. Parece que em algum ponto ao longo do caminho concluímos que um caos generalizado, apoiado e facilitado por minúsculos círculos de privacidade, é a melhor forma de garantir nosso futuro como sociedade civil. Acho que se eu tivesse uma opção, viveria em uma vila em que todos soubessem o meu nome.

Pelo menos, todos dirigiriam melhor.

RINGTONES

Acontece que *ringtones* são hoje uma parcela considerável de todas as músicas compradas por certos usuários. Ainda mais estranho, além da disposição de gastar dinheiro com eles, as pessoas estão até assinando uma revista sobre isso.

Chama-se *The Ringtone Magazine*.

Isso parece um pouco excessivo em muitos níveis. Mas está muito claro que compramos o que queremos, não o que precisamos!

ROXO

Apresentei um seminário por telefone para a Soundview. Recebi várias perguntas no final e prometi responder algumas das adicionais. Então, aqui vai:

Como pode a Vaca Roxa ser usada na indústria de serviços, isto é: bancos hipotecários? Não está claro que a maioria dos corretores de hipotecas tem ferramentas para diferenciar seu negócio. Em outras palavras, não é a oportunidade notável que costumava ser.

Eu acho que você vence quando oferece um pacote de elementos extraordinários que personifique a essência do que faz, mas agregue algum valor que, por si mesmo, os torne algo de que valha a pena falar.

Milhas de passageiros frequentes, por exemplo, nada têm a ver com voar e tudo que envolve a escolha de uma companhia aérea. Isso não significa que você deva oferecer milhas a viajantes frequentes. Significa que você tem um problema que precisa de um tipo de solução não linear.

Que sugestão você tem para um candidato a emprego? Como você usa sua abordagem da Vaca Roxa para se vender a empregadores em potencial? A primeira coisa a lembrar é que você não pode ser Roxo no último minuto. Precisa ser Roxo *antes* de começar a procurar um emprego. Isso significa se destacar em seu emprego (daí as indicações que receberá de ofertas excelentes para cargos internos) e com clientes (daí as ofertas de emprego não solicitadas). Pessoas que são notáveis na forma com que lidam com clientes, consumidores e colegas de trabalho raramente ficam desempregadas por muito tempo.

A segunda é lutar contra a tentação de imprimir mil currículos e se submeter ao "chamado do gado" (desculpem a piada) que é a típica procura de emprego. Isso não funciona. Você só conseguirá um emprego médio. Em vez disso, foque as pessoas com um *otaku*, as pessoas que estão procurando uma contratação realmente especial. Se você for essa pessoa, o emprego será seu. Porém, o que costuma ocorrer é que as pessoas comuns estão muito desesperadas e tentam convencer os contratantes de que elas são realmente notáveis. Acabam não conseguindo o cargo porque suas referências (anexadas ao currículo, certo?) as contradizem.

> Assim, não é uma resposta fácil, mas é isso:
> seja notável
> construa uma rede de pessoas que realmente quer ouvir você... e achará o emprego que procura.
> Boa sorte!

O que grandes marcas consolidadas podem fazer para ser notáveis? Há inúmeras marcas como Hershey, American Express, Maxwell House Coffee etc. que estão vendendo imensas quantidades de produtos e mantendo muitas fábricas em funcionamento e pessoas empregadas. Como elas podem aumentar mais sua capacidade? — Chuck, no Ogilvy. Bem, a boa notícia é que essas grandes marcas têm fluxo de caixa e poder de mercado para superar barreiras e criar novos bois para substituir os que estão desaparecendo (a American Express, por exemplo, pode ser uma boa marca, mas a maioria do que oferece está longe de ser notável). Se ela quiser crescer, precisará descobrir como inventar algo que segue uma trajetória diferente da marca existente.

O problema é que as organizações raramente têm a coragem, quando a têm, de promover e recompensar pessoas que defenderão a notabilidade e o marketing de permissão. Isso porque as duas estratégias começam pela suposição (correta) de que o marqueteiro não é onipotente. A maioria das marcas com poder insiste que pode controlar a conversa e que pode vender coisas comuns para pessoas comuns. A Maxwell House deveria ter sido a Starbucks. A Procter & Gamble deveria ter sido a Method. A American Express deveria ter sido a PayPal.

Assim, se eu fosse a agência de registro, tentaria fazer mais do que anúncios das mesmas velhas coisas. Eu insistiria em me envolver no desenvolvimento do produto, não só nos anúncios. Se tentassem, as agências de publicidade saberiam como fazer isso do jeito certo.

Trabalho para uma publicação de tecnologia que tem orientado o mercado nos últimos anos, principalmente com base na qualidade de conteúdo como vantagem competitiva. Agora que o mercado está mais saturado, está difícil manter o crescimento das assinaturas. Qual é sua opinião sobre competir com qualidade agora que mais concorrentes estão fazendo o mesmo? Que passos podemos dar para tornar nosso produto de qualidade mais notável? Uma ótima pergunta! Minha resposta é que precisamos continuar a definir qualidade. No início, qualidade significa ser notável. Ao longo do tempo, a qualidade passa a significar algo entediante, limitado, feito dentro das especificações.

Eu redefiniria qualidade em sua organização para significar "uma coisa nova, moderna, como a Vaca Roxa, sobre a qual os clientes e usuários querem falar". A *Rolling Stone* (que é e era jornalismo de "qualidade" em todas as medidas) caiu na armadilha de se tornar totalmente previsível.

Como encontrar os *sneezers*[29]? Você acha que oferecer descontos ajuda a achá-los? Na verdade, acho que os *sneezers* o encontram, porque você frequenta os mesmos lugares que eles. Se você lançar um produto que não tem um ninho natural de *sneezers*, será mais difícil,

---

29   Um cliente que espalha suas ofertas e promoções por meio de redes sociais. [N. da T.]

mas geralmente bons comerciantes são espertos o bastante para encontrar a fonte certa. A Starbucks não abriu as primeiras lojas na zona rural de Dakota do Sul, mesmo que as lojas da frente sejam baratas lá. A Apple abre suas lojas usando raciocínio semelhante. Os caras do software compreendem que uma postagem no Slashdot vale mais que dez anúncios na revista *Time,* e Steven Spielberg não hesita em visitar convenções de ficção científica.

RSS

Se você está perto de um computador, largue o livro por um instante, entre no Google e procure "RSS". Gaste alguns minutos para aprender do que se trata. Vá em frente. Eu espero.

Acho que há duas fronteiras entre blogs e RSS que valem ser consideradas, quer você gerencie um projeto, uma igreja ou uma marca.

A primeira é a ideia do microblog. Pediram a Ed Brenegar para ajudar um pequeno grupo de pessoas a entender o boca a boca, e ele transformou isso em um blog. A ideia é encontrar um grupo minúsculo (ou imenso) que queira ouvir de você com regularidade. Então use a conexão direta que o RSS oferece e combine-a com um blog para soltar informações essenciais às pessoas ao longo do tempo. Eu fiz o mesmo quando produzi um musical para o ensino fundamental. Criei um blog para os pais usarem e ficarem a par das novidades da peça, da programação e das fotos de cada ensaio.

Postar blogs não precisa significar falar com estranhos anônimos.

A segunda ideia é o que a BasecampHQ.com faz. Esse software de gestão de projetos usa o RSS para alertar as pessoas que precisam ser avisadas sempre que algo acontece. Elas podem ignorá-lo o resto do tempo.

O RSS é como um e-mail, só que não há spam, o ciclo é fechado, há uma variedade muito maior de mídia disponível e, o melhor de tudo, os recebedores podem configurar vários leitores para apresentar as informações do modo que eles querem ver. Pensar nisso levou ao *podcasting* e nos levará a uma série de novas direções agora.

SABOR CAMUNDONGO

Estou alimentando o gato dos vizinhos do outro lado da rua enquanto eles vão passear. Se você ainda não acredita que todos os marqueteiros são mentirosos, dê uma olhada no texto desta promoção da ração para gatos Fancy Feast:

> A ração Fancy Feast Gourmet é finamente moída e macia, como um patê que tem sabor e textura que agrada ao paladar exigente de todos os gatos. Escolha o sabor preferido de seu gato entre 11 opções diferentes, para proporcionar uma nutrição completa e 100% equilibrada todos os dias.

Você sabia que os gatos têm paladar exigente? Quando foi a última vez que um gato doméstico morreu de fome? Lembre-se, esses são animais que caçam, torturam e comem camundongos.

Os gatos sabem que há molho na ração de frango? Eles se importam com a textura de patê? Ei, se ração para gatos fosse realmente para gatos, seria vendida com sabor camundongo.

É muito evidente para quem são as rações caras para gatos, e certamente não é para eles. (Existe até um sabor "grelhado". Grelhado!)

E papinha para bebês não é para bebês, e o seguro de vida só funciona depois que você morrer e...

SALINGER TINHA RAZÃO

Holden Caulfield *realmente* viveu as aventuras e a angústia sobre o que o autor escreveu? Claro que não. Não existiu um Holden Caulfield. *O Apanhador no Campo de Centeio* é uma obra de ficção.

Então, qual é a diferença entre ficção e mentira? Storytelling é mentir?

Acho que a distinção que fazermos a nós mesmos é que romancistas não fingem que estão contando a verdade. Enganar não é o objetivo deles ao escrever romances, que claramente são rotulados de ficção. Sem más intenções, sem mentiras.

A julgar pelo meu e-mail e postagens que vejo nos blogs aqui e acolá, parece que algumas pessoas têm dificuldades com a palavra "mentiroso". "Mentiroso" é uma palavra que nos deixa zangados.

Quando escrevi *Todo Marqueteiro é Mentiroso*, tentei dar minha opinião sobre mentiras verdadeiras.

Algumas pessoas (principalmente as que não se incomodaram em ler o livro) acham que aconselho as pessoas a mentirem, enganarem e abandonarem a pouca ética que nos resta. Não. Faço o oposto!

Começo dizendo que você *está contando* uma história, quer queira ou não. Você é romancista, diretor de filmes, contador de fábulas. É impossível entregar toda a verdade a todos, o tempo todo, portanto, ao fazer escolhas, você está contando uma história. Se seu blog for bem desenhado, ele é parte da sua história. Se for feio, essa também é uma história. Nenhuma história tem a ver com as palavras. Mas você ainda está contando uma. Nós, como marqueteiros, devemos reconhecer esse fato e começar a agir de acordo — nossa concorrência certamente o faz.

Então digo que contar uma história que não é autêntica, é inconsistente, vazia ou cheia de efeitos colaterais não citados não só é errado, é estúpido. As melhores mentiras são verdadeiras! Verdadeiras no sentido de que você não decepciona o ouvinte quando ele descobre mais fatos sobre o que você faz.

Qualquer marqueteiro que acredita que está no negócio de contar toda a verdade sobre o que faz está se iludindo. Você não pode fazer isso. Não há tempo, atenção e dinheiro suficientes.

J. D. Salinger entendeu isso quando escreveu ficção. Ele não tentou contar a verdade. Tentou contar uma história que despertasse sentimentos.

Seja um mentiroso que conta verdades. Alguém que sabe que está no negócio de narrativas, que conta às pessoas sobre suas ideias em termos do que querem ouvir. Mas alguém cujas histórias se mantêm quando verificadas.

SALSINHA

Hoje tomei café com meu amigo Jerry. Comemos no Naples 45, em Nova York. Pedi o omelete de US$12.

Eis o que recebi:

(Sei que pedi que não colocassem batatas e é verdade que o muffin não veio já mordido.)

Quem come a guarnição? Ninguém. Que desperdício, certo? Mas se não for servida, você nota. Você nota que não havia um ramo de salsinha nem um morango no prato. É uma lembrança viva de que você acaba de ser enganado.

Todos vendemos salsinha. Às vezes, na ânsia de cortar custos, acelerar e descobrir como vencer o Walmart, é fácil decidir eliminar a salsinha. Nunca um grupo de discussão pediu salsinha!

Ao lado do Naples 45, uma pequena cafeteria serve o café da manhã com um sorriso. E guarnição. Será minha escolha na próxima vez.

SEGREDOS DO SUCESSO

Se não for o dinheiro ou uma programação brilhante, o que caracterizará o sucesso da internet do futuro?

1. *Execução incansável*: este é de longe o vencedor. Persistência, foco e consistência. Vimos como isso funcionou na Amazon e como distrações prejudicaram a AOL e outros. Hoje é muito mais importante, porque os mercados em repouso tendem a ficar em repouso. Mudar o mercado é difícil.

2. *Resistência às concessões*: por poder fazer tudo tão depressa hoje e por ser fácil não especialistas entrarem, a tentação é ir para o meio, ceder, ser todas as coisas. É aquela coisa da Vaca Roxa de novo...

3. *O que não fazer*: isso se parece um pouco com o no 2. Dê uma olhada em uma página da Amazon. De lá, você poderá fazer uma busca na web, pesquisar o interior do livro, comprá-lo novo ou usado e assim por diante. A tentação é fazer todo o possível (e isso pode funcionar para a Amazon, mas talvez não para você). As melhores novas empresas da internet entendem basicamente o que *não* farão.

4. *Desejo de estar três passos à frente*: um passo à frente é fácil, mas não é suficiente. Se der só um passo à frente, estará acabado antes do lançamento. Dois passos à frente é tentador. Dois passos significa que todos entendem o que você pretende quando o apresenta aos demais. Dois passos significa que você conseguirá recursos sem demora. Mas dois passos são um problema, porque os sujeitos realmente espertos estão três passos à frente. Eles são os pioneiros

e desbravadores. São eles que inventam a próxima geração. É mais difícil para vender, produzir e fazer a sua sogra entender, mas é o que vale mesmo a pena construir.

5. *Fazer algo que valha a pena*: ei, ninguém vai mudar para o seu serviço porque você trabalhou duro nele. Não vale a pena ser um pouco melhor.

6. *Conectando pessoas a pessoas*: o que dura online é conectar pessoas umas às outras, repetidas vezes. Algumas pessoas pensaram que se tratava de tecnologia, mas não é verdade.

7. *Monetizar desde o primeiro momento*: o Google sem AdWords é inútil. Assim, o Adwords está integrado à experiência. O Google não diz: "Ei, temos de fazer isso porque, do contrário, teremos de fechar as portas", eles dizem: "Isso realmente torna o serviço *melhor*". Considerando como é barato construir e rodar a maioria dos serviços online, não podemos cobrar se o único motivo para isso é ter lucro. Cobrar adiciona atrito e seletividade. Se esses dois elementos retardarem seu serviço, você fracassará. Os fundadores do Hotmail não entenderam esse detalhe. Anúncios de banner pioraram o Hotmail, não melhoraram, e por não terem integrado anúncios úteis ao serviço desde o início, nunca puderam.

8. *Não depender de um sócio poderoso*: claro, seria ótimo se você pudesse estar na *home page* do Yahoo! todos os dias, ser integrado ao Blogger ou aparecer na Fox todas as noites. Mas também seria ótimo você ganhar na loteria. Esse é um desejo, não um plano.

9. *Ignorar os conhecedores*: inclusive eu. Se sou tão esperto, por que não vou montar o seu negócio?

10. *Cumprir promessas*: embora a internet esteja aqui e seja real, isso não significa que as leis dos negócios tenham sido suspensas para sempre. E as palavras "cumprir promessas" captam o melhor do que aprendemos nos últimos quatrocentos anos. Faça o que diz estar fazendo e o resto fica mais fácil.

SEGURO É ARRISCADO

▪▪▮

Na semana passada, tive dois breves encontros com o ensino superior.

O primeiro foi uma palestra que proferi em Nova York. Havia vários alunos da Escola de Administração de Harvard ali, convidados devido ao seu interesse em marketing e por serem alunos promissores (foi o que me disseram, mas acho que foram porque ouviram que Maury Rubin ofereceria um excelente almoço!).

Seja como for, eles me pediram conselhos sobre encontrar empregos na área de marketing. Quando apresentei minhas opiniões (vá a uma empresa pequena, trabalhe para o CEO, consiga um emprego onde realmente possa cometer erros e fazer algo, não só dar opiniões), uma mulher afirmou concordar comigo, mas então explicou: "Mas essas empresas não entrevistam no campus."

Essas empresas não entrevistam no campus. Humm. Ela acabara de gastar US$100 mil em espécie e mais US$150 mil em custo de oportunidade para obter um MBA, mas...

O segundo ocorreu hoje em Yale. Enquanto eu dirigia pelo maravilhoso campus, passei pelo Centro de Estudos Asiáticos. Ele me lembrou de meus dias como universitário (em uma escola de menor importância, claro), examinando o catálogo, compreendendo que eu poderia aprender o que quisesse. Não só poderia assistir às aulas, mas também iniciar um negócio, organizar um movimento de protesto, morar em um sótão perto da faculdade, qualquer coisa. Essa capacidade de escolher era um presente valioso.

No entanto, a maioria dos meus colegas de classe se recusou a escolher. Em vez disso, tratavam a faculdade como uma extensão do ensino médio. Eles assistiam aos cursos comuns, faziam o mínimo possível para tirar a nota máxima, tentavam não criar problemas com o professor ou enfrentar a incerteza do desconhecido. Passavam seis horas por dia na biblioteca, lendo livros didáticos.

A melhor parte da faculdade é que você pode se tornar o que quiser, mas a maioria das pessoas só faz o que acha que precisa fazer.

Você se formou, mas nada mudou. Você tem mais liberdade no trabalho do que imagina (ei, está lendo isto no horário de trabalho!), mas quase todas as pessoas não fazem nada com essa liberdade além de tirar nota máxima.

Você trabalha com pessoas que ainda estão no ensino médio? Candidatos a emprego só dispostos a comparecer a entrevistas no campus? Executivos que tentam, acima de tudo, deixar o chefe feliz? Está muito claro que o errado nesse sistema é o ensino médio, não o resto do mundo.

Falte à aula. Assista a um seminário de Literatura Francesa. Participe de entrevistas fora do campus. Seguro é arriscado.

SEMANA DO COMPROMISSO

Detesto a semana do compromisso na National Public Radio. Fico incomodado com a ideia de que as pessoas normalmente inteligentes que dirigem a estação acreditam que podem mantê-la refém enquanto recompramos nosso direito de ouvir. Quer dizer, eu tinha muitas outras coisas para fazer no carro. Posso ouvir "Waiting for Godiva", da nova banda Sauce ou até, que os céus me protejam, mudar para outra estão de rádio não comercial. Ei, se eu tivesse XM ou Sirius, poderia trocar para uma centena de outras rádios não comerciais. Preciso de um motivo excepcional para ouvir rádios comerciais (note como eles põem a palavra "comercial" depois de "rádio").

Seja como for, por mais que eu deteste a semana do compromisso, fico me perguntando se deixei passar alguma coisa.

O problema com o modelo da NPR é que eles não têm um meio de descontinuar a transmissão para alguém que não se compromete. Em outras palavras, não há como desligar você caso não pague.

Online, sabemos como os anúncios de banner são virtualmente inúteis (e vendidos por até um centavo de dólar por banner), e agora os sites que usamos estão aumentando as apostas a fim de ganhar algum dinheiro. Eles trabalham para nos interromper com *pop-ups*, *pop-un-*

ders e várias outras distrações. Claro, eles precisam (e merecem) ter lucro, portanto, mais poder para eles.

Acontece que ainda não é muito lucrativo para eles. Sabem que não podem nos manter *totalmente* reféns com vários anúncios, ou trocaremos para outro site. Em seu mundo perfeito, a sua companhia de mídia não teria concorrentes e teríamos de assistir a anúncios de página inteira (como na TV ou no rádio) antes de poder voltar à nossa programação normal.

Felizmente, este não é um mundo perfeito e, como resultado, as empresas de mídia ganham pouco ou nada em cada visita que fazemos aos seus sites. Mas nós, os usuários, ficamos aborrecidos, mesmo assim.

E se, apenas talvez, aprendêssemos uma lição rápida com a NPR, mas sem o problema do *free rider*?

A Slashdot está agora oferecendo um serviço sem anúncios por cerca de US$5 por mês.

O Yahoo! tem mais de 100 milhões de usuários por mês. Você pode imaginar o quanto lucrariam se todos nós pagássemos apenas US$5 e nunca tivéssemos de assistir a um anúncio da Classmates.com? Se nunca tivéssemos de clicar em "fechar a janela" a fim de voltar ao e-mail...

Eu pagaria. E você?

SEM NOÇÃO, SOMOS TODOS

Somos todos sem noção. Essa é a melhor palavra que posso usar para descrever o marketing de última geração.

Três exemplos:

Ontem, no supermercado, encontrei meu amigo John, alguém que não costumo ver sempre no Food Emporium. John tem uma lista de compras padrão ("Ei, querido, por favor, compre isso..."). Mas John quer me mostrar algo na lista. Ela diz:

1 LÂMINA DE BARBEAR FEMININA QUE COMBINE COM NOSSO BANHEIRO.

Uau. A Gillette vem fabricando lâminas de barbear há quase 100 anos e você precisa imaginar quantas horas e quanto dinheiro ela gastou tentando atender a esse desejo — provavelmente 0,0001% do que gasta na tecnologia de produção das lâminas.

Então, nesta manhã, fui ao banco. Algum pobre sujeito estava discutindo com o "gerente de atendimento ao cliente". O problema? Ele tinha US$4 em sua conta que esperava fechar. O banco lhe cobrava uma taxa de serviço de US$5 por mês. Não havia saldo suficiente. Então eles lhe cobraram US$30 de taxa por falta de saldo em uma conta inativa.

O gerente tentava explicar a política, mas como resultado, todas as propriedades do banco, todos os anúncios, todo o mármore, todos os computadores — não valeram nada, porque estavam enfurecendo o sujeito. Por causa de US$4.

E, finalmente, ao sair do banco, vi a mais surpreendente interação (sim, é verdade). Uma mulher é a primeira da fila. Ela está sacando US$1 mil de sua conta. O caixa se afasta da mesa e pega seu cartão de assinatura do arquivo (este é um bairro local — não há computadores aqui) para compará-la à assinatura no cheque.

A cliente se vira e que diz que:

1. O caixa trabalha ali há vinte anos.
2. Ela (a cliente) vai ao banco pelo menos uma vez por semana.
3. Eles sempre checam sua assinatura.

E, veja só...

4. Ela é cliente do banco há dezessete anos. Não estou inventando. Ela é muito orgulhosa e é quase (quase!) sua cliente mais antiga. A conta tem mais de dezessete anos. E eles checam sua assinatura.

Hoje, o marketing trata oficialmente de desejos, não de necessidades. É ao redor disso que todo o seu dia deve girar. Sua igreja, sua empresa, seu restaurante, seu blog, não importa. Dê-me o que quero, ou estou fora.

SPAM DO CARTÃO DE NATAL

Pode me chamar de Scrooge[30], se quiser, mas não posso evitar notar uma nova tendência. Eu a chamo de spam do cartão de Natal.

Cartões de Natal costumavam ser atenciosos e escritos à mão. Tomavam muito tempo e, assim, eram enviados só a pessoas que realmente queriam recebê-los.

Então surgiram as impressoras profissionais e os cartões de Natal tornaram-se um item de atacado. As empresas os recebem às centenas. Quase todos podem contar com dezenas de cartões todos os anos. Talvez você não quisesse receber um cartão de Natal do cara da Copiadora, mas ei, só foi preciso um segundo para jogá-lo na caixa do correio, e então ele enviou trezentos.

Contudo, você não recebeu muito desse lixo, porque o custo do cartão e do selo tornou proibitivamente caro para o sujeito da copiadora enviar mil ou 4 mil cartões.

Hoje, graças à natureza de custo zero do e-mail, a equação se reverteu por completo. O custo para o remetente do cartão é essencialmente zero. O custo ao recebedor, porém, é significativo. Esse cartão bobo com o boneco de neve (quem, exatamente, é Telemak e porque está escrevendo para mim?) levou 20 segundos para chegar por minha conexão DSL. Certamente, assistir a meu e-mail levar cinco ou seis minutos para chegar é suficiente para causar sensações Dickensianas. A Telemak deve ter enviado 10 mil cartões... que custam aos recebedores cerca de cinco horas de tempo de download.

Assim, mais uma tradição estimada destruída pelas novas mídias.

Feliz Natal!

---

30   Personagem de *Um Conto de Natal*, de Charles Dickens [N. da T.]

SUA PRÓPRIA IMPRESSORA

Trinta anos atrás, todos na televisão acreditavam no universo de três canais. TV a cabo era um mito. É por isso que as grandes redes fizeram um péssimo trabalho ao iniciar redes a cabo. Elas não acreditaram que era remotamente possível dar certo.

Claro, os primeiros vinte canais tiveram sucesso. Em grande estilo. Sucesso no valor de bilhões de dólares.

Levou cerca de uma década, mas o negócio da TV foi recalibrado. A indústria hoje acredita que atingiu o número natural de redes e ponto final.

O que acontecerá, perguntei, quando a TiVo tiver Java e TCP/IP e houver 1 milhão de canais?

As pessoas no negócio da TV não conseguem imaginar isso. Não imaginam um mundo em que possa haver vinte redes A&E, ou onde possa haver um canal só de programas sobre como construir um aeromodelo.

As rádios XM e Sirius e a internet aumentaram a quantidade de estações em cem vezes.

O *New York Times* informa que 175 mil livros são publicados todos os anos. E o número está aumentando.

Acabamos de atingir 30 milhões de blogs, quando eram 100 há 5 anos.

A quantidade de canais sobre praticamente qualquer assunto continua a aumentar. A quantidade de *bons* canais, onde "bom" significa público integrado, de tráfego intenso, de gosto discutível, continua a cair. A quantidade de boas saídas de RP de jornais é mínima. A quantidade de varejistas com espaço nas prateleiras que realmente importa é minúscula. Sim, você pode colocar seus itens ali. Não, você não pode esperar que a distribuição (ou carregamento, como dizem na TV) faça de você um sucesso.

Em outras palavras, possuir uma impressora não é grande coisa. Conhecer o comprador da Bed Bath & Beyond não é muito melhor.

SUVENIR — REAL COMPARADO A QUÊ?

Eu não estive no Festival de Jazz de Montreaux em 1969. Gostaria de ter estado.

Eddie Harris e Les McCann subiram ao palco e, embora mal tivessem ensaiado, lançaram uma canção improvisada que fez história. Ironicamente, a canção tinha a frase "Real... comparado a quê?"

O suvenir em vinil dessa apresentação ao vivo é um clássico que vendeu milhões. Compre uma cópia, se quiser: *Les McCann and Eddie Harris —Swiss Movement: Montreux*. Ouvir o disco de vinil não é o mesmo que assistir ao show original, mas é conveniente e o som é ótimo.

Vinte anos depois, "som eternamente perfeito" nos trouxe a versão em CD. Não há salto nem rangidos, mas, aos meus ouvidos, isso é um lembrete da intensidade do LP.

Depois, fizeram com que passássemos tudo para o formato MP3. Agora, tenho a versão do CD copiada no meu iPod. Há muito menos bits de dados (e qualidade) e o som não é tão bom, mas me lembra o original ("original" significa a gravação analógica, não a apresentação ao vivo, em que não estive).

Agora, tenho um cabo Monster para meu carro que me permite transmitir a versão em MP3 da versão em CD da minha versão de vinil da apresentação ao vivo nas ondas FM para o rádio de meu carro. Parece que Eddie está dentro do túnel Holland. E nem chega perto da música, mas me lembra do jeito que me senti quando ouvi o álbum.

Isso não ocorre só com a música. A conversa por celular com meu amigo Jonathan tem conteúdo, mas o tom e o teor de sua voz meramente me lembram de como me sinto quando o ouço ao vivo.

E os milhões de fotos digitais que vejo online não se parecem nada com as versões originais de alta resolução, que, é claro, não se parecem nada com os objetos da vida real.

Meu pai costumava me contar uma piada. Um cara está fazendo uma visita à prisão estadual com o diretor. Eles entram na sala de refeições e veem a seguinte cena:

Um prisioneiro se levanta. Ele diz:

— 142!

Todos riem histericamente.

Outro prisioneiro se levanta. Ele está rindo, mas consegue falar:

— 884.

As gargalhadas sacodem o local.

O visitante não consegue entender o que está acontecendo e pergunta ao diretor.

— Bem, esses caras foram condenados à prisão perpétua. Eles ouviram todas as piadas milhões de vezes. Então, em vez de recontá-las, apenas falam seu número.

— Uau! — o visitante responde. — Posso tentar fazer isso?

O diretor hesita, mas diz:

— Claro.

— 191! — grita o visitante. Segue-se um silêncio mortal. Como o de uma tumba.

Humilhado, o visitante se volta para o diretor e pergunta o que fez de errado.

— É o jeito com que a conta — responde o diretor, com um sorriso irônico.

Eu me pergunto o que acontece quando sua cultura digital nada tem a fazer além de espalhar imitações fracas das experiências originais. Eu me pergunto o que ocorre quando as empresas de mídia que dependem de sua atenção começam a perdê-la quando tudo o que temos são *ringtones*.

Acho que meus livros mudam muito mais ideias do que meus blogs.

Mas livros não se disseminam como fazem as ideias digitais.

Também não é só a mídia tradicional. Um e-mail não comunica tantas informações quanto uma reunião, e uma mensagem de voz é difícil de arquivar. Uma barra energética pode ter muitas vitaminas e tal, mas não é tão boa quanto uma verdadeira refeição.

Este fenômeno cria uma grande oportunidade. A oportunidade de oferecer riqueza sensorial, de proporcionar experiências que não se obscurecem diante das coisas antigas. Não é só nostalgia de *baby boomer* (embora ela ajude) — é o desejo humano por textura.

Ao mesmo tempo, as boas novas de sites como JamBase.com é que eles usam mídia digital de resolução inerentemente baixa para convencer as pessoas a aparecerem para ouvir as coisas em alta resolução ao vivo.

Você está no negócio dos suvenires?

"TALVEZ", FAZENDO AS PESSOAS NÃO DIZEREM

Susan Storms pertence ao Hall da Fama dos Vendedores. Eu tive a sorte de ter Susan em minha equipe na Yoyodyne Entertainment. Em 1998, eu a enviei a Seattle para uma visita de vendas a uma empresa muito conhecida. Como acontece muitas vezes quando se vende uma nova ideia, houve muita resistência ao que ela tinha a oferecer. E como costuma ocorrer quando a empresa visitada é gerida por um visionário, houve muita confusão entre as pessoas com quem Storms se encontrou. Todas estavam ansiosas, tentando adivinhar ou conjeturar o que o chefe faria. Ninguém queria se comprometer. Tudo o que tinham a oferecer era um "talvez".

Em geral, uma reunião como essa não leva a nada. É um dia perdido. É uma noite de sono desperdiçada em outro quarto de hotel. São US$900 gastos em uma passagem de ida e volta por nenhum bom motivo. Você pensa que essa situação é natural e a adiciona ao custo habitual de se fazer negócios.

Mas, como eu disse, Susan Storms é uma ótima vendedora. Ela estava tão convencida do nosso produto, tão certa de que esse cliente em potencial precisava da solução que oferecíamos, que se recusou a aceitar um "Bem, talvez, mas não agora" como resposta.

Assim, ela tirou uma folha de papel da maleta. Então, virou-se para o grupo e disse: "Gente, estou empolgada com essa oportunidade. E tenho tanta certeza de que ela é ideal para a sua empresa que atravessei o país para apresentá-la a vocês." Ela parou e lentamente tomou um gole de seu suco de frutas. "Vocês ouviram minha apresentação. Sabem que esse produto pode mudar o jeito com que fazem negócios. Eu compreendo se decidirem que ele não é certo para vocês. Se decidirem que querem dar seguimento ao negócio agora mesmo, seria fantástico."

Então ela parou, encarou o gerente sênior e perguntou: "O que gostaria de fazer? Aceitar ou recusar?"

E o gerente repetiu sua resposta evasiva: "Bem, realmente precisamos analisar isso com mais atenção, ouvir a opinião de algumas pessoas e então voltaremos a nos falar."

Storms sabia que eles não fariam isso. Sabia que tinham uma capacidade de zoom muito limitada — que aquela era uma empresa que não conseguia achar meios de tentar coisas novas, mesmo que fossem coisas velhas levemente adaptadas para aproveitar novas oportunidades. Sabia que a resposta do gerente era uma técnica tradicional usada em companhias com sérios problemas diante de desafios de zoom e que ele estava procurando uma forma de mandá-la embora sem realmente tomar nenhuma decisão. Então ela lhe entregou o papel.

"O negócio é o seguinte", ela disse. "Este é um programa válido por um período de tempo e se você não se comprometer hoje, teremos de oferecê-lo a um de seus concorrentes. Mas isso poderá causar muitos problemas para todos nós. Isto é, e se seu chefe ligar para o meu mais tarde e perguntar por que não estamos trabalhando com a sua empresa? Então, só preciso que rubrique esta folha de papel que diz que ouviu a apresentação e que decidiu *não* aproveitar nossa oferta." Ela falou, e entregou o papel para o sujeito de Seattle.

Bem, o papel dizia que essa empresa tinha ouvido a ideia, decidido que não estava interessada e que estava tudo bem em levá-la a um concorrente. Simples assim. E adivinhe. Ele se recusou a assiná-lo!

Dizer sim era arriscado. Dizer não, também. Assinar o documento era arriscado. Em sua mente, cada opção significava algum tipo de mudança. Em vez de encarar a oferta como uma oportunidade para praticar o zoom — fazer o de sempre, só que de um jeito diferente — ele a encarou como uma ameaça a sua posição na empresa. Então fez o que podia sem assumir riscos: tirou Storms da reunião.

Não, Storms não fechou a venda. E também não conseguiu a assinatura do gerente. Mas tudo bem. Porque ela conseguiu a história — e nos ensinou uma lição sobre como fazer a mudança acontecer (ou não acontecer) nas organizações.

Reconhecer que nenhuma decisão naquele dia na verdade significava "não" foi um instrumento brilhante por parte de Storms. Talvez um gerente mais corajoso teria encarado a oferta como uma oportunidade e não uma ameaça. Por fim, lidar com mudanças faz com que você confronte uma coisa: a desonestidade. E a desonestidade — intelectual, de tomada de decisões, de falta de disposição de enfrentar os fatos — é a maior inimiga que uma empresa pode ter. Nós a disfarçamos como a espera de mais informações ou a procura de mais dados. Na verdade, a questão real é que não queremos olhar para a situação de perto e tomar uma decisão, certa ou errada. E, assim, as empresas e os indivíduos adiam reconhecer o que já sabem e agir. Elas não se comprometem com uma decisão até ser necessário — mesmo que já a tenham tomado em pensamento, e um atraso em torná-la oficial signifique gastar mais dinheiro, cometer erros e ficar acordado a noite toda para recuperar o tempo.

Eu me pergunto o que Storm teria feito se Neil Goldschmidt, ex-secretário de transportes dos EUA, estivesse naquela reunião no lugar daquele médio gerente covarde. Ouvi dizer que, enquanto estava na Universidade do Oregon, Goldschmidt considerou associar-se a uma fraternidade. O clímax de entrar para uma fraternidade é a *"hot box"* (caixa quente), na qual os membros levam o potencial associado a um quarto onde é cercado e pressionado a aceitar a filiação.

Goldschmidt estava nessa *hot box*. Um irmão da fraternidade dramaticamente acendeu um fósforo, segurou-o na frente do rosto de Goldschmidt e lhe disse: "Você tem até esse fósforo se apagar para decidir. Vai fazer o juramento ou não?"

Goldschmidt soprou o fósforo e saiu do quarto.

Na verdade, Goldschmidt precisou de mais coragem para dizer não do que sim. Mas qualquer resposta demonstrava um nível de bravura e capacidade de praticar o zoom — uma espécie de caráter e lucidez infelizmente em falta na maioria das empresas.

Os bons gerentes são os que fazem mudanças quando ainda não existe uma emergência. Lembramos que Barry Diller inventou os filmes-feitos-para-TV. Ou que Bob Pittman convenceu seus chefes a apoiar a ideia louca que era a MTV. Charles Schwab entrou cedo online, enquanto a Merrill Lynch esperou até começar a correria.

O "Hall da Vergonha" avesso ao risco é tão grande que precisa de um campus próprio para abrigar todos os integrantes. Várias editoras recusaram *As Pontes de Madison* porque não quiseram arriscar e apoiá-lo. A IBM não conseguiu quorum que apoiaria a ideia que depois se tornou a máquina Xerox. Antigamente, gerentes avessos ao risco sabiam que nunca teriam problemas ao se recusar a tomar uma decisão difícil. Na verdade, isso poderia até ser o caminho mais rápido para uma promoção: é uma forma segura de lavar as mãos. Mas, hoje em dia, se você não toma uma decisão, está fora do jogo. É provável que qualquer decisão atenderá melhor a você e à empresa do que nenhuma decisão. E saber porque você pensa o que pensa é a forma mais rápida de se envolver ainda mais na cadeia de eventos acelerada que resume a vida na nova economia.

TALVEZ, UMA ORGANIZAÇÃO À PROVA DO

É possível fabricar pequenas emergências para que todos na organização tenham de dizer sim ou não? É possível criar situações em que se acende o fósforo, quando simplesmente ficar inerte não é uma opção? É possível criar uma empresa "à prova de talvez"?

Algumas das melhores gestões de projeto que vi ocorreram em empresas que usam o sistema "vermelho/amarelo/verde". Ele se baseia em uma premissa muito simples: Cada pessoa na divisão de uma empresa que está lançando uma nova iniciativa importante deve usar um botão no trabalho todos os dias. Usar um botão verde indica que você está em um caminho crítico. Ele diz a todos que a tarefa que está realizando é essencial ao lançamento do produto — que você é prioritário. Se você usar um botão amarelo, está dizendo aos colegas que está na periferia do projeto, mas que mesmo assim tem tarefas importantes. E usar um botão vermelho sinaliza que você tem uma tarefa importante não relacionada ao projeto.

Quando aparece alguém com um botão verde, a situação é imprevisível. Botões verdes são como luzes de uma ambulância ou os chamados para um cirurgião na sala de operações: "Este é um caminho de vida ou morte", dizem os botões verdes, "e é melhor que você tenha uma ótima razão se pretende me atrasar." Quando uma pessoa com um botão amarelo se encontra com alguém que usa um botão verde, essa pessoa entende que é o momento de tomar uma decisão: "Como posso ajudar esse botão verde a avançar com sua tarefa crítica?" Ou, no mínimo, "Como faço para não atrapalhar?"

Claro, as pessoas podem mudar o botão todos os dias ou várias vezes durante uma reunião. Mas quando se adota a abordagem do botão à gestão de projetos, vários fatos ficam claros de imediato: Primeiro, qualquer empresa que hesitar em fazer uso dos botões por recear magoar os funcionários não está realmente levando o projeto a sério — nem tentando criar uma cultura na qual decisões são tomadas. Na verdade, se você ocultar os botões, estará ocultando outras decisões. Segundo, as pessoas não gostam de usar botões vermelhos: elas trabalharão duro para encontrar um meio de contribuir e passar ao verde.

E há muitas pessoas satisfeitas em usar um botão amarelo. Terceiro, CEOs, líderes de projetos e de equipes descobrem rapidamente quem está realizando o que dentro da companhia.

Você está ansioso em trabalhar para uma empresa vermelha/amarela/verde? Usar um botão verde no trabalho o deixaria empolgado? Receber um botão todos os dias que indicasse sua prontidão para tomar decisões faria com que desse uma olhada atenta — mesmo que difícil — ao seu estilo de tomada de decisões?

Existe muito foco em startups que avançam rapidamente. No início, quase todos usam um botão verde. E quando alguém como Susan Storms visita uma dessas empresas, não há nenhum problema em conseguir que alguém assine uma folha de papel dizendo sim ou não. Na agitação de uma startup, as pessoas sabem o que sabem. Certo, errado ou para o lado, você não encontrará nenhum "talvez" ali!

Mas, em breve, a cultura da empresa começará a mudar. Devagar, no início, e depois cada vez mais rápido, o ambiente muda. As pessoas são contratadas por um bom motivo: agregar valor ao status quo. Então a empresa para de praticar o zoom e começa a se enraizar. As pessoas ficam malucas quando lhes pedem para usar um botão vermelho. Ele é uma ameaça! Elas não sabem lidar com a ideia de que uma simples folha de papel as coloca em destaque — qualquer destaque! Enfrentar um fósforo aceso que as faça declarar suas intenções é uma experiência angustiante.

Assim, eis a verdadeira questão: você está pronto para deixar sua empresa ficar à prova de "talvez"? Um simples sim ou não resolve o assunto.

TECHNORATI

Você se importa com o que os outros pensam? Se pudesse esconder microfones no vestiário de sua loja ou no saguão de seu restaurante, gostaria de saber o que as pessoas estão dizendo?

Entre na Technorati e digite o seu nome, o de sua marca ou de seu livro. No mesmo instante, verá o que milhões de blogs estão dizendo. Bisbilhotice organizada.

Você está fazendo isso por seus produtos? Seus problemas?

Não, a blogosfera nem sempre está certa (só está certa quando concorda com você, é claro). Mas há muito feedback e grande parte dele é bem detalhado. A Technorati anunciou hoje que acabaram de adicionar o blog de número 30 milhões à pilha. Você pode filtrar o lixo e ainda terá insights relevantes que pode usar para agir.

Uma amiga que é gerente sênior de desenvolvimento de negócios em uma grande rede de TV ficou deslumbrada quando lhe contei sobre a capacidade de inverter o megafone. Vale a pena dar uma olhada.

TELEVISÃO É O NOVO NORMAL

Certa manhã, bem cedo, estava fazendo meus exercícios no horrível Marriott ao lado do aeroporto de Mineápolis. Como a sala está maravilhosamente vazia, desligo os dois aparelhos de TV (canais diferentes, em alto volume) e começo a me exercitar.

Quinze minutos depois, um sujeito de cabelos prateados com jeito de executivo (como fazer isso usando uma camiseta é uma dúvida universal) entra, passa por mim, estende a mão e liga a CNN antes de subir na esteira.

Tente imaginar o oposto. Você entra enquanto alguém assiste à CNN e a desliga sem pedir. Nunca aconteceu.

Para mim está claro que o ataque da mídia é o padrão. Estamos tão acostumados ao ruído de fundo constante da TV e da web que não só não conseguimos viver sem ele, mas supomos que ninguém mais consegue. Também está claro que ninguém realmente a *assiste* mais (principalmente aos comerciais). Ela simplesmente está ali.

Eu lembro como shows na TV eram especiais (qualquer um) em 1966, quando comecei a me interessar em assistir à televisão. Como todos lembravam todos os comerciais e assistíamos aos mesmos programas. Ainda lembro de alguns episódios de *Batman* como se os tivesse visto ontem. Mas não tenho ideia do que a CNN estava transmitindo ontem na sala de ginástica.

Um último pensamento sobre o tema: um estudo afirmou que mais de 80% de pessoas com um gravador digital TiVo admitiram que pulavam todos os comerciais.

TRADIÇÃO!

Na semana passada, a família foi assistir a um musical da Broadway.

Como ocorre às vezes, o astro não apareceu. Um coadjuvante tomou seu lugar e havia uma tira de papel no ingresso informando ao público que um ator reserva se apresentaria.

As luzes diminuíram, a orquestra começou a tocar, a cortina subiu. Alguns extras andaram pelo palco. O personagem principal apareceu.

O público aplaudiu.

Por quê?

Por que o público aplaudiu um ator reserva? Praticamente todo o público sabia que o astro principal não estava presente.

Tenho certeza de que nos velhos tempos, quando Gene Kelly ou Audrey Hepburn apareciam no palco, havia o suspiro de reconhecimento e a gratidão que o público sentia por um grande astro ter escolhido passar um tempo valioso com ele. Então, aplaudir era um subproduto natural dessa emoção.

Lá, porém, estava um ator que não pagamos para ver, um ator que certamente faria seu melhor, mas que não tinha feito nada para nós.

Então, por que aplaudir?

Tradição.

Existem muitas opções em nossa vida. Muitas marcas de refrigerante, muitos tipos de celulares, muitas formas de voar de Nova York a Los Angeles. Também há opções sociais — quando bater palmas, como dizer olá, que tipo de mensagem deixar nos celulares.

Como resultado, frequentemente recorremos à tradição. Fazemos o mesmo de sempre porque é mais seguro e fácil.

Você deveria se importar com isso.

Deveria se importar se estiver comercializando uma ideia ou produto que exija que as pessoas derrubem uma tradição existente. Mudar o jeito de fazer as coisas (seja o design de uma bicicleta ou a estrutura de um colégio eleitoral) é mesmo difícil. Compreender que ser melhor *está longe* do ideal ajuda-o a entender a magnitude de seu desafio de marketing. Na verdade, as tradições raramente mudam rapidamente só porque as alternativas são melhores. Uma história real: caminhando na Newbury Street, em Boston, na sexta-feira, a menos de um quarteirão de cerca de vinte restaurantes excelentes e baratos, ouvi um turista dizer a outro: "Bem, poderíamos comer no Burger King." Por quê? Tradição!

Você deve se importar com todas as mensagens de correio de voz dizerem: "Oi, você ligou para Karen. Por favor, deixe sua mensagem depois do bip"? Acho que já sabe o que fazer, mas ainda ouve as instruções todas as vezes.

Também deveria se importar se estiver tentando construir algo grande e importante. Porque coisas grandes e importantes muitas vezes vêm quando se muda a tradição. E se você inventar uma nova tradição ao redor de sua inovação, vencerá em grande estilo.

L'chaim[31].

---

31   "Tchin tchin" em hebraico. [N. da T.]

UMA BREVE HISTÓRIA DE TRABALHO DURO, AJUSTADA AO RISCO

Seu bisavô sabia o que era trabalhar duro. Ele transportava feno o dia todo para garantir que o gado ficasse alimentado. Em *Fast Food Nation* [*Nação do Fast Food*, em tradução livre] (Houghton Mifflin, 2001), Eric Schlosser escreve sobre um trabalhador que fraturou as vértebras, destruiu as mãos, queimou os pulmões e, por fim, foi atingido por um trem como parte de sua carreira de quinze anos em um matadouro. *Isso sim* é trabalho duro.

O significado de trabalho duro na economia do trabalho braçal era claro. Sem a ajuda de máquinas e organizações, trabalhar duro significava produzir mais. Produzir mais, é claro, era a melhor forma de alimentar sua família.

Esses dias estão longe. A maioria de nós não usa o corpo como se fosse uma máquina — a menos que você pague pelo privilégio e esteja se exercitando na academia. Atualmente, 35% da força de trabalho norte-americana está sentada diante de uma escrivaninha. Sim, ficamos sentados inúmeras horas, mas o único trabalho pesado que provavelmente faremos é colocar um novo galão de água no *cooler*. Então, você ainda acha que trabalha duro?

Pode argumentar: "Ei, eu trabalho nos finais de semana e à noite. Começo cedo e fico até tarde. Estou sempre ligado, sempre conectado com o BlackBerry. Os caras da FedEx sabem que hotel visitar quando saio de férias." Desculpe. Mesmo que você seja viciado em trabalho, não está trabalhando muito duro. Não mesmo.

Claro, você trabalha *muitas* horas, mas hoje "muito" e "duro" são duas coisas diferentes. Antigamente, podíamos medir quantos grãos alguém tinha colhido ou quantos peças de aço tinha fabricado. Trabalho duro significava *mais* trabalho. Mas o passado não necessariamente leva ao futuro. Nosso futuro no local de trabalho nada tem a ver com tempo. O futuro está relacionado a trabalho real e verdadeiramente duro, não apenas demorado. Ao tipo de trabalho que exige que nos pressionemos, não apenas batamos o cartão. O trabalho duro está onde ficam a nossa futura segurança no emprego, nossos lucros financeiros e nossa futura alegria.

É trabalho duro tomar decisões emocionais difíceis, como deixar um emprego e trabalhar por conta própria. É trabalho duro inventar um novo sistema, serviço ou processo notável. É trabalho duro dizer ao chefe que ele está sendo intelectual e emocionalmente preguiçoso. É trabalho duro dizer à alta gerência que abandone algo que vem fazendo há muito tempo em troca de uma alternativa nova e aparentemente arriscada. É trabalho duro tomar boas decisões com apenas poucos dados. É muito mais fácil ficar parado e assistir à empresa cair no esquecimento.

Hoje, trabalhar duro trata de assumir riscos aparentes. Não um risco louco, como apostar toda a empresa em um produto não testado. Não, um risco aparente: algo que a concorrência (e seus colegas de trabalho) acreditam ser perigoso, mas que você percebe que, na verdade, é muito mais conservador do que continuar com o status quo.

Richard Branson não trabalha mais do que você. Tampouco Steve Ballmer ou Carly Fiorina. Robyn Waters, a mulher que revolucionou as vendas da Target — e ajudou a empresa a derrotar a Kmart — provavelmente trabalhava menos horas que você em uma semana normal.

Nenhuma das pessoas que estão acumulando histórias de sucesso incríveis e criando coisas legais atinge essa meta trabalhando mais horas que você. E, detesto dizer, mas elas também não são mais inteligentes que você. Estão tendo êxito com trabalho duro.

Enquanto a economia vai em frente, devagar e sempre, muitos de nós escolhe a saída mais fácil. Trabalhamos para o Homem, deixando que ele faça todo o trabalho duro enquanto nós trabalhamos longas horas. Estamos de volta ao futuro, a uma definição de trabalho que engloba pegar no pesado.

Algumas pessoas (até agora, algumas poucas importantes) estão se dando conta de que essa recessão temporária é a melhor oportunidade que já tiveram. Elas estão trabalhando mais duro do que nunca — mentalmente — e assumindo todos os tipos de riscos emocionais e pessoais que têm condições de apresentar resultados.

Trabalho duro envolve risco. Ele começa quando você lida com coisas com as quais preferiria não lidar: medo do fracasso, medo de se destacar, medo da rejeição. Trabalho duro é treinar a si mesmo para saltar uma barreira, deslizar debaixo dela, atravessar uma outra e, depois disso, repetir tudo no dia seguinte.

O grande insight: quanto mais arriscado o trabalho duro de seu colega de trabalho (inteligente) parece ser, mais seguro ele realmente é. São as pessoas que têm conversas difíceis, que inventam produtos excepcionais e que inovam (e, talvez, ainda vão para casa às 17h) que estão construindo um futuro à prova de recessão para si mesmos.

Assim, amanhã, quando você for trabalhar, realmente sue a camisa. O seu tempo vale o esforço.

UMA CHAMADA A DESPERTAR SOBRE CHAMADAS DE DESPERTAR

Estou no hotel Westin na Flórida para proferir uma palestra hoje. Aqui, os funcionários seguem regras, fazendo coisas por que precisam, não de forma natural. Meu exemplo preferido: quando você pede que telefonem para despertá-lo de manhã, eles respondem automaticamente: "O senhor gostaria de uma chamada adicional quinze minutos depois?" Eu disse não. Eles fizeram a mesma pergunta quando liguei uma hora mais tarde para mudar o horário. Minha resposta foi a mesma.

Assim, esta manhã, como faço quando viajo, acordei uma hora mais cedo do que queria. Antes de ir ao trabalho, liguei para cancelar a chamada de despertar para que o toque do telefone não incomodasse os vizinhos. A recepcionista perguntou: "Gostaria de cancelar também a chamada adicional?"

É obvio que não há nenhum motivo na Terra para que alguém que cancela as chamadas de despertar queira ser lembrado da chamada quinze minutos mais tarde. Mas faz parte do roteiro, então é um erro repetido várias vezes.

Sei que é mais difícil, mas contratar pessoas que pensam por si mesmas geralmente é uma estratégia melhor no longo prazo do que fazer um roteiro para cada conversa. Se esse for o plano, provavelmente é melhor adquirir um sistema automatizado. E não só em um hotel na Flórida...

UMA ESTRATÉGIA DE EMPREGO QUE O TORNA UM PERDEDOR

Andei pensando no paradoxo de encontrar um emprego e ele me parece totalmente inadequado.

Considere alguns fatos:

1. O modo tradicional de conseguir um emprego é enviar um currículo monótono em resposta a tantas postagens de emprego que puder. Seu currículo será separado, classificado e, se não se destacar demais, pode merecer uma olhada. Então você vai a uma entrevista de emprego e tenta ser a melhor "engrenagem" possível em sua flexibilidade e desejo de se encaixar. Se atos aleatórios estiverem agindo em seu favor, conseguirá o emprego.
2. Então, a grande empresa listada entre as mil melhores da *Fortune* que o contratou queixa-se de que todos os seus funcionários se comportam como "engrenagens", não se importam o suficiente, não são criativos na solução de problemas e não tentam mudar o status quo.
3. Então, a grande empresa listada na *Fortune* se dá conta de que, se o que tem são "engrenagens" intercambiáveis, deveria simplesmente mudar empregos para o exterior, porque é mais barato; ou a empresa não faz isso, sucumbe à pressão de Wall Street e frauda os números (e é pega e fracassa) ou não trapaceia (e é comprada ou encampada e fracassa).

Algo está errado aqui.

Vamos começar com uma suposição que mudou em apenas uma geração. Talvez você ache que as grandes empresas são a espinha dorsal de nossa economia. Na verdade:

Acontece que 100% de todo crescimento de empregos hoje está vindo de pequenas empresas (com menos de quinhentos empregados). Na verdade, as grandes empresas estão se desfazendo dos cargos, não adicionando mais.

Isso não ocorria com nossos pais. Isso ocorre conosco.

Também é verdade: é muito provável que os melhores cargos, os empregos mais interessantes e os mais seguros sejam encontrados em pequenas organizações.

Conclusão: encaixar-se para conseguir trabalhar para o chefão é uma estratégia ruim para todos.

ÚNICO

A sua organização é a única?

A única estação de rádio só de rock em Hempstead?

A única padaria orgânica em Toledo?

A única igreja que oferece aos fiéis a verdadeira salvação?

A única revista que leva um determinado tipo de história aos leitores?

O único consultor que ensina como aumentar certo tipo de produtividade?

Alguns anos atrás, as paredes do "único" começaram a se desintegrar. Posso comprar pão orgânico online, congelado ou no mercado Whole Foods. Posso sintonizar música de dez formas diferentes. Posso aprender tudo que quero sem nunca mais precisar assinar uma revista.

Único é muito reconfortante. O único elimina a concorrência, isola os preços e infla meu ego. Infelizmente, o único está em falta ultimamente.

O desafio de ser extraordinário é ser rápido o bastante para aderir ao novo, não só contar em ser o único.

USPS[32] E SUA CAMISA AMARELA

▪▮▪

Durante anos, o Serviço Postal do Estados Unidos tem alegremente patrocinado Lance Armstrong. Começou com um movimento pequeno, mas quando ele passou a dominar o esporte de ciclismo, o USPS gastou cada vez mais e usou quase toda a propaganda gratuita de que dispunha.

O Serviço Postal não tinha muita "publicidade gratuita" ao patrocinar Armstrong. Na maioria das vezes, eles conseguiam algum dinheiro, ingressos gratuitos, bugigangas e coisas assim. Quer dizer, você acha que alguém realmente vê Lance Armstrong e diz: "Ah, é mesmo, preciso colocar uma carta no correio!"?

Uma marca não mensurável, amorfa e agradável pode ir longe demais e esse é um ótimo exemplo. O patrocínio de Armstrong quase não tem valor porque não faz nada para aumentar a consciência pública ou o consumo da USPS, tampouco lhe confere um efeito *halo*. Pense nisso: será que muitas empresas pensarão em mudar da FedEx para o USPS para remessas noturnas (o único lugar em que não têm um monopólio por concessão do governo) por terem visto o logo do serviço postal na *Sports Illustrated*?

---

32   Serviço Postal dos Estados Unidos. [N. da T.]

VENDAS

... em apenas um simples passo: *Faça algo que as pessoas queiram comprar.*

Em 1998, fiquei entusiasmado quando entrei no Yahoo!. Eu tinha vendido mídia a vida toda. Às vezes, obtive êxito devagar, outras, mal sobrevivi. Eu era bom no que fazia, se comparado a todos os outros no ramo, mas não era nada fácil.

Mas os sujeitos do Yahoo! eram diferentes. Enquanto eu e minha equipe levávamos meses e até anos para fechar uma venda milionária, a equipe do Yahoo! fechava negócios de US$5 ou 10 milhões quase toda semana. Eles sabiam o segredo. Eram supertalentosos, altamente treinados e muito motivados. Foi o que descobri, observando do lado de fora. Estavam nos matando e eu queria saber a razão.

Então, depois de vender minha empresa, eu me vi no Yahoo!, jogando para a equipe vencedora, e fui convidado a acompanhar uma visita de vendas. Eu tremia com a expectativa.

Creio que você imagina como foi a história. Foi uma das apresentações de vendas mais ineptas que eu já tinha visto. Um PowerPoint malfeito. Um vendedor sem carisma, sem empatia, que olhava para a parede e lia as palavras da projeção em voz alta. No final da apresentação, ele resmungou algo sobre poder aceitar um cheque.

Alguns minutos depois, o comprador lhe entregou US$4 milhões.

Uau!

Às vezes, parece que as melhores coisas se vendem sozinhas. Isso explica porque algumas concessionárias de automóveis têm listas de espera e vendem carros com preços acima do mercado, enquanto outras parecem cidades-fantasma.

Às vezes, a profissão de vendas é superestimada. O que importa mais é o marketing real, que envolve *fazer* o produto certo, não divulgá-lo.

VERBOS (GERÚNDIOS, NA VERDADE)

Apresentei dois seminários ótimos no escritório esta semana. Não só pessoas legais aparecem nos meus seminários, mas elas me motivam a pensar em novas formas de falar sobre coisas que funcionam.

Hoje, falamos sobre substantivos e verbos.

"Investimentos" é um substantivo. "Investindo" é um verbo.

"Tinta" é um substantivo. "Pintando" é um verbo.

"Presente" é um substantivo. "Comprando" ou "dando" são verbos.

As pessoas se importam muito mais com verbos do que com substantivos. Elas se importam com coisas que movem, que acontecem, que mudam. Elas se importam com experiências e eventos e como as coisas fazem com que nos sintamos.

Substantivos só ficam ali, blocos inanimados. Verbos tratam de necessidades, desejos e vontades.

O seu site da web é um substantivo ou um verbo?

E quanto ao seu estilo de gestão ou aos serviços que oferece?

Alguns anos atrás, a onda era transformar produtos em serviços.

Depois, transformar serviços em produtos.

Acho que a próxima grande novidade será transformar substantivos em verbos.

P.S.: Na verdade, eles não são verbos. Eles são gerúndios. O tipo de pessoa que lhe diria para usar um gerúndio em vez de um verbo é o tipo que você não quer sentada ao seu lado no avião.

VICIADOS EM MUDANÇA

Oi. Meu nome é Seth, e tenho um problema: sou viciado em mudanças. Se o mundo à minha volta não muda, fico entediado e ineficiente.

Pensando bem, esse não é realmente o meu problema. Meu problema é que enquanto estou ocupado defendendo mudanças, insistindo em mudanças e ensinando a mudar, bem lá no fundo *eu odeio mudanças*. Mudar é inconveniente, doloroso e assustador.

Eu devia saber: no ano passado, mudei duas vezes, vendi duas empresas e alegremente passei de ter trinta empregados para mais de setenta — antes de recuar e voltar a não ter nenhum. Foi uma caminhada louca, mas francamente houve momentos em que todas essas mudanças me deram uma grande dor de cabeça. Acho que devemos ter cuidado com o que desejamos — porque podemos conseguir.

Que paradoxo, não? Adoro mudanças! Detesto mudanças! Então, como pessoas como eu conseguem administrar esses dois extremos de modo racional? Por um lado, é óbvio que se você não se movimentar depressa o suficiente, estará morto. Por outro, é óbvio que mudar para acompanhar as novas realidades do mercado de trabalho é doloroso e exaustivo. Primeira pergunta: estamos condenados a vidas marcadas por um sofrimento crescente, como se o mundo dos negócios cada vez mais rápido impusesse que nos tornemos nômades digitais?

Há algumas décadas, eu me encontrava almoçando em um café em uma calçada em Vienna, Virgínia. Era 1994 — exatamente quando a America Online estava começando a surgir no radar das pessoas — e em minha companhia estavam Steve Case e os outros três responsáveis pela AOL. Fui para casa entusiasmado com as perspectivas da AOL, mas fico preso à minha regra de não tirar dinheiro do meu IRA[33] para comprar ações. Acho que a AOL estava pagando cerca de US$7 por ação na época. Desde então, ela chegou a US$125. É desnecessário dizer que meu IRA não teve um retorno nem próximo ao das ações da AOL desde 1994. Segunda pergunta: por que eu não me dispus a fazer esse investimento?

Cinco anos depois, tive a sorte de trabalhar com David Filo e Jerry Yang, os dois visionários que criaram o Yahoo!. Ao mesmo tempo em que lançavam o portal, eu pensava exatamente na mesma oportunidade. Mas em vez de iniciar uma empresa que acabaria por valer mais

---

33   Individual Retirement Account - Conta de Aposentadoria Individual [N. da T.]

de US$30 bilhões, escrevi um livro chamado *The Smiley Dictionary: Cool Things to Do with Your Keyboard* [*O Dicionário de Smileys: Coisas Legais para Fazer com o seu Teclado*, em tradução livre]. Total de ganhos de royalties até hoje: US$9 mil.

Pergunta número três: Por que um livro e não um site? Eis uma resposta: eu estava administrando um negócio de livros e cada oportunidade que eu via parecia boa para um livro. David e Jerry, por outro lado, não tinham uma estrutura preexistente, nenhuma base instalada. Assim, quando surgiu a oportunidade, eles a viram como poderia ser e não adaptando-a ao que já tinham.

O que nos leva à pergunta quatro: por que as grandes oportunidades, as chances realmente óbvias que temos de melhorar nossos negócios e nossas carreiras quase sempre nos ignoram? Volte ao que eu disse sobre mudança: grandes oportunidades trazem mudança e mudar é doloroso. Na medida em que "oportunidade" significa mudança, e "mudança" significa dor, continuaremos a perder as nossas chances.

Assim, tenho uma proposta muito simples para todos os guerreiros viciados em mudança e em conflito com mudanças na nova economia: em vez de aceitar e comemorar a mudança — ou ficar parado e fingir aceitá-la — acho que deveríamos parar de falar sobre mudanças. Vamos ignorá-las, evitá-las e nos desviar delas. Em vez de gastar tempo pensando em mudanças, vamos todos nos inscrever eu aulas de *zooming*.

"*Zooming*" trata de estender seus limites sem ameaçar as bases, de lidar com novas ideias, novas oportunidades e novos desafios sem disparar o reflexo de fuga da mudança. Nós já o aplicamos todos os dias: sempre que compra um novo CD ou lê um novo artigo no jornal, você não precisa combater todas as emoções que associamos com "mudanças". Está praticando o *zooming* — fazendo o mesmo de sempre, mas de um jeito diferente.

Comer em um restaurante tailandês diferente, experimentar uma nova companhia aérea — para a maioria de nós, nenhuma dessas coisas representa mudança. Essa é a questão da exploração; é o tipo de coisa que estamos ansiosos para fazer. Por isso o negócio dos guias está bombando e a indústria de viagens de aventuras está em crescimento.

Esses produtos e serviços oferecem aventuras seguras — a chance de fazer o mesmo de sempre, só que de um jeito diferente.

Há todos os tipos de *zoomers*, todos os tipos de categorias nas quais você pode apreender a praticar o zoom. O falecido John Hammond era um *zoomer* de classe mundial. Hammond foi o sujeito da Columbia Records que descobriu Billie Holiday, Count Basie, Aretha Franklin, Bob Dylan e Bruce Springsteen. O que o tornou um *zoomer*? Ele definiu "a mesma coisa de sempre, só que de um jeito diferente" de forma ampla. Não passou seus dias tentando encontrar cantores populares, de jazz ou cantores brancos *funky* de AOR [Album Oriented Rock]-*crossover*. Não. Hammond apenas procurava cantores.

Ao escolher dar um zoom em uma área tão ampla, ele pôde ouvir qualquer pessoa, em qualquer momento, sem ficar estressado. Não se engessou em normas e padrões rígidos; só queria encontrar algo excepcional. Hammond tinha um *"zoom* de banda larga". Aposto que se você perguntasse a ele se achar todos esses cantores diferentes significava ter de "mudar" todos os dias, ele teria dito que não. Encarava cada dia não como um evento de elevado estresse, mas como parte de seu *continuum* de *zooming*.

Compare a largura do zoom de Hammond com a do seu. Ou compare-a com a de sua empresa. Martha Stewart, por exemplo, não teve dificuldades em transformar seu negócio de escrever livros em um império da mídia de bilhões de dólares — sem comprometer o que representa (bem, talvez um pouco). Mas o pessoal da *Rolling Stone* estava arraigado demais no paradigma da revista para ver que ela poderia ter sido o que a MTV se tornou — sem ter de mudar sua essência. As pessoas do Omaha Steaks compreenderam que, não importa como vendessem sua carne — por telefone, pelo correio ou na internet — era tudo a mesma coisa, só que de um jeito diferente. Em comparação, a Land's End levou anos para vender produtos online.

Cresci durante os dias de glória das franquias de restaurantes — McDonald's, Baskin-Robbins, Carvel, Pizza Hut. Nenhuma delas tinha capacidade de zoom. A estrutura dessas organizações fez qualquer tipo de ajuste parecer uma grande ameaça e não uma oportunidade. Hoje, à medida que a população muda e as pessoas precisam de mudança, muitas dessas cadeias enfrentam uma grave crise. O Kentucky Fried Chicken teve de mudar o nome para KFC para poder começar a vender alimentos não fritos!

Compare essa mentalidade com a da Limited, uma empresa que dá um zoom de bom grado em toda sua mercadoria pelo menos uma vez por mês em todas as lojas, seja necessário ou não. Nas lojas da Limited, lançar roupas novas é fácil: os gerentes não precisam subir muito na escala hierárquica para obter aprovação. Eles só dão um zoom — e a coisa acontece.

Pergunta número cinco: por que há tantas dificuldades no mundo dos negócios? Um motivo é que a maioria das empresas hoje se expandiu além de sua capacidade de zoom. Tudo é visto como uma ameaça; nada novo é percebido como uma oportunidade. Em vez de mudar, as pessoas precisam dar um *zoom*. Ao aumentar a capacidade de zoom — contratando pessoas que adoram dar zoom — a empresa pode crescer, adaptar-se e talvez se transformar.

Aqui está minha lista de verificação para início do zoom em cinco passos — cinco medidas simples que você pode fazer de imediato para praticar o zoom.

1. No jantar de hoje, experimente uma comida que nunca comeu. Experimente outra diferente amanhã à noite.
2. Amanhã, a caminho do trabalho, ouça um CD de um gênero musical que detesta ou desconhece.
3. Todas as semanas, leia uma revista que nunca leu antes.
4. Uma vez por semana, encontre alguém fora da sua área de conhecimento. Compareça a uma exposição de negócios sobre um tema no qual não tem interesse.
5. Mude o layout de seu escritório.

Parece tolice, não é? Como um mau livro de autoaperfeiçoamento. Porém, se você puder dominar esses cinco passos, será muito mais fácil pegar um Bob Dylan quando pensa estar procurando Count Basie. Em outras palavras, você descobrirá que a arte do *zooming* facilita ver tudo como uma oportunidade.

Pergunta número seis: tudo isso não é só um monte de manobras semânticas? Por que perder tempo com uma ou duas palavras? A resposta do *zoomer*: palavras são importantes. Elas lhe oferecem uma lente pela qual verá por que você (e sua empresa) estão com tantas dificuldades de avançar tão depressa quanto gostaria.

Na próxima vez que sua empresa estiver frente a uma grande mudança ameaçadora, pare! Ignore a questão da mudança assustadora, de vida ou morte ou mudança ou morte. Faça-se a pergunta número sete: Quanto espaço você tem para dar um zoom? Afinal, uma empresa com vontade de praticar o *zooming* sempre será mais rápida, ágil e divertida do que aquela condenada a nunca praticá-lo.

VIRAL?, O QUE TORNA UMA IDEIA

Para que uma ideia se espalhe, ela precisa ser enviada e recebida. Ninguém envia uma ideia a menos que:

1. a entenda
2. queira que se espalhe
3. acredite que espalhá-la aumentará seu poder (reputação, renda, amizades) ou sua paz de espírito
4. o esforço necessário para enviá-la seja menor que os benefícios

Ninguém "pega" uma ideia a menos que:

1. a primeira impressão demande investigação posterior
2. já entenda as ideias de base necessárias para ter a nova ideia
3. confie no remetente ou o respeite o bastante para investir seu tempo

Isso explica porque ideias online se espalham tão depressa e porque muitas vezes elas são superficiais. É difícil entender Nietzsche e arriscado disseminá-lo (arriscado porque você não quer parecer bobo ou fazer seus amigos se sentirem bobos), então ele se move devagar entre as pessoas dispostas a investir seu tempo. Numa Numa, por outro lado, se espalhou como um derramamento de lixo tóxico, porque era muito transparente, relativamente engraçado e fácil de compartilhar.

Note que ideias nunca se espalham porque são importantes para o criador.

Note, também, que um elemento-chave na disseminação de ideias é a cápsula que a contém. Se ela for fácil de engolir, tentadora e completa, tem probabilidade muito maior de ter um bom começo.

Mas isso não significa que não há lugar para mistério ou para ideias se desenvolverem ao longo do tempo. Na verdade, a variável não mensurável é o estilo. As ideias de Howard Dean se espalhavam no começo — não por causa das ramificações econômicas de sua política de imigração, mas por causa dos fatores anteriores. O modo como foram apresentadas se encaixa na visão de mundo dos que a espalharam.

Outro fator essencial na disseminação de ideias é o elemento visual. Conceitos visualmente interessantes como o iPod se espalham mais depressa no mundo real do que conceitos efêmeros. Fotografias e piadas curtas se espalham mais depressa online porque o investimento necessário para descobrir se valem a pena é muito pequeno.

E, é claro, muitas ideias ruins se espalham. O pânico, por exemplo, é sempre uma péssima ideia, mas se espalha mais depressa do que a maioria. Isso porque disseminar uma ideia quase nunca é um ato ponderado e voluntário. Em vez disso, muitas vezes está emocionalmente relacionado à essência de quem somos e, com frequência, o fazemos sem pensar muito em suas implicações.

VISUALIZANDO O TRAVESSEIRO DE CETIM

Mesmo correndo o risco de entediá-lo, achei que poderia gostar de ler a mensagem de confirmação que recebi sobre meu pedido da CD Baby (veja a seguir) hoje. A quilômetros da confirmação entediante da Amazon (você *lê* a sua?).

Um pouco de criatividade pode construir a sua marca com desta-que:

> Os seus CDs foram delicadamente tirados das prateleiras da CD Baby com luvas livres de contaminação e colocados sobre um travessei-ro de cetim.
>
> Uma equipe de 50 funcionários examinou e poliu os seus CDs para garantir que estivessem nas melhores condições antes do envio.
>
> Nosso especialista em embalagens do Japão acendeu uma vela, e o silêncio caiu sobre a multidão quando ele colocou seus CDs na mais fina caixa dourada que o dinheiro pode comprar.
>
> Todos tivemos uma linda comemoração em seguida, e todo o gru-po marchou rua abaixo até o correio, onde toda a cidade de Portland acenou "Boa Viagem!" ao seu pacote, a caminho de seu endereço, em nosso jato particular CD Baby neste dia, terça-feira, 18 de junho.
>
> Espero que tenha se divertido comprando na CD Baby. Nós nos divertimos. Sua fotografia está em nossa parede como o "Cliente do Ano". Estamos exaustos, mas mal podemos esperar por sua volta à CDBABY.COM!

VOCÊ AGE DIFERENTE QUANDO ESTÁ EM VÍDEO?

Faz doze anos que o ataque gravado em vídeo de Rodney King iniciou um tumulto em LA.

Naquela época, a porcentagem de pessoas com uma câmera de ví-deo em casa tinha aumentado muito. E a quantidade de esquinas e negócios que captam tudo em vídeo também aumentou.

Estranha mudança de assunto: hoje, pensando na preparação de um jantar, parei no vendedor de lagostas do mercado Chelsea, em Ma-nhattan, e pedi uma lagosta de 3 quilos. O preço na loja é de US$9,95 para lagostas pequenas e US$8,95 para lagostas de três quilos ou mais.

A lagosta pesou (não estou inventando) 2.800 gramas. Como re-ferência, isso é só menos que meio quilo pelo peso de um centavo. Alimente a lagosta com plâncton e ela terá 3 quilos.

O homem atrás do balcão começou a me cobrar US$18. Eu apontei a diferença de preço e ele deu de ombros e disse: "Ela não pesa 3 quilos."

Dois funcionários se aproximaram e, com o mesmo sorriso incompreensível, repetiram o que ele disse. Coloquei alguns centavos na balança para que o peso passasse os 3 quilos, mas eles não se convenceram.

Então, as duas perguntas são: "Você acha que o dono queria que eles agissem dessa forma?" e "Eles teriam agido diferente se estivessem sendo filmados?"

Eu acredito que a melhor motivação é a automotivação. Que ensinar pessoas a coisa certa a fazer é muito mais eficiente do que intimidá-las a agir por medo.

Mas eu também sei que as pessoas agem de modo diferente quando acham que ninguém está olhando.

Tenho recebido cada vez mais cartas de clientes enfurecidos (obrigado, mas já foi o suficiente!). São pessoas indignadas por serem deliberadamente maltratadas por alguém que deveria ser gentil.

Quando a quantidade de "donos" diminui (porque as grandes cadeias de lojas, oligopólios de telecom e mídia centralmente controlada continuam a aumentar), é mais difícil encontrar pessoas que ajam como gostaríamos.

Imagina o que aconteceria se fossem gravadas?

VOCÊ É SUAS REFERÊNCIAS

Referências não importam agora quando a vida de todos é pública.

Minha irmã (que é uma gestora e líder de equipe brilhante) está procurando um novo emprego. Ela me mostrou seu currículo há alguns dias e ali, em letras miúdas na parte inferior, havia quatro palavras que aparecem em quase todo currículo — e hoje são irrelevantes: "Referências disponíveis a pedido".

Como milhões de outros candidatos a emprego, ela quer partilhar opiniões selecionadas sobre ela se a empresa manifestar interesse. Acontece que isso não importa mais. O motivo? Suas referências estão em todos os lugares, o tempo todo, quer você queira partilhá-las ou não.

Onde quer que passemos, deixamos pegadas eletrônicas. Se você postar uma queixa no Epinions.com, uma avaliação na Amazon ou um comentário em um grupo de notícias, suas opiniões são compartilhadas com todos, para sempre. Compre uma casa, deixe de pagar o cartão de crédito, troque de emprego algumas vezes — está tudo ali, online, para todos verem.

O custo da verificação de antecedentes é uma fração do que costumava ser. Detetives particulares não precisam mais bater perna. Eles verificam seu e-mail, digitam alguns números e — *voilà*! — os dados (mais do que imagina) estão bem ali.

Claro, não são apenas funcionários que deixam um rastro. Organizações enfrentam um desafio ainda maior. Pense no caso de uma empresa que me contratou para proferir algumas palestras pelo país. Em vez de me pagar quando fechamos o negócio (com o dinheiro indo para a caridade), eles deram três cheques sem fundo. Depois de tentar ligar, escrever e trabalhar com eles, finalmente contratei um advogado. Eles nunca pagaram. Antigamente, esse seria o ponto final. Mas hoje, há um registro online. Uma rápida busca pelo nome da empresa no Google o levará ao meu blog, que o fará pensar duas vezes antes de fazer qualquer tipo de negócio com eles.

Se você tiver um restaurante, cada frequentador dará sua nota no Zagat. Se for um político, cada eleitor em potencial também é um comentarista em potencial online. É muito fácil ficar paranoico com isso. Muito fácil imaginar que cada cliente é um destruidor de marcas em potencial. Mas cada cliente também é um construtor de marcas. Dezenas de pessoas postaram opiniões no PlanetFeedback (hoje conhecido como Intelliseek) e no Epinions sobre marcas que você não imaginaria, como restaurantes Chili's. Aqui está o trecho de uma postagem:

"Gosta de atendimento excepcional? De pagar um preço razoável pelo que recebe? Você pode ter tudo isso no Chili's, porque eles têm tudo que deseja em um restaurante... Comi um filé à milanesa com milho na espiga e purê de batatas. O filé era do tamanho do prato e feito com carne da Black Angus."

Uau!

Uma coisa está ficando muito clara: você é sua referência. Se um amigo me diz que uma peça não é boa, não a verei. A recomendação de um amigo também determinará minha escolha de um jardineiro ou de uma ilha para passar as férias. Meu editor enviou-me um e-mail perguntando sobre um escritor em potencial — e se eu não confirmar a versão dele sobre nosso relacionamento, ele não fechará o contrato.

Nenhuma pessoa ou empresa pode escapar de seu passado. Você não pode mais trocar os preços impunemente, porque os velhos preços podem estar listados no arquivo da internet, a Wayback Machine, que regularmente tira *prints* de sites e os armazena para sempre. Com um pouco de cuidado, você não contratará um gerente com um histórico de assédio aos funcionários, porque os processos estão todos registrados.

Então, o que fazer? Devemos nos preocupar e viver com medo de que nossas ações e palavras passadas voltem para nos assombrar? Acho que não. Há uma bela e nova oportunidade bem aqui, esperando para ser aproveitada por organizações e indivíduos: passe o futuro criando seu passado, começando agora. Viva a vida com estardalhaço, ciente de que tudo que diz pode ser (e será) usado contra você (ou a seu favor). Trate cada cliente como se ele pudesse ser uma testemunha. Trate cada vendedor como se pudesse lhe dar uma recomendação. E então, quando a hora chegar, as sementes espalhadas brotarão.

Blogs, grupos de notícias, organizações profissionais e todo o resto são perfeitos para alguém que quer deixar um rastro vivo e positivo. Você pode escolher usar as novas ferramentas ou se tornar uma vítima delas.

Minha irmã? Ela não está mais oferecendo suas fantásticas recomendações a pedido. Agora ela as envia no lugar do currículo.

WAFFLES SEMPRE ESTÃO NO CARDÁPIO

Houve uma atordoante (mas não surpreendente) série de novidades esta semana.

A indústria fonográfica processou uma "velhinha" chamada Sarah Ward. Ela não é tão velha, mas é pequena e não é uma pirata. Ela nem mesmo fez o download do software necessário para baixar músicas. A RIAA retirou a acusação, mas Amy Weiss, sua porta-voz, disse, "Decidimos dar-lhe o benefício da dúvida e continuamos a analisar os fatos... Este é o único caso desse tipo."

Então, independentemente de como você se sente sobre litígios como estratégia comercial, recusar-se a se desculpar é simplesmente uma ideia ruim. Claramente, este não é o único caso desse tipo. Em vez de obstruir o caso, por que a RIAA não diz: "Isso é horrível! Ela é uma cidadã honesta e estamos orgulhosos dela. Cometemos um erro e pedimos desculpas. Estamos enviando à Sra. Ward cem CDs para mostrar que sentimos tê-la incomodado. Se houver outros casos como esse, os abandonaremos no mesmo instante",

Mudando de assunto, o *Wall Street Journal* publicou um pequeno artigo sobre a Clorox. Parece que a Clorox publicou um anúncio exibindo aquedutos e canos com água pegajosa, encorajando os nova-iorquinos a usar o filtro de água Brita. Nova York se queixou, chamando-o de "uma patente descaracterização do suprimento de água mais pura e segura do mundo".

Mary O'Connell, nossa próxima porta-voz waffliana, falando a favor da Clorox, disse: "O anúncio nunca teve a intenção de [sic] criticar o sistema de água da cidade de Nova York. Tratou mais do encanamento que leva a água aos prédios de apartamentos."

Às vezes, é difícil saber se essas pessoas pretendem ser caricaturas ou se as palavras apenas saem dessa maneira. *Claro* que o anúncio criticou o sistema de água. Caso não o tivesse feito, por que eu precisaria de um filtro de água Brita? Por que simplesmente não falam a verdade?

Passando a uma de minhas organizações preferidas, a Motion Picture Association of America tem duas abordagens para enfrentar a pirataria de filmes. A primeira é uma campanha de baixo orçamento que diz: "Filmes valem a pena." Segundo o *New York Times*, a campanha mostra, "entre outros, um pintor de cenário, um dublê e um maquiador".

A segunda abordagem? Um plano de aulas (incluindo palavras cruzadas com frases como "roubo digital" e "Movielink") criado com a Junior Achievement. O plano é desenhado para doutrinar adolescentes com o mantra Download é Ruim.

Bem, esquecendo a alta taxa de sucesso das campanhas de publicidade que tivemos para a redução do uso do cigarro (uso intencional de sarcasmo), alguém realmente acha que essa é a resposta? E quando a Junior Achievement começou a agir como porta-voz de indústrias consagradas? (A Movielink é uma empresa gerida pelos estúdios.)

É claro que o motivo pelo qual os anúncios apresentam os artesãos relativamente mal pagos é que as pessoas realmente não se importam se Julia Roberts ou Wesley Snipes ganham mais alguns trocados. O problema, naturalmente, é que anúncios desse tipo nunca funcionam e, mesmo se funcionassem, a ideia de que você deveria pagar US$30 para ir ao cinema e apoiar um maquiador que nunca conheceu é muito difícil de ser vendida.

Não, não acho que baixar filmes é certo, legal ou mesmo conveniente. Mas acredito que isso acontecerá com frequência cada vez maior e as pessoas do setor deveriam dizer a verdade — uns aos outros e para nós. O único fato que salvará a infraestrutura existente é uma experiência fora de casa pela qual verdadeiramente *valha* a pena pagar. Isso, e uma experiência em casa que seja superfácil e muito barata. A indústria da música poderia ter destruído a Napster com um plano de US$10 por mês com tudo que consiga ouvir (que facilmente teria triplicado seus lucros) e Hollywood poderia fazer o mesmo. Mas não o farão.

WEB DESIGNERS

∎∎∎

Por acaso, encontrei uma velha colega ("velha" como em trabalhamos juntos no jogo online Guts, da Prodigy, em 1990, portanto não me diga que você está online há muito tempo, ok?). Susan é uma excelente web designer e, como a maioria, seus clientes estão meio que entre o estágio de pânico de "Ah, cara, precisamos de um site, vamos contratar alguém!" e o estágio de "Ah, não, as finanças estão no buraco, vamos cortar custos!" É difícil encontrar bons trabalhos.

Prometi enviar-lhe uma mensagem sobre o florescente nicho que vejo para web designers, e aqui está — mais ou menos em 2003:

Susan,

Dentro de 2 anos, as empresas gastarão US$5 bilhões por ano em publicidade de ferramentas de busca, *adwords*, palavras-chave e outras formas inteligentes de incentivar as pessoas a clicar em seus sites. (Nota: eu estava certo!)

Mais uma prova de que a web está oficialmente no negócio de mala direta.

No entanto, ao mesmo tempo em que todas essas empresas agressivamente gastam para construir o tipo *certo* de tráfego (não o: "Ei, enganei você com um *pop-up* ou o seduzi com o anúncio de um biquíni"), elas estão deixando a bola cair, porque desperdiçam o tráfego que conseguem.

Menos que 1% desses anunciantes medem resultados regularmente. O que significa que o tráfego aparece nos sites e então desaparece. Os visitantes partem porque a oferta na página não é boa, ou porque não corresponde ao anúncio em que clicaram.

Poucos anunciantes mudam suas páginas de ofertas a cada hora — o que deveriam fazer.

Que desperdício.

Pessoas como Andrew Goodman (seu site é Traffick.com) entendem isso. Elas se dão conta de que testar, medir e desenvolver é o segredo da mala direta. Não há segredos de "tamanho único" que servem para todos. É um processo, não um evento.

Então, quem fará esse trabalho?

Creio que será a próxima geração de web designers.

Acho que funciona assim:

Você diz ao cliente em potencial: "Trabalharei com você para criar uma ferramenta de quatro páginas de receita. A ideia: você (o cliente) a carrega com o tráfego-alvo que compra regularmente experimentando e testando *adwords* e outras mídias relevantes e mensuráveis.

"Então, regular e constantemente, ajustarei (ou redesenharei) o site de quatro páginas para transformar esses estranhos em amigos (e, talvez, se seu produto for ótimo e seu *follow-up* for adequado, você transformará esses amigos em clientes)."

Provavelmente é mais barato medir constantemente, evoluir e re-desenhar o site de ofertas de quatro páginas do que fazer uma revisão anual de quatrocentas páginas. E não há dúvidas de que é mais eficiente.

Exige paciência. Ausência de ego. Disposição de ser criativo e tentar coisas novas, medir o que funciona e repeti-lo várias vezes.

A boa novidade sobre a mala direta é que você sabe quando funciona. Assim fica fácil conseguir novos clientes.

O futuro pertence a designers disciplinados, copywriters talentosos e marqueteiros/clientes pacientes, honestos e respeitosos.

Divirta-se!

WI-FI EGOÍSTA, LÂMINAS DE BARBEAR E HALLOWEEN

O período de gestação disso foi longo, mas um artigo alarmante no *New York Times* deixou-me totalmente fora de controle. Eles estão tentando assustar as pessoas sobre conexões Wi-Fi e o quanto são inseguras tanto para a pessoa com uma rede quanto para quem a está usando.

Enquanto viajo pelo Nordeste dos Estados Unidos, fico assombrado com a quantidade de redes Wi-Fi que meu Mac encontra — e quantas delas são protegidas por senhas. Esperando no consultório do médico, por exemplo, descubro cinco redes. E todas estão fechadas.

Por que raios alguém se daria ao trabalho de fazer isso?

Isto é, estou sentado em uma agência de publicidade ou fábrica de cosméticos e sua rede está fechada. Estou do lado de fora de um edifício comercial e há dezoito redes, todas fechadas. Todas!

É como ter uma televisão e intencionalmente colocar antolhos para que certas pessoas não possam assisti-la. Pior, é como fazer uma torta de maçã e colocar plugues no nariz das pessoas que gostariam de sentir seu aroma!

Ter uma rede Wi-Fi aberta a convidados no saguão, na sala de espera ou na rua sob uma janela não comprometerá a segurança de seus arquivos — para isso, você precisa de um outro tipo de segurança. E ela também não vai baixar muito o desempenho da internet (e, ei, se isso ocorrer, você pode voltar a usar a proteção de uma senha outra vez, xingando-me enquanto o faz). (Nota: não sou especialista em segurança de computadores, e não estou fazendo uma declaração sobre o risco aos seus dados. Estou dizendo que se você estiver lidando com material extremamente confidencial — como relatórios médicos ou que congressista está quebrando qual lei — então você não tem nada que usar uma rede de Wi-Fi, ora.)

E, no entanto, vem o influente *Times* com um aviso urgente de que todos os tipos de pedófilos, terroristas — ei, até grafiteiros ou quem cospe na rua — estão usando essa imensa brecha em nossas redes de segurança para praticar o mal. Como o artigo foca nos temidos "ladrões de dados", é fácil supor que eles estão roubando dados das redes. *Não estão*. Só estão se escondendo do FBI. Mas se todos se puserem a fechar suas redes, esses ladrões de dados simplesmente pegarão um de seus cartões de créditos roubados e irão ao Starbucks!

Não havia lâminas de barbear escondidas em maçãs no Halloween em nossa infância. Você sabia disso? Na verdade, isso é invenção. Alguém deveria contar ao *Times* e aos seus leitores que se você quiser ser anônimo na internet, é só ir à Kinko, ao parque Bryant Park ou à biblioteca. Certamente não é necessário assustar a nação e fazê-la fechar seus *hotspots* do Wi-Fi.

WOOT.COM E O LIMITE

Woot.com vai até o limite *vendendo só um produto por dia*. Esse é um jeito extremo de lidar com seleção de produtos (cerca de um milionésimo do tamanho da Amazon) e muito eficiente em atrair clientes interessantes e tê-los fazendo a divulgação. O que poderia ser bom o bastante para ser o único produto do dia?

A segunda coisa legal é terem suporte para RSS. O que significa que você não precisa se lembrar de ir ao site todos os dias. Pode fazer uma assinatura. Adoro negócios baseados em assinaturas.

YAK SHAVING[34]

Aparentemente transformada em um termo de informática pelo laboratório de mídia do MIT há cinco anos, *"yak shaving"* foi recentemente citado por meu amigo Joi Ito. É o melhor termo que aprendi neste ano.

Quero lhe dar a definição não técnica e, como é meu costume, ampliá-la um pouco.

Yak shaving é o último passo em uma série de passos que ocorre quando você encontra algo que precisa fazer.

"Hoje quero encerar o carro."

---

34 Atividade aparentemente inútil. Literalmente, tosar o iaque. [N. da T.]

"Opa, a mangueira ainda está quebrada por causa do inverno. Preciso comprar uma nova no Home Depot."

"Mas o Home Depot fica do outro lado da ponte Tappan Zee, e chegar lá sem meu E-ZPass é horrível por causa dos pedágios."

"Mas espere! Posso pedir o E-ZPass do vizinho."

"Bob não vai me emprestar seu E-ZPass até eu devolver o travesseiro que meu filho pegou emprestado."

"E nós não o devolvemos porque parte do enchimento caiu e precisamos conseguir pelo de iaque para repô-lo."

E quando você se dá conta, está no zoológico, tosando um iaque, tudo para poder encerar o carro.

Este fenômeno de *yak-shaving* tende a atingir mais algumas pessoas que outras, mas o que o torna especialmente perverso é quando grupos de pessoas se envolvem. Já é ruim o bastante quando uma pessoa tem de tosar o iaque, mas quando você tenta reunir um grupo, é provável que acabe fazendo as unhas dele.

Motivo pelo qual empresários solo e pequenas organizações têm probabilidade maior de realizar tarefas. Eles têm menos iaques para tosar.

Então, o que fazer?

Não vá ao Home Depot comprar a mangueira.

Arrisque. Comece agora. Crie algo que receba feedback. Escute. Repita.

BÔNUS ESPECIAL!

US$243 EM E-BOOKS GRATUITOS, REIMPRESSOS AQUI SEM CUSTO PARA VOCÊ, MEU LEITOR FIEL

∎∎∎

BÔNUS Nº 1: TOC TOC: UM LIVRO SOBRE DESIGN DE SITES NA WEB

Quase tudo que você pensa saber sobre sites da web está errado. O que o *establishment* lhe ensinou sobre design e estratégia é amplamente do interesse dele, caro, demorado e completamente ineficiente.

Esse trecho destina-se a mudar isso.

Gostou da promessa?

Se você não tem um problema com sites ou não está interessado em resolvê-lo, ler essa seção será uma total perda de tempo. Por outro lado, se está tentando descobrir como usar o Google AdWords ou outras técnicas de publicidade para se conectar a possíveis consumidores, clientes, doadores, estudantes ou usuários, então aposto que encontrará informações úteis aqui.

Este manifesto tenta identificar apenas algumas ideias importantes (e ignoradas) e fazer de tudo para que funcionem para você. Acho que seu problema (se tiver algum) não é que não tem dados suficientes. Você tem dados em excesso! Não precisa de um livro mais longo ou de mais tempo com um consultor talentoso. Necessita é da certeza de que precisa fazer alguma coisa (só uma); e a disposição de fazê-la.

Sem desperdiçar palavras. Vamos lá.

QUADRO GERAL: O QUE UM SITE DA WEB FAZ

Quadro geral no 1:

Um site deve fazer, pelo menos, uma de duas coisas, mas provavelmente ambas:

- Transformar um estranho em amigo e o amigo em cliente.
- Falar em um tom de voz que convença as pessoas a acreditarem em sua história.

Quadro Geral no 2:

Um site só pode fazer quatro coisas acontecerem nos momentos após alguém o ver:

- Você clica e vai a um lugar diferente do que quer ir.
- Você clica e recebe permissão de *follow-up* por e-mail ou telefone.
- Você clica e compra algo.
- Você conta a uma amiga, clicando, por blog, telefonando ou falando.

Isso é tudo.

Se seu site está tentando fazer mais que isso, você está desperdiçando tempo e dinheiro e, mais importante, foco.

Nesse guia, começaremos com Quadro Geral no 1, pois é o primeiro.

POR QUE SE IMPORTAR?

Um cara faz uma visita de vendas. Depois de algum tempo, o agente de compras diz:

— Você está tentando me vender alguma coisa?

O vendedor hesita, e gagueja:

— Bem, não, claro que não... Só estou tentando conversar.

Compreensivelmente, o agente de compras se irrita.

— Se não está aqui para vender alguma coisa, saia e não desperdice o meu tempo.

Às vezes, é difícil aceitar o fato de que, sim, você está tentando vender algo. Pode ser um produto, um serviço ou só uma ideia. Pode estar tentando ganhar dinheiro para a universidade ou ajudar uma mulher em dificuldades a encontrar o abrigo mais próximo. Mas você está tentando fazer algo com seu site. Se não, saia.

Então, o que está tentando fazer? As pessoas de sua equipe veem seus objetivos com clareza?

Uma página da web não é um lugar como a Starbucks. Uma página da web é um degrau no processo. Os degraus na entrada de sua casa entendem (se degraus entendem alguma coisa) que existem a fim de deixar você subir ou descer. Se perguntar ao arquiteto para que serve determinado degrau, ele não hesitará. A resposta é óbvia. O objetivo do degrau é levar você ao próximo. É isso.

Assim, para que serve *aquela* página da web? E *esta* aqui?

Parece muito simples, não acha? Não é. Não é simples porque muitos sites são compromissos, desenhados para fazer três, seis, uma a centena de coisas diferentes. O HTML é uma ferramenta poderosa que constantemente é usada da forma errada por pessoas que acreditam que devem fazer algo só porque podem.

Então, fique comigo por um momento e finja que tem uma página da web que faz só uma coisa.

E que ela leva a outra página que só faz uma coisa.

E logo (assim que possível), suas páginas levarão pessoas a fazer o que você quer que façam o tempo todo, motivo pelo qual criou seu site, para começar.

COMPRE TRÁFEGO

Até crianças de 2 anos sabem como funciona a brincadeira do "toc toc". Você sempre começa com a mesma frase. Sempre recebe uma resposta. Responde de modo estruturado e previsível. Então recebe outra resposta. Em seguida vem a parte final da brincadeira.

É uma progressão passo a passo que facilita bastante a criação de brincadeiras desse tipo. Um pensamento passo a passo semelhante cria um processo que lhe dá o que você quer. (Note que eu não disse "criar um site na web", porque às vezes o processo ocorre *fora* do site.)

Criar uma brincadeira do tipo "toc toc" é muito simples. Primeiro você anuncia a brincadeira. A outra pessoa decide ignorá-lo ou participar. A troca que se segue é simples. E, às vezes, o participante entende a brincadeira e sorri.

Nesta parte do guia, quero supor que você está comprando o tráfego que vem com o site. Estou começando aqui porque qualquer bobo com dinheiro pode comprar tráfego. E se gostar do resultado que conseguir com esse tráfego, pode comprar mais. Se seu chefe quer que você duplique o tráfego, você pode duplicá-lo. Comprar tráfego é previsível e escalável e o faz parecer inteligente. Se você consegue tráfego gratuito como resultado de uma vantagem ou uma boa colocação em uma ferramenta de busca, então esse é um recurso natural. E tal como o petróleo no Texas, ele acabará em breve. Assim, quero lhe mostrar como construir um recurso de tráfego renovável — comprar tráfego.

Então você compra tráfego. Vamos ver detalhes de como fazer isso de modo inteligente.

Todos ouviram falar do Google, mas uma quantidade surpreendentemente pequena de pessoas entende como o Google ganha bilhões de dólares por ano. Eles o fazem com aquelas pequenas caixas [boxes] que aparecem ao lado dos resultados de busca.

O Google chama isso de seu programa AdWords. Outros sites oferecem programas semelhantes, mas como o AdWords é o maior, nós o usaremos como exemplo. O processo é bastante elegante:

- Escolha uma palavra ou frase que descreva seu produto. (Você pode até selecionar palavras que não quer como palavras-chave.)
- Escreva um título curto seguido por uma frase que faça uma promessa.
- Calcule o quanto está disposto a pagar para que uma pessoa clique no anúncio uma vez (e visite qualquer página que você gostaria que visitasse).
- Calcule quantas pessoas você quer a esse preço.

E pronto. Vá até http://adwords.google.com (conteúdo em inglês) e insira suas informações.

Assim, por exemplo, você pode comprar "Casa de repouso na Flórida" e oferecer US$1,20 por clique. Diga ao Google que está disposto a aceitar mil pessoas por dia. Talvez você receba menos (veja abaixo), mas não receberá mais. Aqui está porque você talvez receba menos pessoas do que pediu:

- Não há tráfego suficiente no Google. (As únicas pessoas que verão seu anúncio são as que digitaram a frase que você está procurando, e como o Google é muito grande, algumas coisas ainda ficam obscuras.)
- Você não está oferecendo o bastante para ser listado no topo (onde mais pessoas clicam).
- As pessoas detestam seu anúncio e não clicam nele. Se ele realmente for ruim, o Google lhe enviará uma mensagem e o despedirá. Imagine isso — uma empresa de mídia despedindo um anunciante por postar anúncios ineficientes.

Escrever anúncios eficientes no AdWords é uma arte, mas isso não é tão importante quanto a matemática que a fundamenta. Ok, é mais fácil que matemática. É aritmética.

Digamos que você esteja disposto a pagar US$1 por clique no Google.

Entre as pessoas que você leva à sua página, calcule que 20% lerão o que você tem a dizer e decidirão clicar na próxima etapa do processo. E 20% sobre US$1 é igual a US$5. (Se essa oferta não fizer sentido, imagine e veja onde quero chegar. Se uma em cinco pessoas chegar à segunda página, você terá de comprar cinco cliques para obter um, o que significa que ele custa US$5 para você.)

Você acaba de gastar US$5 para que alguém chegue a essa próxima etapa.

Nessa próxima etapa, você pede algumas informações, talvez até o número de um cartão de crédito. Só 5% das pessoas confrontadas com essa etapa realmente irão adiante para fazer o que precisam, de modo que seu custo é de 5% sobre US$5, o que equivale a (pasmem) US$100.

Você acaba pagando US$100 para cada resultado desejado. US$100 por venda.

A boa notícia é que algumas dessas pessoas contarão aos amigos e assim você conseguirá mais clientes sem custo adicional, porque esse tráfego é gratuito. Digamos que o valor médio do boca a boca seja dois (cada cliente leva dois amigos, o que significa que quando você comprar um novo cliente, na verdade está comprando três). Seu custo por resultado agora é de US$33,33.

Assim, sua aritmética deixa claro o que seu marketing online e sua estratégia na web estão conseguindo — novos clientes por cerca de US$33.

E se você pudesse tornar essa primeira página mais eficiente?

E se, em vez de obter 20% das pessoas que a viram, **essa primeira página conseguisse 50%**?

E se, em vez de converter 5% das pessoas que viram a segunda etapa, **você conseguisse 10%**?

E, finalmente, e se sua ferramenta conte-a-seus-amigos conseguisse converter **três amigos em vez de dois?**

Agora, a aritmética é a seguinte:

Cinquenta por cento sobre US$1 é igual a US$2 para cada pessoa na primeira etapa.

Dez por cento contra US$2 é igual a US$20 para fazer uma venda.

O valor do boca a boca de três significa que você consegue quatro clientes pelo preço de um, o que representa um custo de US$5 cada.

Uau.

Você transformou um projeto que perdia dinheiro (a US$33 por cliente, você está *perdendo* — esta é uma simulação — US$3 por venda) em um que faz dinheiro (a US$5 por cliente, você está *tendo* um lucro de US$25).

Se você está perdendo US$3 a cada cliente novo, então o marketing é uma *despesa* e você não vai crescer. Se ganha US$25 a cada cliente novo, tem uma quantia infinita de dinheiro para gastar "comprando" clientes a esse preço — e o marketing agora é um *investimento*.

Parabéns, você é um herói.

Depois de colocar o processo em prática, pode começar a negociar quando se tratar de uma aquisição. Você pode comprar anúncios pague-por-clique em sites como o Yahoo!. Pode usar as várias redes de anúncios para publicar seus anúncios em outros sites. Pode comprar anúncios em blogs ou até em laterais de ônibus. Contanto que possa medir o custo por clique e que eles custem menos que o lucro que geram, você vence.

Aqui está uma observação importante para todos que não estão "vendendo" alguma coisa. Só porque esta análise usa dólares, não significa que não se aplica a você. Digamos que você crie um site para uma faculdade e determine que sua função seja permitir que os alunos leiam o catálogo do curso online em vez de usarem a versão impressa. Os mesmos cálculos se aplicam.

Não, os alunos não lhe darão dinheiro, mas, sim, a ideia de aumentar a porcentagem de pessoas que sigam cada etapa ainda está clara. Se você colocar alguns links interessastes, mas irrelevantes, e as pessoas os seguirem e se perderem, isso representará um custo para você. Irá lhe custar em termos da eficiência do que pretende fazer. Um bom site consegue que a maior porcentagem de pessoas faça o que você pretende que faça, para começar.

Aqui está a nossa primeira regra importante:

Encare seu site como uma série de etapas que vão do clique de um estranho em um anúncio até um cliente satisfeito que conta a dez amigos sobre você. Descubra qual etapa é a menos eficiente e foque toda a sua energia em aperfeiçoá-la. Meça tudo!

Há muito mais sobre o que falar desse assunto, mas vamos aos detalhes. Agora, Etapa no 2, Persuasão.

CONTE UMA HISTÓRIA

Os exemplos nesta seção podem ser encontrados em http://sethgodin.typepad.com/photos/knockknock/index.html (conteúdo em inglês). Estou anexando faxes em preto e branco para sua referência.

Todos os sites são diferentes. Compare a figura 1 e a 2:

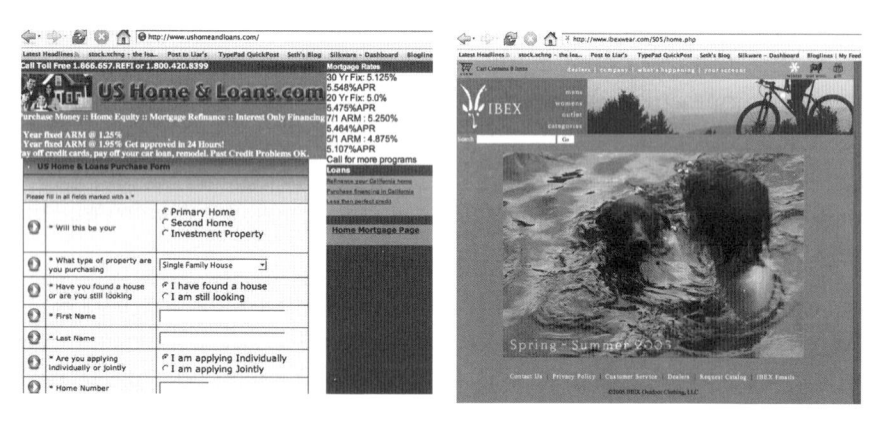

Figura 1   *Figura 2*

É óbvio que estão vendendo coisas diferentes. Um quer que você refinancie sua propriedade mais valiosa (sua casa) e faça uma dívida de centenas de milhares de dólares. O outro quer lhe vender um suéter por US$90.

Quando você compreende que o propósito de uma página da web é iniciar uma conversa, isso ajuda a antropomorfizar um pouco. Se a primeira página fosse uma pessoa, como ela se vestiria? Você falaria com ela se a encontrasse em um bar? Em um banco?

E a segunda? Ela tem personalidade?

Todas as páginas são criadas da mesma forma: 72 pixels por polegada, uma escolha fixa de cores, o mesmo tamanho. Colocar os pixels na primeira página custa tanto quanto na segunda. No entanto, elas contam histórias bem diferentes.

Todos os sinais com os quais as pessoas contam para tomar decisões são silenciosos online. Não há cheiro, toque ou local. Há muito pouco som. Então ficamos obcecados por sinais sutis de tipos, cores ou fotografia. É difícil superestimar o quanto essas coisas são importantes.

Assim, sobre todos aqueles anos em que os sujeitos no departamento técnico tentaram envergonhá-lo para adicionar todos os tipos de funcionalidades legais da web, devo admitir que eles estavam certos. Um pouco. Estavam um pouco certos porque essas características enviam um sinal a algumas pessoas. Se estou procurando por uma firma legal, que entende de tecnologia, que quer sinalizar o quanto se importa com ela, então uma introdução Flash é uma ótima maneira de contar essa história.

Mas essa é só uma minúscula parte do que estou tentando lhe ensinar. A mesma história não funciona para todos. Não há como encontrar uma hipoteca no Ibex. Eles contam uma história eficiente — para uma firma de roupas. Ela é muito diferente da história que você contaria, certo?

Portanto, aqui vai outro princípio geral:

Goste ou não, cada página em seu site tem um tom de voz. Esse tom precisa corresponder às expectativas dos visitantes ou eles entenderão mal quem você é (ou pior, fugirão). Escolha o tom que combine ou exceda o tom de seus concorrentes bem-sucedidos.

Aqui está outro exemplo: Este é o site (agora obsoleto) de um leitor RSS de código aberto. A meta é atrair tecnólogos, iniciantes e pessoal da mídia. O problema é que parece um tipo de site diferente. Parece uma pequena empresa B2B que está lutando para encontrar sua voz.

Compare esse site com o próximo: Mesma quantidade de pixels, tom totalmente diferente.

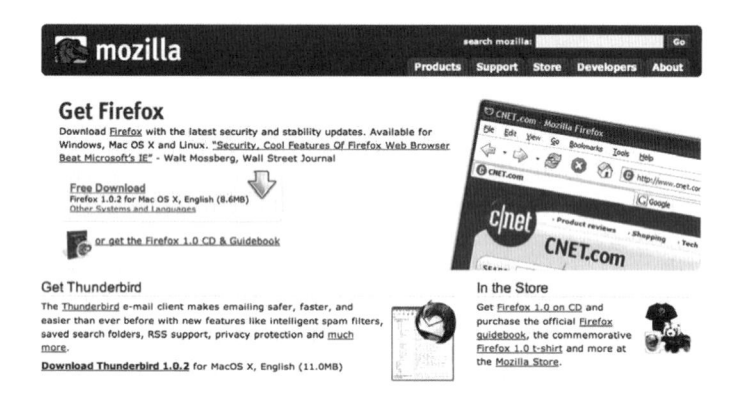

O desafio aqui, é claro, é que o vernáculo adequado de uma pessoa é o excesso de design da outra. Não há como prever qual será a visão de mundo do visitante, saber o que uma determinada pessoa entenderá.

O que leva a outro princípio geral:

Você precisa escolher.

Nunca agradará a todos, então nem tente. Se o fizer, falhará. Em vez disso, imagine quem é o seu melhor público e vá direto para o coração desse grupo. Ignore todos os demais.

Seu melhor público? Seu melhor público tem três componentes:

1. É grande.
2. Tem probabilidade de clicar no seu AdWords ou encontrá-lo de outra forma.
3. Tem probabilidade de reagir a sua mensagem.

Se não for o no 3, os outros dois não importam. Se não for o no 2 e o no 3, o no 1 não importa. Mas se todos funcionarem — se você encontrar um público grande interessado o suficiente para clicar e focar a ponto de responder à história no vernáculo que você usa para contá-la — então esse é o público que você quer.

TRATE PESSOAS DIFERENTES DE FORMA DIFERENTE

Um novo visitante ao seu site é um desafio totalmente diferente de um visitante constante. Alguém que volta ao seu site já sabe quem você é e o que oferece. Confia em você e volta para procurar algo específico.

Um novo visitante, por outro lado, está ocupado tendo uma primeira impressão.

Então, por que mostrar a ambos a mesma informação?

Por que lhes fazer as mesmas ofertas? Por que usar o mesmo vernáculo?

A boa notícia é esta: é tecnicamente trivial configurar um *cookie* e mostrar a visitantes constantes algo diferente.

Armado desse conhecimento, você fica livre para falar de um modo diferente com pessoas diferentes.

Não deixe mitos técnicos mudarem seu marketing. Sim, você pode mostrar diferentes páginas a visitantes que voltam com facilidade. E, sim, deve fazer isso.

PENSAMENTO: NADA A VER COM UM SITE DA WEB

Como marqueteiro, você tem uma série de páginas da web. Você pode chamar essa coleção de seu "site da web" se quiser, mas na realidade é uma série de páginas conectadas.

É uma distinção crítica se quiser que seu site (desculpe, não pude evitar) gere mais lucro e seja mais eficiente.

Quando levar alguém ao seu site, *não* o leve a sua *home page*. Ei, nem tenha uma!

Você pode ter tantas entradas para o seu site quanto quiser. Eu chamo essas páginas de "*landing pages*" [páginas de destino].

Uma *landing page* é o lugar onde coloca seus anúncios. Se você tem uma loja de música e seu anúncio diz: "O Catálogo Completo de Carole King em Promoção", não deve colocar um link para sua *home page*. Em vez disso, faça um link para uma página especial construída de modo a corresponder ao seu anúncio.

Claro!

Quando encarar o fato dessa forma, verá que faz todo sentido. Você não contaria uma história do tipo "toc toc" que começasse de um jeito, mas terminasse com um final totalmente diferente. Isso não funciona. O mesmo se aplica à conexão entre seus anúncios, seu marketing e suas *landing pages*.

Fomos treinados por engenheiros a ver um site como uma pirâmide com a *home page* no topo e uma crescente série de opções à medida que o usuário navega.

Em vez disso, eu gostaria que você o visse como uma série de processos tão diferentes um do outro quanto cada cliente.

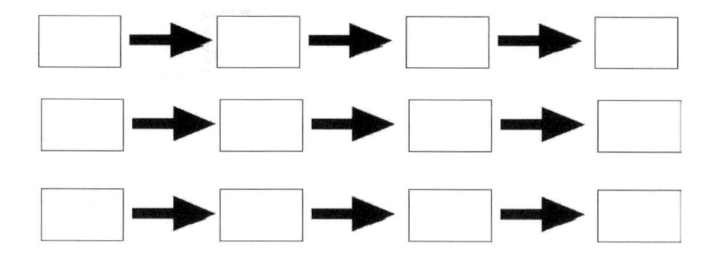

O cliente que volta deveria ver uma página, de preferência, baseada em seu comportamento anterior.

Um cliente que clicou em um anúncio AdWords para "Abridores de Porta de Garagem" deveria ver a oferta de uma porta de garagem, não sua *home page* padrão que requer que ele repita o motivo pelo qual veio.

O que quer que eu faça?

Se *você* não sabe a resposta, como espera que os possíveis compradores saibam?

Em cada etapa ao longo do caminho, você precisa indicar uma posição. Ela deve dizer (sem dizê-lo): "A coisa certa a fazer é clicar aqui." O Congresso Norte-americano de Boliche invalidará uma pontuação de trezentos se achar que a pista foi encerada para favorecer o deslize da bola pelo centro. Não é justo com os outros jogadores ter uma pista encerada.

Mas um site encerado é justo para você e seus usuários. Deve criar um caminho com ranhuras, uma série de etapas fáceis de serem seguidas que levem as pessoas daqui para lá. Ele será seguido por todos? Claro que não. Porém, mais pessoas seguirão pela pista encerada se você criar esse caminho para elas.

APARTE: QUE TAL A OTIMIZAÇÃO DE FERRAMENTAS DE BUSCA?

Há dezenas (tudo bem, milhares) de empresas que ficarão satisfeitas em trabalhar com você e sua equipe na otimização de ferramentas de busca (SEO). O SEO é a arte de tornar seu site atraente para as aranhas automatizadas que o Google e outros instrumentos de busca enviam pela web. Ao mudar o seu site (e ajudá-lo a ter os *inbound* e *outbound* links corretos), uma firma de SEO talentosa pode mudar a sua classificação — às vezes de maneira significativa.

Por que isso é importante?

Sabemos que cerca de 15% das pessoas que fazem buscas no Google dão uma olhada nos anúncios do AdWords. Também sabemos que mais de 70% ignoram os anúncios e raramente se importam em olhar a segunda ou terceira página dos resultados de busca. Isso significa que alguém digita, por exemplo, "Casa de repouso na Flórida" e escolhe uma das cinco ou seis primeiras entradas; depois vai embora.

Se você for o número 8 das 1.590.000 correspondências, você perde.

No passado, fui duro com o SEO, principalmente devido ao jeito errado com que os clientes o usam. Eles constroem sites estáticos, monótonos e individualistas e depois tentam fazê-los funcionar com uma classificação elevada no Google. Que desperdício! É como levantar a mão para ser chamado na segunda série — mas sem saber a resposta à pergunta.

Se você fez a otimização correta — a otimização do primeiro clique para a venda, a otimização do primeiro clique de um cliente satisfeito — então (e só então) o seu investimento no SEO dará resultado.

TESTE E MENSURE

As pessoas detestam ouvir isto. Peço desculpas.

Você precisa mudar suas páginas o tempo todo. Até diariamente.

Precisa mudar as ofertas que faz e como as faz. E então observar o que acontece. Às vezes, os resultados melhorarão. Isso é bom; continue fazendo o que quer que tenha feito. Às vezes, porém, seus resultados piorarão. Isso é bom; você acaba de descobrir o que não funciona.

Se mudar seu site o tempo todo, destruirá qualquer concorrência que supõe que acertou na primeira vez e agora está imobilizada.

Por que as pessoas detestam essa etapa? Porque parece dar muito trabalho. Na verdade, falhar dá muito trabalho. Atualizar seu site o tempo todo é até divertido.

Você vencerá sempre que puder criar um sistema evolucionário.

Evoluir é um conceito simples: uma série de combinações semi-aleatórias seguidas por uma batalha abrupta por supremacia. Os preparados vencem e se reproduzem; os que perdem desaparecem.

Páginas da web funcionam da mesma forma. Desafie seu pessoal ou freelancers a criar uma página que pode vencer seu padrão atual. Use *landing pages* totalmente diferentes e veja que ofertas, que histórias, cores e preços vencem.

TRÊS OUTRAS COISAS QUE EU GOSTARIA DE DIZER

Escolha é algo ruim. Estudos demonstraram repetidas vezes que quando confrontadas com muitas escolhas, as pessoas vão embora. Ficam insatisfeitas. Elas se arrependem da decisão que tomaram.

Nada é mais fácil do que dar às pessoas muitas escolhas em seu site. Em um mundo de banda larga, o custo de um clique para o usuário é muito menor do que costumava ser. Divida suas opções e faça como um jogo de perguntas e respostas. Em vez de dizer: "Aqui estão 25 coisas que oferecemos", ofereça-me três ou quatro categorias mais amplas. Então, quando eu clicar, foque em quatro ou cinco categorias mais restritas que têm tudo a ver com minha última escolha. É assim que funciona no varejo ("Você está procurando roupas masculinas ou femininas?").

Contato é uma coisa boa. Se você tem um site, provavelmente é porque quer interagir com seus clientes. Então me dê um número de telefone e um endereço de e-mail. Um verdadeiro, que leve a uma pessoa, e depressa! Coloque-os em todas as páginas.

Elimine becos sem saída e páginas de erro. Se você tiver uma caixa de busca em seu site, é melhor me dar um resultado mesmo que eu não encontre uma correspondência.

Em vez de dizer "sinto muito" e não me dar nada em troca de meu trabalho duro, dê-me um desconto, um item secreto ou, pelo menos, uma piada.

Você não pode me obrigar a fazer algo, mas pode facilitar as coias. Não, não vou recomendar seu site para todos os meus amigos. Mas se eu quiser fazer isso, há uma forma fácil de fazê-lo? Com frequência, os marqueteiros constroem ferramentas de recomendação totalmente individualistas em seus sites. As pessoas as ignoram pois, afinal, por que fariam isso? De vez em quando, porém, há algo que vale a pena recomendar. Se você puder facilitar, é mais provável que aconteça.

Devo insistir nisso: a queixa número 1 que os sites me trazem é que não conseguem fazer com que gerem lucros. Estão desesperados. Compraram AdWords, SEO, banners e até um balão de ar quente, mas embora possam comprar uma melhoria no tráfego, não podem convertê-la em algo que valha a pena.

Eles não podem porque têm um site que foi desenhado por um engenheiro ou um verdadeiro adepto, não um marqueteiro.

Bons marqueteiros entendem que uma página na web não é uma janela especial da verdade. Não é literatura. É só outro mecanismo de marketing.

Como mecanismo, a sua página está lá para levar o usuário de um lugar a outro. Do estranho ao amigo. Um ou dois cliques, entrar, e sair. Toc toc.

Aqui estão as três perguntas que você deve responder sobre cada página que constrói:

1. Quem está aqui?
2. O que você quer que façam?
3. Como contar instantaneamente uma história convincente para levá-los ao no 2?

Se não conseguir fazer o no 3, então não se dê ao trabalho de criar uma página. Dê passos pequenos. Faça promessas e cumpra-as. Teste e meça.

BÔNUS N° 2: QUEM ESTÁ AÍ? UM LIVRETO SOBRE BLOGS

Quase tudo sobre o que a web foi construída está desaparecendo. Depressa.

Se você está confuso, junte-se ao clube. As regras são diferentes e tudo é novo.

A cada poucos anos, parece que algum comentarista anuncia que desta vez é diferente, que todas as regras mudaram e que os poderosos devem ficar atentos.

Vejamos, a última vez que aconteceu foi há sete anos. E vimos a indústria da música afundar, a política mudar para sempre, a JetBlue varrer o chão com a Delta e a American, a Amazon continuar a provocar agitação entre os varejistas no mundo real e, ah, sim, as redes de TV serem destruídas.

Bem, está acontecendo de novo. Desta vez você está preparado. Escrevi este livreto para ajudá-lo a entender algumas regras simples que esclarecerão o que está em jogo e como isso funciona.

Gostou da promessa?

Este não é uma FAQ, não é a bíblia dos blogs, está incompleto e você pode muito bem já ter percebido tudo que está aqui. Mas suponha é que você e sua equipe não focaram todo esforço e energia em maximizar alguns desses princípios. Foi por isso que os escrevi.

Começamos com três suposições básicas e então seguimos com algumas regras que parecem se aplicar à maioria do que está ocorrendo online.

Aqui estão as metas que você deve tentar atingir:

- Entender como e por que a mídia convencional está morrendo.
- Descobrir por que a sua organização precisa tomar uma direção totalmente diferente em relação à web.
- Aceitar o fato de que não pode só mudar de tática. A verdade do que você faz e de quem é também tem de mudar.

■ Compreender que tudo isso é muito barato e rápido. A parte mais difícil é encontrar quem o faça direito.

Chega de falatório. Vamos começar.

PRIMEIRA VERDADE: AGLOMERAÇÃO

Oitenta mil blogs surgem todos os dias.

Há 19 mil bebidas diferentes na Starbucks.

Há 19 sabores de Oreo.

Há 172 equipes esportivas profissionais nos Estados Unidos.

Em 8 de setembro de 2004, uma busca por "podcast" no Google mostrou 24 correspondências. Enquanto estou escrevendo, o número é de 17 milhões.

A quantidade de ruído com que estamos vivendo está explodindo. Existe um crescimento exponencial, mas não o notamos porque está ocorrendo um pouco de cada vez. Se ele fosse desligado de repente e fôssemos transportados de volta ao universo de três redes, um mundo com três fábricas automobilísticas, seis estações de rádio, dois tipos de sabão em pó e dois jornais, você ficaria louco procurando algo para distrai-lo. Mas só porque se acostumou ao barulho não significa que ele não está lá.

E isso muda tudo.

Quando você se candidata a um emprego, outras mil pessoas também o fazem.

Quando vê um anúncio de produtos à venda, outras mil pessoas também o veem.

Quando faz uma oferta em um sanduíche de queijo quente no eBay, outras mil pessoas também a fazem.

E quando quer que pessoas acessem o seu blog ou site, outro milhão (10 milhões, 1 bilhão!) também quer.

Você acaba de ler, mas não acredita realmente nisso. É quase certo que esteja vivendo em um mundo diferente, onde espera que alguém se importe de verdade com você. Seu chefe acena com a cabeça quando ouve sobre aglomeração, mas se vira e continua a construir e comercializar coisas como se estivéssemos em 1969.

Ninguém liga para você. Quase ninguém nem sabe que você existe.

SEGUNDA VERDADE: QUALIDADE

É fácil torcer as mãos e se lamentar sobre o declínio da civilização ocidental.

Sempre que passo pela placa de uma empresa que diz A MELHOR QUALIDADE, eu estremeço.

Sempre que checo meu correio de voz com a interface horrível, ou tenho de jogar fora outro spray de azeite Misto porque está entupido, balanço a cabeça, decepcionado.

Mas o fato é que mais coisas estão melhores (e mais baratas) do que jamais foram. Você compra comida muito melhor, acessa mais conteúdo gratuito e de valor, liga para mais longe e com mais frequência. Cite qualquer coisa, quase tudo está melhor (se não melhor, então muito mais barato) do que costumava ser.

A incansável marcha da melhoria da qualidade significa que erros — do seu banco até seus sapatos — são muito menos comuns. Na minha infância, um par de tênis que era apenas bom o suficiente custava dez vezes mais (em dólares atuais) que o mesmo par custaria hoje.

E em nenhum lugar isso é mais evidente do que no conteúdo encontrado online. Há vinte anos — não, dez ou cinco anos — ele simplesmente não existia. Não era encontrado na biblioteca gratuitamente ou na livraria por nenhum preço.

Como resultado, ficamos surpreendentemente exigentes. Exigentes com o que compramos, ao que assistimos e o que lemos. Em um mundo em que há muita aglomeração e tudo é bom o suficiente, na maior parte do tempo simplesmente pegamos o que está perto, é barato ou conhecido. Mas quando é algo importante, gastamos horas para encontrar o melhor.

A MELHOR FORMA DE ENCONTRAR BLOGS

Visite a Technorati (conteúdo em inglês). Quando entrar, procure o seu nome ou o de sua empresa, sua marca, cidade ou religião. Acho que se surpreenderá com o que vai achar. As pessoas estão falando de você. Escute.

TERCEIRA VERDADE: EGOÍSMO

Os idealistas que começaram a tendência dos blogs criaram alguns componentes na ideia que os fizeram prosperar. A primeira foi a ideia de que blogs generosamente fazem um link com outro. Se alguém escreve algo a que você quer responder, inclua um link em seu blog.

Eles também inventaram a ideia de um *blogroll*, que é uma lista dos blogueiros preferidos de um blogueiro. Esse gesto aparentemente insignificante acabou mostrando grande importância para os blogs, porque o Google usou todos os *links* cruzados para recompensar esses blogs com uma classificação maior. Em outras palavras, a generosidade deu resultado.

Quanto mais você linkasse, mais linkado era. Quanto mais vezes fosse linkado, maior sua classificação no Google. O que significava mais tráfego. E assim vai.

Mas, mesmo que blogueiros sejam altruístas, seus leitores são egoístas. Eles (nós) realmente têm poucas opções, quando você pensa no assunto. Somos egoístas porque só temos pouco tempo e há muito para ler. Assim, como resultado, somos muito rígidos sobre o que está em nossa curta lista. Somos implacáveis ao deletar um blog de nosso leitor se ele postar com muita frequência fatos irrelevantes para nós. Sempre estamos com a mão sobre o mouse, prontos para escapar de um site no mesmo instante.

O Boing Boing é um dos blogs mais populares online e por um bom motivo. Ele é engraçado e interessante, e todos o leem, incluindo eu.

Mas quando chego ao meu leitor de blogs e há 125 novos *posts*, bem, tenho que parar por um momento e decidir se vale a pena continuar. Um dia, poderá não valer.

PAUSA PARA ALGUMAS DEFINIÇÕES

Um blog é só uma página da web elaborada com um software de formatação inteligente, para que qualquer pessoa (inclusive você) possa construí-lo e atualizá-lo sem conhecimento técnico.

Os elementos-chave que tornam uma página um blog (além do software) parecem ser:

1. fragmentos de registro de tempo
2. postagens em ordem cronológica reversa

Um blog se desenvolve ao longo do tempo, com as postagens mais recentes em primeiro lugar.

Muitas vezes, mas nem sempre, blogs incluem comentários de leitores, um *blogroll* listando outros blogs, um meio de buscar arquivos e postagens passadas e uma bio do blogueiro. Até recentemente, era incomum um blog não ser escrito por um indivíduo. Hoje, é comum encontrar equipes de blogs (como www. huffingtonpost.com — conteúdo em inglês) e aqueles escritos por organizações.

Quer ver um blog clássico? Visite buzzmachine.com (conteúdo em inglês) para ouvir Jeff Jarvis falar sobre mídia — e tudo o mais.

O *RSS* é um sistema que permite que um blog (ou qualquer site) avise a um *leitor RSS* que ele foi atualizado. Isso é importante e, embora eu não ligue muito para a tecnologia, ligo muito para suas implicações.

O RSS significa que o usuário pode assinar qualquer site com suporte para isso. Ou seja, quando o usuário tem um leitor RSS (e existe um no interior do My Yahoo!, Firefox, Safari e em praticamente todo navegador), ele pode escolher uma dezena ou uma centena de blogs e entregá-los.

Isso é fantástico. É fantástico porque desfaz completamente a questão da aglomeração.

Quando o seu *feed* (é assim que chamam a transmissão da RSS) está no meu leitor RSS, ele ficará lá até eu tirá-lo. Isso significa que você tem o benefício da dúvida. Significa que recebeu atenção.

Se existem 20 milhões de blogs no mundo e somente 32 no meu leitor RSS, adivinhe quem os lerá primeiro?

Podcasting pode não ser o que você pensa. Não tem nada em particular a ver com iPods, por exemplo, Um podcast é um arquivo de som com um *feed* RSS.

Por que a parte do *feed* é importante?

Sempre existiram arquivos de som na web. (Acho que o primeiro exemplo foi no site de Ben & Jerry's há milhões de anos. Eles tinham uma vaca que mugia. Mas estou divagando.)

Os arquivos de som apenas ficavam lá, porque é impossível navegar por eles. É difícil encontrar o arquivo que você quer. Demora muito.

Quando Dave Winer surgiu com a ideia de adicionar RSS aos arquivos de som, fez algo brilhante. Ele permitiu que cada surfista da *web* com um leitor RSS se inscrevesse para ouvir o áudio!

Isso mudou a publicação de efeitos sonoros como a entrega em domicílio mudou o ramo dos jornais.

Agora, em vez de sair e encontrar ouvintes para cada diálogo gravado ou programa semelhante ao do rádio que você reúne, seu podcast notifica automaticamente cada um de seus inscritos. E se um deles estiver usando o iTunes, pode ter seu podcast tocando em no iPod na próxima vez que carregarem a bateria e o sincronizarem.

É fácil definir seu fluxo RSS no iTunes de modo que a cada manhã, a caminho do trabalho, você possa ouvir o que quiser, em vez do que a Imus quer que ouça.

O rádio está oficialmente morto, principalmente se seu carro tem acesso à internet sem fio.

Imagine quão poderoso um *podcaster* se torna quando tem 3 milhões de pessoas ouvindo-o todos os dias em seus computadores no trabalho, ou em seu Rio MP3 na academia de ginástica.

Algumas Outras Definições Bônus: um *ping* é um termo técnico que nos interessa, mas o termo evoluiu e também significa lembrar alguém de algo ou fazer uma pergunta sobre alguma ideia. "Vou mandar um *ping* para o John e ver o que ele acha", ou "Obrigado pelo *ping* que enviou. Vou colocá-lo no blog".

Um *trackback* é um link automático para qualquer blog que comente no seu. É a cola que une um blog a outro. Quando você liga os *trackbacks*, seus leitores (e você) podem ver quem mais está dizendo algo a seu respeito.

IRC é uma espécie de sala de bate-papo totalmente aberta. Você pode criar uma com facilidade para que leitores do blog conversem entre si e com você.

TRÊS TIPOS DE BLOGS

Sim, sei que há dois tipos de pessoas no mundo — as que acreditam que há dois tipos de pessoas no mundo e as que não acreditam. Mas, na verdade, há três tipos de blogs.

Blogs sobre Gatos (*Cat blogs*) são para, por e sobre o blogueiro. Um blog sobre gatos fala de seu gato, o trabalho que tem com encontros, seu chefe e qualquer coisa que queira partilhar com seu público todos os dias. A grande maioria das pessoas com um blog sobre gatos não precisa nem quer que estranhos o leiam.

Se você tem um blog sobre gatos, aceite o fato e pare de imaginar onde está todo o seu tráfego. Infelizmente, este trecho é quase totalmente inútil para você. Já tem o que quer!

Boss blogs são usados para comunicar-se com um determinado círculo de pessoas. Um *boss blog* é uma ferramenta de comunicação fantástica. Eu usei um quando produzi um musical para a quarta série. Ele facilitou a tarefa de manter os pais que se importavam com nosso projeto atualizados e lhes proporcionou um arquivo do que estava ocorrendo fácil de acompanhar.

Se você não tem um *boss blog* para a maioria de seus projetos e atividades, pense em criar um. Esses blogueiros também não precisam desta seção, porque já sabem quem deveria estar lendo o blog e têm os meios de contatar e motivar esse público a se juntar a eles.

O terceiro tipo é aquele que a maioria das pessoas imagina quando falam sobre blogs. São blogs como InstaPundit, Scobleizer e Joi Ito's. Alguns deles são de indivíduos (chame-os de jornalistas da cidade ou páginas *op-ed*) e outros são de organizações tentando compartilhar suas ideias e agendas. São os blogs que estão mudando a cara do marketing, do jornalismo e da disseminação de ideias. Quero chamá-los de *blogs virais*.

Eles são virais porque seu objetivo é disseminar ideias. O blogueiro está investindo tempo e energia a fim de expor suas ideias. Por quê? Por vários motivos — obter serviços de consultoria, mudar o resultado de uma eleição, encontrar novos clientes para um negócio ou facilitar o conforto para que seus clientes existentes se sintam bem em ficar.

A matemática por trás dos blogs virais é surpreendente. Uma pessoa, US$20 em despesas gerais e um público de vários milhares de pessoas! Melhor ainda, um blog viral cheio de boas ideias influenciará milhões de pessoas que nunca nem mesmo leram o original. Por exemplo, Chris Anderson postou sua ideia da "Cauda Longa" em um blog. Hoje, há 1.040.000 correspondências no Google para a expressão que ele inventou.

Esta é uma seção para blogueiros virais. É sobre como fazer ideias se disseminarem para todos os lugares e exercer um impacto maior.

Se você estiver escrevendo para estranhos, isso significa que está criando um blog viral. O primeiro princípio é tornar as entradas mais curtas.

Use imagens, tons, design e interface para apresentar sua opinião. Ensine as pessoas aos poucos.

Por outro lado, se estiver escrevendo para colegas, você tem um *boss blog*. Isso significa que pode criar entradas mais robustas.

Seja específico, Seja claro. Seja intelectualmente rigoroso e não deixe espaço de manobra.

O material que você está colocando no seu site de marketing, no seu blog ou até em seus folhetos ou cartas comerciais é muito longo. Detalhes demais. Muitas perguntas não feitas sendo respondidas antes do tempo.

O material que está enviando em seus e-mails e memorandos é muito vago.

Veja primeiro para quem vai escrever antes de pôr os dedos no teclado!

PRIMEIRA LEI: NÃO É QUEM VOCÊ É, MAS O QUE VOCÊ DIZ

Lembra-se de Dan Rather? Tom Brokaw? Lembra-se do *Los Angeles Times* ou mesmo da Procter & Gamble?

Costumava ser muito importante de onde uma ideia vinha. Quando ela surgia de uma empresa de mídia tradicional (MSM) ou de uma das quinhentas melhores empresas da *Fortune*, era muito mais provável que se espalhasse. Isso porque as empresas de mídia tinham ondas sonoras ou papel pago, enquanto as grandes corporações tinham o dinheiro para comprar interrupções.

Grandes empresas e MSMs podiam vender material como SUVs e guerras no estrangeiro. Elas criaram pânico sobre daminozide nas maçãs e nos empolgaram com os aparelhos de MP3. Havia uma palavra para alguém fora do convencional com uma grande ideia: *crackpot* [excêntrico].

Hoje, todas as impressoras são criadas da mesma forma. E todos têm uma empresa. O que significa que uma boa ideia em um pequeno blog tem boa chance de se espalhar. Na verdade, hoje, uma ideia fora do convencional pode ter uma chance ainda melhor de ser disseminada.

Poucas pessoas hoje tratam as ideias fora do convencional como imediatamente suspeitas. Na verdade, muitas dão a elas *mais* credibilidade, não menos. Blogueiros não são mais estranhos.

Há cem anos, a FCC criou monopólios de TV e rádio. Quando havia apenas alguns canais, as pessoas donas do canal tinham muita influência.

Mas há milhares de blogs. O que significa que ter um não lhe confere poder automaticamente.

Parece que ninguém lê um blog horrível por muito tempo. Até postagens malfeitas não são lidas. Dê uma olhada nos contadores de comentário em alguns blogs muito populares. Eles podem variar de 300% a 10 mil %. Isso porque as boas ideias se espalham e as não tão boas são esquecidas.

Um parêntese: "bom" não tem que ter nada a ver com a qualidade, a ética ou até a lucratividade. Neste caso, apenas significa poder de atração. Boas ideias, em minha definição, são as que se espalham. Pelo menos nessa seção.

SEGUNDA LEI: NA VERDADE, NÃO IMPORTA O QUE VOCÊ DIZ, MAS QUEM VOCÊ É

Você se lembra do que acabei de dizer na primeira lei? Não é bem verdade. Costumava ser, é claro, mas não mais. No início, não importava quem você era, porque blogs não tinham assinantes ou pessoas que acreditavam, confiavam ou estavam comprometidas com eles. Agora, porém, as coisas são diferentes.

Então fique comigo por um momento, enquanto eu revisito e me retrato.

Quando Doc Searls, Cory Doctorow ou Joshua Micah Marshall dizem algo, naturalmente o que falam é importante. Eles são o Dan Rathers de nossa época. Por enquanto.

Os blogueiros com seguidores ganham o benefício da dúvida e um megafone muito maior. Como atingem maior número de pessoas, é provável que tenham suas palavras repetidas com mais rapidez. E uma coisa que aprendi com a blogosfera (sim, ela realmente se chama assim), é que ideias que ecoam são ecoadas de novo. Em outras palavras, um meme (é o novo termo para uma ideia que se disseminou) será captado apenas porque todos estão falando sobre ele.

E assim os blogueiros que conquistaram seguidores têm maior probabilidade de disseminar ideias disseminàveis, o que, naturalmente, reforça ainda mais sua posição no topo da pirâmide.

Por um tempo.

Porque se esses blogueiros ficarem preguiçosos, burros ou egoístas, seu público fugirá.

E fugirá mais depressa do que fugiram da CBS. Não levará anos. Às vezes, leva apenas um mês ou dois. Um blogueiro pode descobrir que membros de seu público o tiraram de seus leitores RSS por postar com muita frequência e ser difícil acompanhá-lo, ou por ter se tornado egoísta ou autopromocional. Puff. Vão embora e não voltam.

Os poderes tradicionais da MSM estão assistindo a seu público encolher dia após dia. Mas esse é um público antigo com hábitos profundamente arraigados, de modo que a redução é lenta. Perder o público de seu blog ocorre muito mais depressa.

Então, sim, quem fala importa. Blogueiros poderosos falam mais alto.

E, sim, as duas primeiras leis entram em conflito. Mas não, não de verdade. Porque ideias que grudam e pessoas que têm poder são diferentes do que costumavam ser.

As pessoas me procuram o tempo todo acreditando que se eu criasse um link para elas, as pusesse em destaque, elas ficariam invencíveis. Infelizmente, isso não é verdade. Quando você escreve algo ótimo e o faz repetidas vezes, então sim, você fica invencível. Com ou sem a ajuda de alguém.

Hugh MacLeod é um grande exemplo disso. Seu blog, gapingvoid. com, recebe muito mais tráfego do que o meu, mas começou do zero há apenas um ano. Nenhuma coluna em revistas, nenhum livro, nenhuma ajuda da MSM. Ele simplesmente escreveu e causou agitação suficiente para as pessoas notarem o que tinha a dizer.

TERCEIRA LEI: "COM" E "POR", NÃO "EM" OU "PARA"

Redes sociais, especialmente os blogs, são sociais. Não antissépticos, anônimos ou corporativos.

Isso significa que escrever as técnicas que você e sua organização reuniram não o ajudará muito. Quando você escreve *em prol* de seu público, ou até mesmo *para* o seu público, deixa claro que acha que eles são diferentes de você e que lhe pertencem.

Naturalmente, eles não são *seu* público. Pertencem a si mesmos. E se você falar como se eles não fossem iguais a você, será muito difícil manter sua posição de poder. É muito mais fácil perpetrar o subterfúgio da onipresença na televisão, onde há maquiagem e uma sala de edição. É fácil no rádio, porque você tem a licença da FCC e eles não. Mas é difícil fazer isso com um blog, porque seu público também tem um!

Assim, estamos falando de novo sobre mudar drasticamente o relacionamento entre escritor e leitor. Essa não é uma sala de bate-papo. Não é um diálogo entre duas pessoas de igual autoridade. Em vez disso, o blogueiro está no centro. Ele tem o poder de definir a agenda do blog e, se quiser, dar a última palavra (pelo menos em seu blog). Isso significa que o blogueiro ainda é o autor/editor/jornalista. A diferença é que seu poder de controlar a conversa diminuiu drasticamente pela capacidade de o público responder em seus próprios blogs e pela sua habilidade de ignorá-lo.

Os melhores blogs caminham sobre uma linha muito fina entre a civilidade e a anarquia, entre a paixão e a privacidade. Todos visitamos blogs em que o escritor é um pouco desinibido. Tudo bem, muito desinibido. Não quero nem preciso saber sobre a cirurgia do seu gato, obrigado.

Os melhores blogs começam conversas, não as controlam.

Ninguém será Dan Rather, nunca. Mas o público quer desesperadamente que você seja um líder, que defenda algo, que se manifeste, que traga novas ideias e pensamentos desafiadores a suas vidas.

Isso não é para todos. Nem todo mundo quer se envolver em um discurso emocional sobre seu tema. Mas os dias da mídia para as massas se foram há muito. Sentimos sua falta, Walter Cronkite.

Lembre-se do ponto mais importante de todos: estou ocupado, então se você me deixar preocupado, confuso ou me desrespeitar, estou fora.

QUARTA LEI: NA INTERNET, TODOS SABEM QUE VOCÊ É DESINTERESSANTE

Em um cartum famoso do *New Yorker*, ninguém sabe que você é uma pessoa desinteressante na internet. Embora as dicas online sejam muito mais sutis do que em quase todas as outras mídias, por estarmos tão sintonizados para distinguir o bom do ruim e o verdadeiro do falso, cada pequeno sinal é importante.

Talvez você acredite que todos os blogs são iguais e que, como blogueiro, é anônimo. Não acredito nisso.

Surfistas notam qual serviço hospeda o seu blog. Notamos seu nome de usuário no Skype e a fonte que usa no seu blog ou na *home page*. Notamos tudo quando precisamos.

O jornal estava no chão de minha sala, a cerca de três metros de distância. Eu não só soube que era o *New York Times,* como também que era a parte inferior da seção de críticas de restaurantes da quarta- -feira apenas pelo layout.

Quantas vezes você saiu de uma página da web antes mesmo de ler uma frase? Você não permitiria que um médico com um piercing na língua fizesse uma cirurgia cardíaca em você, e não acreditaria no que leu em um blog se parecesse que um gato vomitou nele.

No mundo das MI, adolescentes são muito bons em descobrir quem é ou não autêntico. Eles podem até dizer como sabem disso — talvez seja a velocidade de digitação da pessoa ou a escolha de palavras, mas quaisquer que sejam os sinais, eles sabem. E você também.

Isso significa que apresentar falsificações online é muito mais difícil do que no mundo real.

Contrate um ótimo decorador e sua loja parecerá linda durante anos. Mas se sua presença online não for consistente, autêntica e honesta ao longo do tempo, as pessoas notarão. E sumirão.

E OS COMENTÁRIOS?

É um ato de fé que os blogs recebam comentários. Afinal, como disseram os caras da Cluetrain, mercados são conversas.

Exatamente. Mercados, não o marketing.

Marketing não é uma conversa. É um ato que inicia uma conversa, mas não precisa incluir uma, pelo menos não no início. O marketing, como a publicação, é, na verdade, sobre uma pessoa ou entidade partilhando um ponto de vista. Se acertarem, a ideia se espalha.

Hospedar uma conversa em seu blog é uma estratégia totalmente válida. Isso facilita ver o que as pessoas estão dizendo e então mudar suas ideias para dar a elas mais poder para avançar. É também um serviço para os leitores, porque localiza a conversa ao lado da ideia em si.

Meu blog, porém, não tem comentários. Há dois motivos para isso. O primeiro, que é infantil, é que detesto ler discursos agressivos sobre as minhas ideias, e permitir comentários tornava cada vez mais difícil postar, porque vivia com receio dos *trolls* (os homenzinhos zangados debaixo da ponte). O outro motivo, mais prático, é que agora vivemos em um mundo em que muitas pessoas têm blogs. Assim, se você quer dizer algo sobre uma de minhas ideias, vá em frente, procure-a e coloque no *seu* blog. Seu blog não anônimo. Que coloca seu comentário em contexto com todos os outros comentários.

Comentários são, portanto, mais atenciosos. *Trackbacks* dão maior credibilidade para a pessoa que faz o comentário (e uma classificação de página mais elevada) e também apresentam o meu blog aos leitores do seu.

Há alguns que lerão isso e se preocuparão, acharão que estou aconselhando a ignorar a conversa. Não é isso. Vá até o Google e faça uma busca sobre *Jeff Jarvis Dell*. Você verá como a Dell se detonou. Em público.

Um blogueiro influente estava apontando, calma mas intensamente, onde a Dell errou. Usando tecnologia fácil e barata, a Dell deveria rastrear todos os blogueiros que têm algo a dizer sobre ela. E então deveria procurar os insatisfeitos e acalmá-los, e ao mesmo tempo procurar os satisfeitos e ampliar suas emoções. A Dell deveria aprender com os dispostos a gastar tempo para postar e usar esse aprendizado para melhorar seus produtos (e ideias).

Imagine o apoio ao cliente que funcionasse assim. Em vez de ligar para um número e esperar para sempre, você simplesmente posta o problema em seu blog, do modo mais específico possível. Então a empresa usa um leitor de blog/rastreador RSS para verificar todos os zilhões de blogs. Eles fazem isso o tempo todo. Em minutos, veem sua postagem e o contatam diretamente — ou postam a resposta direto na seção de comentários de seu blog.

Se o comentário/reparo que postaram funcionou e foi rápido, provavelmente postariam sua satisfação ali mesmo, no blog. A interação é feita em público e a satisfação é evidente. Esse processo ajuda a empresa a conseguir novos clientes.

Ao trazer a interação do lado da empresa para o seu lado, o jogo muda, não é mesmo?

BLOGS SÃO COMO FILMES

Blogs funcionam melhor quando as pessoas os leem com o passar do tempo. Um fotograma do filme não é suficiente para ganhar o Prêmio da Academia, e uma postagem de um blog não é suficiente para fazer uma grande diferença.

Meu amigo Jerry chama a isso de marketing de pingos. Ele funciona como uma antiga tortura de água, um pingo por vez, aumentando até criar um impacto. Um blog é a chance de falar com as pessoas que querem ouvir, agregar um público que quer lhe ouvir, espalhar suas ideias e voltar a falar com você.

Por causa do RSS, um blog lhe permite ser paciente, gentil e não se preocupar demais com primeiras impressões. Você já está em um relacionamento com seus leitores. Fique atento ao fato de que assim que quebrar a sua promessa, o relacionamento acaba,

Que tipo de promessa? Bem, há um blog popular no qual a blogueira decidiu preparar cada receita do *Joy of Cooking*. Ela tem milhares de leitores. Porém, no momento em que ela decidir usar o blog para começar a vender incansavelmente uma marca de café, eles desaparecerão. Porque esse não foi o acordo.

É bem possível ter um blog que seja todo sobre você. Sobre sua empresa, seu carro ou seus namorados. Quem sabe o que as pessoas lerão (elas certamente assistem sabe-se lá o que na TV). Acontece que as expectativas devem ser claras desde o início.

E DAÍ?

Assim, cada postagem em um blog viral deve ser desenhada para conseguir outra inscrição RSS.

Cada postagem deveria ser criada de forma a ser importante o bastante para que outro blog publique ansiosamente um link ou uma citação sua, ou republique tudo.

Cada publicação será lida porque eu quero ler, não porque você quer que eu o faça.

UM BOSS BLOG

Um amigo me enviou o novo blog da Adobe. É um desenvolvedor de software depois do outro escrevendo sobre as coisas em que estavam trabalhando, detalhes sobre os novos produtos. Eu fiquei cerca de um minuto. Deveria haver um aviso que diz: "Não é para todos!"

Está tudo bem, contanto que as expectativas sejam adequadamente definidas. Não posso imaginar que o blog da Adobe lhe consiga um novo cliente. Não haverá uma pessoa que veja essa "viagem" interna e decida comprar o Illustrator. Nem ao menos imagino que alguém escolha surfar e checar este blog em vez de, por exemplo, o Amihotornot. com. Mas tudo bem. Contanto que a Adobe não invista em excesso, e entenda que esse será um processo lento, de baixo retorno de construção de comunicação e, por fim, de lealdade, é uma ótima ideia.

O blog da Adobe é um *boss blog*. É uma plataforma para uma empresa que quer ter mais comunicação direta com seus consumidores mais importantes.

Um blog é uma plataforma excelente para isso e é difícil imaginar porque uma empresa em situação semelhante hesitaria em ter um. A Quark perdeu milhões de dólares em vendas em uma década na qual fizeram todo o possível para *não* se comunicarem com clientes entusiastas. A Verizon parece se virar do avesso a fim de alienar seus clientes mais lucrativos.

Um *boss blog* — onde você acaba contando a verdade — é um jeito ótimo de reforçar bons sentimentos entre um círculo central. Mas não confunda-o com um blog viral. Um *boss blog* cheio de informações internas não lhe conseguirá novos clientes no dia seguinte.

P.S.: Está muito claro para mim que quando a RSS e a blogosfera quebrarem o mundo em minúsculos pedaços interligados, não haverá grandes benefícios em ser grande, ter muitos funcionários ou recursos — não quando se trata de seu blog. Os melhores esforços dos blogs são genuínos, interessantes, rápidos e valem a pena ser lidos. E isso não tem nada a ver com ser grande, ser o CEO, ou ter a aprovação do chefe do seu chefe.

FALAR E OUVIR

Veja para onde tudo isso leva.

O marketing realmente trata de dois aspectos. Falar e ouvir.

Durante um longo tempo, porém, ele tratava apenas de uma coisa — falar.

Falar *às* pessoas em anúncios de rádio e TV ou cartazes na rua. Falar *às* pessoas por meio de design, características ou preço do produto.

Para alguém que quer estar no show business, o marketing era sedutor. Você tinha de criar um espetáculo todos os dias.

Depois, há algumas décadas, *ouvir* se tornou importante. Grupos focais começaram a administrar o show, com marqueteiros com altos salários dando atenção especial a grupos pequenos e autoselecionados em salas escurecidas em shopping centers.

Empresas *disseram* que estavam ouvindo, mas estavam na verdade usando os grupos focais para justificar as coisas que já queriam fazer desde o início. Há algumas décadas, por exemplo, o mercado automobilístico disse a Detroit que queria carros de alta qualidade e econômicos. Detroit quis ignorar a mensagem, e então formaram os grupos focais de modo a ouvir o que queriam ouvir.

Isso não vai mais funcionar. Os círculos de feedback são rápidos demais e, embora você ignore o mercado, não poderá fazê-lo por muito tempo. A internet está ocupada mudando tudo. Aqui está uma recapitulação de como falar e ouvir mudaram.

Falar: o velho monólogo está sendo destruído pela aglomeração.

A TV está em baixa.

O rádio está em baixa.

Jornais e revistas estão em baixa e quase não existem mais.

Clientes estão ignorando você o tempo todo.

Mas, acontece que possibilitar que seus melhores clientes contem aos amigos sobre você está em alta, em grande estilo. Fazer coisas notáveis pode ser algo de que valha a pena falar.

A parte mais importante de falar é a narrativa. Não um discurso de baixo para cima, mas histórias autênticas, que provoquem emoções e sejam disseminadas.

Ouvir: grupos focais tendenciosos estão em baixa.

Blogs com feedback não filtrado, não anônimo estão em alta.

Ouvir o seu call center está em alta.

Ciclos rápidos de produtos que envolvem usuários no design do produto estão em alta.

O mesmo ocorre com o código aberto, no qual os usuários *são* os designers.

Falar diretamente com seus clientes publicamente insatisfeitos também está em alta.

Plataformas são a próxima grande sensação, porque lhe permitem construir ferramentas que facilitam que clientes e consumidores falem e ouçam uns aos outros. Assim, o eBay é diferente do Brooks Brothers, porque o eBay possibilita aos usuários ouvir e falar. O MySpace.com é diferente da MTV, porque o MySpace.com permite que os usuários ouçam e falem.

Blogs, então, são uma plataforma que permite à sua organização falar com as pessoas que querem ouvi-lo. A RSS torna a publicação de suas ideias ágil e focada. E os blogs de seus clientes, usuários e consumidores são o meio pelo qual respondem a você. A questão é se você está disposto a ouvir e agir.

E AGORA, O QUÊ?

Se sua organização não está observando o que está sendo dito a seu respeito na blogosfera, você está com grandes problemas. Em vez de aprender, não tem a menor ideia do que ocorre. Em vez e tentar consertar os problemas antes que se forme uma bola de neve, está esperando pela avalanche. E em vez de amplificar o bom feedback, está deixando que ele desapareça.

Se você se importa com sua marca pessoal, sua carreira e seu impacto, precisa de um blog. E comece o ciclo de melhorar como blogueiro.

Melhorar não tem nada a ver com seguir convenções. Não tem a ver com o quanto seu *blogroll* é padronizado, com que frequência você posta ou como mantém bem os comentários e *trackbacks*. Essas são distrações para o jeito de criar o que você realmente precisa.

Você precisa de um grupo comprometido de assinantes, um público substancial e influente de RSS que ficará com você enquanto conta a sua história. Meça-se quanto a links, comentários e disseminações. Meça-se sobre o que leva a mais (e melhores) assinantes.

Depois, ao longo do tempo, leve seus leitores em uma viagem. Ensine-os o que gostaria que soubessem e o resto será uma consequência natural.

O conteúdo original e a data de cada artigo, fotografias coloridas, comentários e outras anotações podem ser encontrados em www.sethgodin.com/smallisthenewbig. (Conteúdo em inglês)

ÍNDICE

A

Adobe, 318
Advertising Age, 96
alavancagem, 6–8, 34
   alta, 122, 199, 217
   online, 134
Altria, 171
Amazon, 5, 27, 106, 109, 114, 138, 159, 170, 214, 243, 275, 303
Ambient, 170
American Airlines, 86, 124, 157, 303
Anderson, Chris, 202, 310
Annan, Kofi, 95
anonimato, 219, 232–233
AOL, 243, 270
Apple, 56, 90, 161, 188, 239
   Store, 118
Archos, Alfred A., 5
Armstrong, Lance, 267
Arthur Anderson, 203
Asimov, Isaac, 178
Audible.com, 8
Avedon, Richard, 163
Avis, 86

B

Back to Nature, 69

Ballmer, Steve, 263
BasecampHQ.com, 239
Ben & Jerry's, 75
Bezos, Jeff, 5
Biblioteca Pública Kalihi-Palama, 225
blogs, 304
   Blogads, 23
   blogroll, 306–307
   conceito, 307
   três tipos de, 309–311
      boss blog, 318. *Consulte* Adobe
Bluetooth, 99
boca a boca, 141, 239, 292
   digital, 5
   propaganda, 78
Boing Boing, 124, 202, 306
Bon Jovi, 34
branding, 14, 175
Branson, Richard, 263
brecha(s), 35–40, 68
   em redes de segurança, 284
Brenegar, Ed, 239
Budweiser, 200
Burgerville, 40
Burns, Ken, 184
Burt's Bees, 91

C

capital de risco, 120
    comunidade de, 39
    empresas de, 44
Case, Steve, 270
Cauda Longa, 310
CBS, 75, 100
CD Baby, 275
China, 47–48
chowhound.com, 137
Cisco, 228
Clancy, Tom, 75
Clarke, Arthur C., 178
cliente
    atendimento ao, 22, 90
    operações de apoio ao, 21
Clorox, 280
Cluetrain, 316
Colonel Sanders, 149
Columbia Records, 272
competência, 61–65
comunicação
    digital instantânea, 180–184
    falta de, 117
    ferramenta de, boss blog, 309
    quantidade de canais de, 190
concorrência, 41, 124
conhecimento, trabalhadores do, 32
Coupland, Douglas, 151
Craigslist, 124
Cronkite, Walter, 314–316
Crosby, Philip, 116
Curry, Adam, 194

D

Dean, Howard, 198, 275
decisão
    difícil, 25
    tomada de, 25, 228, 255
Deckert, Steve, 97
del.icio.us, 80, 133, 172
Dell, 43, 124, 316
digerati, 79–81

Diller, Barry, 256
direitos autorais, 100, 114
Disneylândia, 36, 117
Disney, Walt, 35
Doctorow, Cory, 312–314
Dolby Digital, 99
drugstore.com, 91
Dunkin' Donuts, 171
Dutch Boy, 142
Dylan, Bob, 62

E

eBay, 26, 68, 93, 124, 138, 146, 217, 234, 320
e-book, 89, 121
efeito
    colateral, 162
    halo, 267
    placebo, 202
    proximidade, 218
Ellison, Larry, 75, 165
e-mail, 98, 110, 208, 234
    campanha por, 76
    custo zero do, 249
    era do, 89
embalagens, 87–92
emprego, 54, 92, 110, 245, 265, 278
    bom o suficiente, 104
    busca de um, 11
    candidato a, 237
engrenagem, 93, 122
Enron, 58, 123, 203, 220
Epinions.com, 27
escassez, 113, 159
espectro, 100–101
estratégia, 5, 148
    de duas partes, 187
    pior, 114

F

fã-clube, 131–140, 161, 223
Fast Company, 224
FedEx, 39, 89, 262, 267

feedback, 106–109, 259
  baseado em dados, 156
Fidelity Investiments, 67
Filo, David, 270
Fiorina, Carly, 43, 263
Flickr, 133–135, 172
Ford.com, 131
Fortune, 203, 265, 311–313
Franklin, Benjamin, 126
Fraunfelder, Mark, 202
Froggle, 27
Fuller Brush, 230
funil, inverter o, 129–132
  técnicas de, 140

G
Gladwell, Malcolm, 202
Glaser, Milton, 26
Goldschmidt, Neil, 255
Goodman, Andrew, 282
Google, 18, 81, 120, 124, 171, 278
  AdWords, 219, 244, 287
  Gmail, 110, 145, 219
  Print, 189
Gore, Al, 132

H
Hamel, Gary, 229
Hammond, John, 272
Harrington, Greg, 169
Harris, Eddie, 251
Harrison, Harry, 180
Harvard Business Review, 96
Harvard Business School, 163
Heinlein, Robert, 115, 178
Hershey Park, 116
Hewlett-Packard, 43
Honda, 191
Hotmail, 219, 244
Howard, Stephanie, 176

I
IBM, 16, 134, 256
IKEA, 172

incompetentes, 62–65
inovação, 56, 96, 111
  freios da, 73
  no modelo de negócios, 229
internet, 68, 100, 234
  acesso confiável e rápido à, 78
  ferramentas de aprendizado da, 80
  grande ameaça, 111
  investidores da, 164
  muda tudo, 132
  popularização da, 119
  sucesso da, 243
iPod, 49, 56, 124, 188, 203, 275
Ito, Joi, 285, 310
iTunes, 204, 308

J
JamBase.com, 253
Jarvis, Jeff, 307
JCPenney, 75
JetBlue Airways, 86, 124, 142, 157, 170, 171, 213, 228, 303
Jobs, Steve, 36, 56, 75
Jones, Rickie Lee, 160
Jones Soda, 224
JungleScan.com, 27
Junior Achievement, 281

K
KFC, 273
KickStar, 191
King, Stephen, 74
Klein, Robert, 201
Kmart, 232, 263
Kodak, 197
Kraft Foods, 75, 183
Krispy Kreme Donuts, 84
Kroc, Ray, 149

L
landing pages, 298–301
Lee, Harper, 101
Light, Larry, 176
Limited, 273

Linux, 67, 134
Los Angeles Times, 146, 311–313

M
MacLeod, Hugh, 175, 313–315
marca
    conceito, 175
    narrativa de, 177
    nome de uma, 169–173
marketing, 9, 52
    de permissão, 6, 34, 53, 215, 238
    de pingos, 317
    desafio do, 151, 261
    de última geração, 247
    é investimento, 222
    é um funil, 130
    extraordinário, 117
    falar e ouvir, 319
    fazendo, 81
    forma de, 184
    integrado, 98
    inteligente, 84
    monolítico, 177
    multinível, 219
    novo, 53, 109, 146, 150
    online, 292
    pressão de, 7
    verdadeiro, 98
marqueteiros, 7, 53, 66, 130, 203, 221
    inteligentes, 162
    sonho de todos os, 95
Marshall, Joshua Micah, 312–314
Marx, Karl, 232
Masco, Knut, 18
MBA, 148, 166–168, 179
McCann, Les, 251
McDonald's, 31, 117, 149, 151, 177, 182,
    232
McKenna, Regis, 167
medo, 75, 264
    da perda, 152
    do fracasso, 70
Meetup, 192

megafone, 132, 141
mensuração, 83, 155–158, 161, 222
mercado
    de ações, 55
    líderes de, 39
Microsoft, 16, 65, 99, 169
mídia(s), 120, 159
    atenção da, 91
    nova(s), 189, 200
    tradicional, 10
missão, declarações de, 158
Monster.com, 27
Motion Picture Association of America,
    281
Motorola, 59
MTV, 256, 272, 321
mudança(s), 24, 38, 55, 110, 208, 255
    barreiras para a(s), 63
    combater, 125
    de comportamento, 233
    de ideia, 185
    medo de, 70
    tecnológicas, 181
    viciado em, 269
MySpace.com, 321

N
NameBoy, 173
Napster, 88, 281
NASDAQ, 227
National Public Radio, 246
Nature, 127
Neeleman, David, 213
negócio(s)
    dos projetos, 105
    feiras de, 53
    ideia de, 44
    penhasco, 99
    plano de, 98
Netscape, 65
New England Journal of Medicine, 52
New Yorker, 124, 315–317
New York Times, 84, 127, 136, 143,

180, 219, 281, 315–317
Nietzsche, Friedrich, 274
Nike, 169
Nordstrom, 90
Nova Administração Alternativa
 (NAdA), 163–168
nova economia, 55

O
O'Connell, Mary, 280
oportunidade(s), 36, 68, 150, 255.
 Consulte brechas
organizações
 à prova de talvez, 40, 257
 inteligentes, 25
 mudam devagar, 145
 paradoxo do Grande Máximo/
  Máximo Local, 149
Orwell, George, 233
otaku, 96, 237
otimização de ferramentas de busca
 (SEO), 299

P
palhaço(s), 196–199
Palm, 228
PayPal, 68, 238
Peters, Tom, 80, 167
pirataria, 34, 70, 281
Pittman, Bob, 256
Pixar, 37
Pizza Hut, 182
podcast, 204–205, 240, 304, 308
poder
 da ideia, 22
 do pequeno, 121–125
Poilâne, Lionel, 205
pontocom, 58, 121, 179
Prêmio Gratuito, 12, 211
privacidade, 233–236, 314
Procter & Gamble, 98, 311
publicidade, 121
 agências de, 7

gastos em, 158
prevista, pessoal e relevante, 221
técnicas de, 287
Puck, Wolfgang, 183

Q
qualidade, 218, 238, 305
Quark, 319

R
Rather, Dan, 311–314
Reader's Digest, 229
Reebok, 191
Reed, Jeff, 29
respeito, 67, 75, 115, 221
 às pessoas, 230
 saudável, 85
responsabilidade, 40, 78, 193, 232
 assumir a, 24, 44
ringtones, 236, 252
risco(s), 55, 111, 255
 aparente, 263
 assumir, 73
Roberts, Julia, 75, 200, 281
Rolling Stone, 272
Rothenberg, Randall, 158
RSS, 68, 239, 285, 307

S
Salinger, J. D., 242
Scharffen Berger, 118
Schlosser, Eric, 262
Schwab, Charles, 256
Schwartz, Barry, 162
Scott, David Meerman, 139
Searls, Doc, 312–314
Sinclair Broadcasting, 100
sistema "vermelho/amarelo/verde", 257
sites
 comprar tráfego, 290
 design de, 287
Skinner, B. F., 207
Slashdot, 247
sneezers, 238

Snipes, Wesley, 281
Southwest Airlines, 64, 171
spam, 34, 68, 146–147, 190, 231
    do cartão de Natal, 249
    filtros de, 110
Spielberg, Steven, 239
Squidoo.com, 131, 137–140, 173
Stanford Graduate School of Business, 163
Starbucks, 6, 38, 98, 169–173, 183, 228, 239
startup(s), 38, 219, 258
    do Vale do Silício, 44, 88
    lema das, 123
status quo, 50, 75, 111, 168, 187, 218
    agregar valor ao, 258
    ameaça o, 128, 151
    depender do, 101
Stewart, Martha, 139, 272
Storms, Susan, 253
storytelling, 204, 241–242
sucesso(s), 57–66, 74, 101–106, 243
    dos negócios ligados à internet, 119
superstição, 155–156, 207–209

T
Technorati, 172, 217, 259, 306
Tellme Networks Inc., 88
T.G.I. Friday's, 182
Tito, Dennis, 182
Toyota, 75
trackbacks, 309, 316, 321
Trump, Donald, 168

U
Underwood, Ryan, 224
USA Today, 52, 155
USPS, 267

V
Vaca Roxa, 29, 32, 70, 96, 117, 174, 236, 243
van Stolk, Peter, 224
Verizon, 52, 232, 319

Verses, Judy, 52

W
Wallace, Lila, 229
Wall Street Journal, 13, 34, 74, 280
Walmart, 75, 84, 114
Warhol, Andy, 183
Warner Bros., 160, 202
Waters, Robyn, 263
Wayback Machine, 279
Welch, Jack, 213
Wi-Fi, 84, 120–124, 176
Wilson, Fred, 120
Winer, Dave, 308
Woot.com, 214, 285

X
Xerox, 220, 256

Y
Yaganeh, Al, 182
Yahoo!, 124, 172, 202, 228, 244, 247, 268
    geração, 120
Yak shaving, 285
Yang, Jerry, 270
Yoyodyne Entertainment, 253
Yo-Yo-Ma, 183

Z
Zara, 114
Ziglar, Zig, 167
zoom
    capacidade de, 254, 273
    praticar o, 38, 64–66, 255–258
zoomer, 64, 272
zooming, 39, 271–274

Projetos corporativos e edições personalizadas
dentro da sua estratégia de negócio. Já pensou nisso?

Coordenação de Eventos
Viviane Paiva
viviane@altabooks.com.br

Contato Comercial
vendas.corporativas@altabooks.com.br

A Alta Books tem criado experiências incríveis no meio corporativo. Com a crescente implementação da educação corporativa nas empresas, o livro entra como uma importante fonte de conhecimento. Com atendimento personalizado, conseguimos identificar as principais necessidades, e criar uma seleção de livros que podem ser utilizados de diversas maneiras, como por exemplo, para fortalecer relacionamento com suas equipes/ seus clientes. Você já utilizou o livro para alguma ação estratégica na sua empresa?

Entre em contato com nosso time para entender melhor as possibilidades de personalização e incentivo ao desenvolvimento pessoal e profissional.

PUBLIQUE
SEU LIVRO

Publique seu livro com a Alta Books. Para mais informações envie um e-mail para: autoria@altabooks.com.br

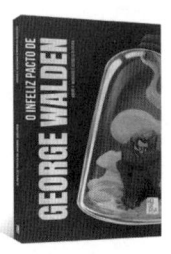

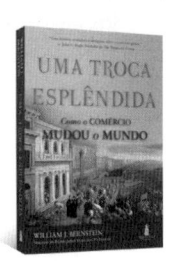

 /altabooks   /alta-books   /altabooks   /altabooks

Este livro foi impresso nas oficinas gráficas da Editora Vozes Ltda.,
Rua Frei Luís, 100 – Petrópolis, RJ.